Boiger/Hoffmann/Pütz

# Rechtsanwendung im Rechtsanwaltsbereich I

## mit WiSo

# Rechtsanwendung im Rechtsanwaltsbereich I

# mit WiSo

von

Wolfgang Boiger

Studiendirektor, Dipl.-Handelslehrer, Deggendorf

und

Laura Fiona Hoffmann

Studienrätin, M. Ed., München
Mitglied des Prüfungsausschusses der Rechtsanwaltskammer München

und

Maike Pütz

Studiendirektorin, Dipl.-Handelslehrerin, München
Mitglied des Prüfungsausschusses der Rechtsanwaltskammer München

3., neu bearbeitete Auflage

C.F. Müller

Bibliografische Information der Deutschen Nationalbibliothek
Die Deutsche Nationalbibliothek verzeichnet diese Publikation
in der Deutschen Nationalbibliografie;
detaillierte bibliografische Daten sind im Internet
über <http://dnb.d-nb.de> abrufbar.

ISBN 978-3-8114-0736-7

E-Mail: kundenservice@cfmueller.de

Telefon: +49 6221 1859 599
Telefax: +49 6221 1859 598

www.cfmueller.de



Satz: Typoscript GmbH, München
Druck: CPI books, Leck

# Vorwort der Herausgeberinnen mit Prüfungshinweisen

Die neue ReNoPat-AusbV ist zum 01.08.2015 in Kraft getreten und parallel dazu ein neuer Rahmenlehrplan für den Unterricht an den Berufsschulen. Die Anforderungen an die Qualifikation der Auszubildenden haben sich in den letzten Jahren stark verändert, und in der beruflichen Bildung spielt neben der Vermittlung von Fachwissen auch die Vermittlung von Handlungskompetenzen eine sehr wichtige Rolle. Dieser Entwicklung wurde durch die Novellierung der Ausbildungsverordnung und der Gestaltung des neuen Rahmenlehrplans Rechnung getragen.

Die Prüfungsbuchreihe des C.F. Müller Verlages soll sowohl Hilfestellung und Hinweise für Auszubildende und Prüflinge als auch Mitglieder von Prüfungsausschüssen geben. Es handelt sich dabei – auf Grundlage der gesetzlichen Vorschriften (ReNoPat-AusbV) – um die Vorstellung von Möglichkeiten, wie die in den sogenannten „Prüfungsbereichen" zu bearbeitenden Fälle gestaltet sein können. Einige Jahre sind seit Einführung der neuen Verordnung vergangen und es konnten bereits viele Erfahrungswerte gesammelt werden. Diese sind in die Neuauflage dieser Reihe eingeflossen.

Bei der Gestaltung der zukünftigen Prüfungsfälle bzw. -situationen in den einzelnen Prüfungsbereichen wird es sicherlich auch künftig zu unterschiedlichen Ausprägungen in den verschiedenen Kammer-Bezirken kommen. Da bisher jede Rechtsanwaltskammer eigene Abschlussprüfungen erstellt und durchführt, werden diese auch eigene Schwerpunkte und Vorgehensweisen haben.

Ebenso kann es auf Grundlage des Rahmenlehrplanes in den einzelnen Bundesländern, die teilweise Lehrplanrichtlinien herausgeben, bis in die einzelnen Berufsschulen zu unterschiedlichen Ausgestaltungen kommen. Dies ist der Kulturhoheit in diesem Bereich geschuldet. Lernfelder, „Fächerbezeichnungen" der einzelnen Schulen stimmen in der Regel nicht überein mit den Bezeichnungen der neuen Prüfungsbereiche. Fragen Sie hier im Bedarfsfall Ihre Lehrkräfte; diese können Ihnen in der Regel fundierte Auskunft erteilen.

Mit dieser Buchreihe wollen wir sowohl den Prüferinnen und Prüfern als auch Auszubildenden eine Idee davon geben, wie Fälle in den Prüfungsbereichen gestaltet sein könnten.

Diese Prüfungsbuchreihe erhebt nicht den Anspruch, eine vollständige Abdeckung möglicher Inhalte und Ausgestaltungsmöglichkeiten zu sein. Sie kann und will die Vorbereitung mit Lehrbüchern nicht ersetzen. Auszubildende sollten sich immer auch an dem orientieren, was sie an Hinweisen von ihren Lehrkräften und in den Ausbildungskanzleien erhalten.

Damit die Einordnung des jeweiligen Prüfungsbuch-Bandes leichter fällt, stellen wir eine Übersicht über die Prüfungsbereiche mit den groben Inhalten laut Ausbildungsverordnung an den Anfang und nehmen eine Zuordnung der Bände vor.

**An dieser Stelle möchten Verlag und Herausgeberinnen auf Folgendes hinweisen:**

Wir bitten um Verständnis dafür, dass in diesem Werk nicht durchgehend eine geschlechtsneutrale Sprache gewählt wurde (Stichwort: **Gendern**). Dies liegt u.a. daran, dass in den Gesetzestexten in der Regel die männliche Schreibweise verwendet wird. Um den Text auch lesbar zu halten, wurde daher häufig die männliche Schreibweise verwendet. Es wurde in den Beispielen darauf geachtet, dass sowohl Rechtsanwältinnen als auch Rechtsanwälte sowie weibliche als auch männliche Auszubildende vorkommen. Dies bedeutet jedoch **keinesfalls eine Missachtung des weiblichen, männlichen oder diversen Geschlechts.**

## Prüfungsbereiche der Abschlussprüfung gem. § 7 II ReNoPatAusbV

Orientiert an den Tätigkeitsfeldern der Berufspraxis werden folgende (Prüfungs-)Bereiche geprüft (der in diesem Prüfungsbuch-Band behandelte Bereich ist im Folgenden grau hinterlegt).

1. Geschäfts- und Leistungsprozesse,
2. Mandantenbetreuung,
3. Rechtsanwendung im Rechtsanwaltsbereich,
4. Vergütung und Kosten sowie
5. Wirtschafts- und Sozialkunde.

## Prüfungszeiten und Gewichtungen aller Prüfungsbereiche der Abschlussprüfung:

| | | Prüfungszeiten | Gewichtung | Prüfungsinstrument |
|---|---|---|---|---|
| 1. | Geschäfts- und Leistungsprozesse | 60 Minuten | 15 % | Fallbezogene Aufgaben **schriftlich** |
| 2. | Mandantenbetreuung | 15 Minuten | 15 % | Fallbezogenes Fachgespräch **mündlich** |
| 3. | Rechtsanwendung im Rechtsanwaltsbereich | 150 Minuten | 30 % | Fallbezogene Aufgaben **schriftlich** |
| 4. | Vergütung und Kosten | 90 Minuten | 30 % | Fallbezogene Aufgaben **schriftlich** |
| 5. | Wirtschafts- und Sozialkunde | 60 Minuten | 10 % | Fallbezogene Aufgaben **schriftlich** |

**1. Prüfungsbereich: Geschäfts- und Leistungsprozesse gem. § 7 III ReNoPatAusbV (schriftlich):**

| | |
|---|---|
| a) arbeitsorganisatorische Prozesse planen, durchführen und kontrollieren,<br>b) zur Qualitätsverbesserung betrieblicher Prozesse beitragen,<br>c) Büro- und Verwaltungsaufgaben planen, durchführen und kontrollieren,<br>d) elektronischen Rechtsverkehr nutzen,<br>e) Auskünfte aus Registern einholen und verarbeiten, | **Band I: Tietje, Geschäfts- und Leistungsprozesse** |
| f) Aktenbuchhaltung führen,<br>g) Aufgaben im Bereich Rechnungs- und Finanzwesen ausführen. | **Band II: Okon/Sabo, Geschäfts- und Leistungsprozesse** |

Wie die Gewichtung und Aufteilung der einzelnen Inhalte, welche Bestandteil dieses Prüfungsbereiches sind, in den Prüfungen dann ausgestaltet ist, wird vom jeweiligen Aufgaben- bzw. Prüfungsausschuss der zuständigen Kammer abhängig sein.

**2. Mandantenbetreuung gem. § 7 IV ReNoPatAusbV (Fallbezogenes Fachgespräch – mündlich):**

| | |
|---|---|
| a) Mandanten serviceorientiert betreuen,<br>b) Anliegen von Mandanten erfassen,<br>c) Gespräche mit Mandanten adressatenorientiert führen,<br>d) Auskünfte einholen und erteilen,<br>e) Konfliktsituationen bewältigen. | **Jungbauer/Dives, Fallbezogenes Fachgespräch – Mandantenbetreuung** |
| Hierfür wählt der **Prüfungsausschuss** eines der folgenden Gebiete aus:<br>a) Zivilrechtliches Mandat,<br>b) Zwangsvollstreckungsrechtliches Mandat,<br>c) Vergütung und Kosten im Zivilrechtlichen Mandat,<br>d) Zahlungsverkehr. | |
| Die fachbezogene Anwendung der englischen Sprache ist zu berücksichtigen. | |

| | | |
|---|---|---|
| **3.** | **Rechtsanwendung im Rechtsanwaltsbereich gem. § 7 V ReNoPatAusbV (schriftlich):** | |
| a) | Sachverhalte, insbesondere in den Bereichen bürgerliches Recht sowie Gesellschafts-, Wirtschafts- und Europarecht, rechtlich erfassen und beurteilen, | **Band I mit WiSo: Boiger/Hoffmann/ Pütz, Rechtsanwendung im Rechtsanwalts-bereich** |
| b) | Maßnahmen im Zivilprozess- und Zwangsvollstreckungsrecht vorbereiten, durchführen und kontrollieren, | **Band II: Jungbauer/ Natterer, Rechtsanwendung im Rechtanwalts-bereich** |
| c) | fachkundliche Texte formulieren und gestalten. | **Band I und Band II** |
| Die fachbezogene Anwendung der englischen Sprache ist zu berücksichtigen. | | |

Auch hier wird – ebenso wie im Prüfungsbereich „Geschäfts- und Leistungsprozesse“ – die Gewichtung und Aufteilung der einzelnen Inhalte, welche Bestandteil dieses Prüfungsbereiches sind, vom jeweiligen Aufgaben- bzw. Prüfungsausschuss der zuständigen Kammer abhängig sein. Für den Teil c) „Fachkundliche Texte formulieren und gestalten“ bietet sich aus unserer Sicht an, einen festen Zeitanteil für die organisatorische Durchführung dieser Prüfungsanforderung am PC vorzusehen.

| | | |
|---|---|---|
| **4.** | **Vergütung und Kosten gem. § 7 VI ReNoPatAusbV (schriftlich):** | |
| a) | Werte, Gebühren und Auslagen für Vergütungsrechnungen ermitteln, | **Jungbauer, Vergütung und Kosten** |
| b) | Vergütungsrechnungen im außergerichtlichen und gerichtlichen Bereich sowie im Zwangsvollstreckungsverfahren erstellen, | |
| c) | Kostenfestsetzungsanträge und Anträge auf Vergütung im Prozesskostenhilfeverfahren erstellen, | |
| d) | Gerichtskostenvorschüsse berechnen und Gerichtskostenrechnungen kontrollieren. | |

| |
|---|
| **5. Wirtschafts- und Sozialkunde gem. § 7 VII ReNoPatAusbV (schriftlich):** |
| Der Prüfling soll nachweisen, dass er allgemeine wirtschaftliche und gesellschaftliche Zusammenhänge der Berufs- und Arbeitswelt darstellen und beurteilen kann. |

Zu dem Prüfungsbereich Wirtschafts- und Sozialkunde (WiSo) ist anzumerken, dass es in diesem Bereich (z.B. im Fach Sozialkunde) in den einzelnen Bundesländern unterschiedliche Lehrpläne gibt, teilweise auch andere Fächerbezeichnungen. Abzuwarten bleibt weiterhin, ob sich ein gemeinsamer Nenner für diesen Prüfungsbereich herauskristallisiert. Die Inhalte können unter anderem auch den Inhalten des Ausbildungsrahmenplans der AusbV oder den Lehrplänen entnommen werden.

Weitere wichtige Hinweise zur Abschlussprüfung finden Sie im Werk dieser Reihe: Jungbauer/Dives, Mandantenbetreuung.

| **Inhalte der Abschlussprüfung** | | | |
|---|---|---|---|
| Berufsübergreifende berufsprofilgebende Fertigkeiten, Kenntnisse und Fähigkeiten | Weitere berufsprofilgebende Fertigkeiten, Kenntnisse und Fähigkeiten | Berufsübergreifende integrative Fertigkeiten, Kenntnisse und Fähigkeiten | Im Berufsschulunterricht zu vermittelnder Lehrstoff, soweit für die Berufsausbildung wesentlich |
| Anlage (ARP)[1] Abschnitt A | Anlage (ARP) Abschnitt B **(RA-spezifisch)** | Anlage (ARP) Abschnitt F | RLP[2] Lehrplanrichtlinie |

Für Ihre Abschlussprüfung wünschen wir Ihnen von Herzen viel Glück und Erfolg!

München, im Februar 2022 *Sabine Jungbauer* und *Veronika Dives*

1 ARP = Ausbildungsrahmenplan
2 RLP = Rahmenlehrplan

# Vorwort

Liebe Auszubildenden, liebe Leserinnen und Leser,

erstmals mit dieser Auflage ist in dem vorliegenden Band „Rechtsanwendungen im Rechtsanwaltsbereich I" der Prüfungsteil „Wirtschaft und Sozialkunde" mit aufgenommen worden. Damit Sie sich bei Ihrer Prüfungsvorbereitung auf die einzelnen schriftlichen Prüfungen gut zurechtfinden, ein paar Worte zum Hintergrund bezüglich des inhaltlichen Aufbaus dieses Buches:

Im Prüfungsbereich „Rechtsanwendungen im Rechtsanwaltsbereich I" soll der Prüfling nachweisen, dass er in der Lage ist, „Sachverhalte, insbesondere in den Bereichen bürgerliches Recht sowie Gesellschafts-, Wirtschafts- und Europarecht rechtlich zu erfassen und zu beurteilen" (§ 7 V Nr. 1a ReNoPatAusbV). Im Prüfungsbereich „Wirtschaft und Sozialkunde" geht es darum, „allgemeine wirtschaftliche und gesellschaftliche Zusammenhänge der Berufs- und Arbeitswelt darzustellen und zu beurteilen" (§7 VII Nr. 1 ReNoPatAusbV).

Eine eindeutige Zuordnung jedes einzelnen Prüfungsinhalts zu den beiden Prüfungsbereichen ist jedoch nicht immer möglich. Es gibt Prüfungsinhalte, die – je nach Bundesland und zuständigem OLG-Bezirk – bevorzugt in der „RA-RAB"-Prüfung oder eben in der „WiSo"-Prüfung geprüft werden. So werden bspw. Aufgaben zu den Unternehmensformen, den Kaufmannseigenschaften oder auch Fragen zur Geschäftsfähigkeit je nach OLG-Bezirk in dem einen oder dem anderen Prüfungsbereich geprüft. Für beide Zuordnungen gibt es gute Argumente. Es gibt hier kein „richtig" oder „falsch" – vielmehr erklären sich bestimmte Zuordnungen aus den früheren Lehrplänen und sind historisch gewachsen. Auch weichen Schwerpunktsetzung und thematische Ausgestaltung einzelner Lerninhalte an den Berufsschulen voneinander ab. Die teilweise Verzahnung von „RA-RAB I" und „Wirtschaft" ergibt sich bereits aus den einzelnen Lernfeldbeschreibungen und den etwaigen Zuordnungen zu den Bündelungsfächern. Lernfeld 3, 4, 8 und 13 gehören bspw. in Bayern gemäß Lehrplanrichtlinie zu dem Bündelungsfach „Anwendungen des bürgerlichen Rechts", Lernfeld 1,2, 5, 6 und 7 zu „Betriebswirtschaftliche Prozesse". Die Lernfelder 2 und 4 vermitteln dabei u.a. „Grundlagen aus Handels- und Gesellschaftsrecht" und wären somit geeignet, sowohl in der „RA-RAB"- als auch der „WiSo"-Prüfung geprüft zu werden.

Weitere Abgrenzungsschwierigkeiten gibt es auch beim Prüfungsteil „Sozialkunde". So gibt es nicht (mehr) in allen Bundesländern einen Sozialkunde-Lehrplan. Die Lerninhalte werden dann z.B. in dem Fach „Politik" oder „Politik und Gesellschaft" unterrichtet. Auch fließen teilweise Lerninhalte aus dem Lernfeld 5 in die Sozialkunde-Prüfung mit ein.

Was bedeutet das für dieses Prüfungsvorbereitungsbuch? Wir haben durch die Gliederung und den inhaltlichen Aufbau dieses Buches versucht, es jedem Prüfling mühelos zu ermöglichen, sich zurechtzufinden – unabhängig davon, welcher OLG-Bezirk für die Prüfung zuständig ist. Der Aufbau orientiert sich hierbei nicht nach den Lernfeldern, sondern nach einer für uns schlüssigen Struktur: **Teil 1** umfasst das gesamte „**Bürgerliche Recht**" (einschließlich dem Europäischen Mahnverfahren), **Teil 2** unterteilt sich in **A Handels- und Gesellschaftsrecht** und **B Allgemeine Wirtschaftslehre**, **Teil 3** schließt mit **Sozialkunde, Politik und Gesellschaft** ab. (**Tipp**: Informieren Sie sich anhand früherer Abschlussprüfungen oder erkundigen Sie sich bei den Lehrkräften an Ihrer Berufsschule, wie in Ihrem OLG-Bezirk die Zuordnung einzelner Lerninhalte üblicherweise erfolgt.)

Die einzelnen Kapitel sind ebenfalls so aufgebaut, dass Sie sich gut zurechtfinden und sich zielgerichtet auf die Abschlussprüfung vorbereiten können.

Die Kapitel in **„Teil 1 Bürgerliches Recht"** starten mit einem Fallbeispiel. Es folgt ein fachlicher Teil, in dem die prüfungsrelevanten Inhalte zum Thema kurz dargestellt und erläutert werden. Auch finden Sie hier immer wieder Prüfungstipps und Hinweise, die wir im Hinblick auf Ihre Prüfung für besonders wichtig erachten. Nach der Lösung des Fallbeispiels schließen die Kapitel mit einer Vielzahl an Übungs*fällen* ab. Die Übungsfälle sind mit Lösungsvorschlägen versehen, die auf dem Niveau gehalten sind, wie es von Ihnen in der Abschlussprüfung verlangt wird – nicht (viel) mehr, aber auch nicht weniger. Zum Teil sind den Übungsfällen Übungs*aufgaben* vorangestellt, mit denen das Grundlagenwissen für die Fallbearbeitung überprüft werden kann.

**„Teil 2 Wirtschaft"** und **„Teil 3 Sozialkunde, Politik und Gesellschaft"** sind kompakter gehalten. Der fachliche Teil ist dabei häufig in Form von tabellarischen Übersichten oder Schaubildern zusammengefasst und beschränkt sich bewusst auf die wesentlichen Grundlagen. Statt Übungsfällen gibt es hier v.a. zahlreiche Übungsaufgaben, wie z.B. Mehrfachauswahlaufgaben.

Dieses Buch ist eine ideale Grundlage zur Prüfungsvorbereitung, da es sehr viele **Übungsfälle** und **Übungsaufgaben** beinhaltet und die wesentlichen Themen noch einmal kurz und anschaulich zusammenfasst. Dennoch weisen wir darauf hin, dass es sich hierbei um ein Prüfungsvorbereitungsbuch und eben kein Lehrbuch handelt und dieses auch keinesfalls ersetzen kann.

Wolfgang Boiger beendete mit der 2. Auflage seine Autorentätigkeit in dieser Reihe, weshalb wir – Laura Hoffmann und Maike Pütz – nun als Autorinnen neu eingestiegen sind. Wir möchten uns an dieser Stelle herzlich bei Herrn Boiger für die umfangreiche und wertvolle Vorarbeit bedanken, auf der wir gerne aufgebaut haben und die uns vor dem „Sprung ins kalte Wasser" bewahrt hat!

Danken möchten wir auch Frau Enzmann und Frau Becker vom C.F.Müller Verlag für ihre Hilfsbereitschaft und ihre freundliche Betreuung.

Unser besonderer Dank gilt den beiden Herausgeberinnen Veronika Dives und Sabine Jungbauer für ihre großartige Unterstützung, ihr immer offenes Ohr und vor allem ihr uns entgegengebrachtes Vertrauen!

München, im Januar 2022 *Laura Hoffmann und Maike Pütz*

# Inhaltsverzeichnis

## Teil 2
## Wirtschaft

## Teil 3
## Sozialkunde, Politik und Gesellschaft

# Teil 1
# Bürgerliches Recht

## 1.
## Rechtliche Grundlagen und Grundbegriffe

### 1.1 Was ist eigentlich „das Recht"?

In Ihrer Ausbildung beschäftigen Sie sich mit verschiedenen Gesetzen oder Verordnungen. All diese gehört zu unserem Verständnis von **Recht.** Doch was ist eigentlich „das Recht"?

Ohne jede Regel ist ein menschliches Zusammenleben nicht möglich. Gewohnheiten, Brauch und Sitte haben sich über viele Jahrhunderte entwickelt. Daraus haben sich mündliche als auch schriftliche Normen entwickelt. Eine **Norm** ist eine allgemein anerkannte und verbindlich geltende Regel.

**Definition:** Recht kann als ein Gefüge von Normen, die den Menschen ein bestimmtes (äußeres) Verhalten vorschreiben, verstanden werden.

### 1.2 Funktionen des Rechts

Das Recht, so wie wir es kennen, erfüllt verschiedene Funktionen. Durch diese Funktionen wird das menschliche Zusammenleben ermöglicht.

| **Funktionen des Rechts** | |
|---|---|
| Schutz- und Sicherheitsfunktion | Das Recht soll uns ein friedliches und geschütztes Zusammenleben garantieren. So gibt es Normen, welche Schwächere vor Stärkeren schützen (z.B. Jugendarbeitsschutzgesetz). |
| Ordnungsfunktion | Das Recht stellt Verhaltensregeln auf, welches unser Zusammenleben strukturiert und ordnet (z.B. Straßenverkehrsordnung). |
| Ausgleichsfunktion | Sollte eine Rechtsverletzung aufgetreten sein, so muss diese nach unseren Vorschriften ausgeglichen werden (z.B. Schadensersatz bei Körperverletzung). |

### 1.3 Unterteilung des Rechts

Das Recht kann, je nach Definition, unterschiedlich unterteilt werden. So spricht man z.B. vom öffentlichen und privaten Recht oder zwingenden und dispositiven Recht.

**Aber Achtung:** Eine Norm kann gleichzeitig zu mehreren Bereichen gehören (z.B. privat, objektiv, formell usw.). Die Zugehörigkeit zu dem einen Recht schließt demnach eine Zugehörigkeit zu einem anderen Recht nicht aus!

| **1) Öffentliches und Privates Recht** | |
|---|---|
| Öffentliches Recht | Das öffentliche Recht regelt das Verhältnis zwischen den Bürgern und dem Staat (bzw. dessen Institutionen). Der Staat wird dabei dem Bürger übergeordnet und erhält eine Sonderstellung. Die Rechtsnomen des öffentlichen Rechts beschreiben das Interesse der Allgemeinheit. |
| Privates Recht | Das Privatrecht regelt die (rechtlichen) Beziehungen von Personen untereinander, wobei die Personen einander nicht über- oder untergeordnet werden (Gleichordnung). Das Interesse des Einzelnen steht im Vordergrund. |
| **Beispiel** | Timo schließt mit der Bau GmbH einen Dienstvertrag (Privatrecht). Die aus dem Dienstverhältnis resultierenden Einkünfte muss Timo versteuern (öffentliches Recht). |
| **2) Objektives und Subjektives Recht** | |
| Objektives Recht | Das objektive Recht gilt allgemein und enthält Normen, welche für alle gelten. |
| Subjektives Recht | Aus dem objektiven Recht können Ansprüche/Berechtigungen abgeleitet werden, die einem Einzelnen zustehen. |
| **Beispiel** | Nach objektivem Recht hat ein Käufer bei Sachmangel das Recht auf Nacherfüllung (gilt für alle). Stefan hat bei einem Onlinekauf einen falschen Artikel geliefert bekommen. Nur er hat in diesem Fall einen Anspruch auf Nacherfüllung (sein subjektives Recht). |
| **3) Materielles und Formelles Recht** | |
| Materielles Recht | Im materiellen Recht finden sich Regelungen über den Inhalt und die Voraussetzungen von Ansprüchen. |
| Formelles Recht | Das formelle Recht umfasst Regelungen, wie die Ansprüche letztendlich durchgesetzt werden können. |
| **Beispiel** | Im Fall eines Kaufvertrages regelt das BGB, wer Anspruch auf die Zahlung des Kaufpreises hat und wann der Zahlungsverzug eintritt (materielles Recht). Das BGB regelt allerdings nicht, wie genau der Verkäufer seinen Anspruch durchsetzen kann. In der ZPO finden sich dagegen Regelungen, wie ein Kaufpreisanspruch mittels einer Leistungsklage durchgesetzt werden kann (formelles Recht). |
| **4) Dispositives und Zwingendes Recht** | |
| Dispositives Recht | Das dispositive Recht enthält Regelungen, welche durch individuelle vertragliche Vereinbarungen angepasst werden können. Dies sind meistens zivilrechtliche Regelungen. |
| Zwingendes Recht | Das zwingende Recht gilt für alle verbindlich und kann nicht durch vertragliche Regelungen umgangen werden. |

| | |
|---|---|
| **Beispiel** | Ein Arbeitnehmer erhält in Deutschland mindestens 24 Werktage Urlaub. Die 24 Werktage können durch eine vertragliche Vereinbarung nicht unterschritten werden (zwingendes Recht). Es ist allerdings möglich dem Arbeitnehmer mehr als 24 Werktage Urlaub zu gewähren. Die Gewährung von 27 Urlaubstagen ist also dispositiv und verhandelbar. |

## 1.4 Personen der Rechtspflege

Die **Rechtspflege** ist der Oberbegriff für sämtliche von den Gerichten und von weiteren Organen der Rechtspflege wahrgenommenen Aufgaben und Angelegenheiten. Rechtspflege ist im weiteren Sinne die Sorge für einen geregelten Ablauf der Rechtsbeziehungen zwischen den Menschen.

In der folgenden tabellarischen Übersicht finden Sie die verschiedenen Personen, die für die Rechtspflege eingesetzt werden, sowie deren Aufgaben:

| **Personen der Rechtspflege** | |
|---|---|
| Gerichtsvollzieher | Der Gerichtsvollzieher ist Beamter des Gerichts und ist zuständig für Vollstreckungen. So muss er z.B. Zwangsvollstreckungen durchführen, Schriftstücke zustellen oder auch Personen zu Gericht laden. |
| Notar | Dieser hat ein öffentliches Amt inne und ist für Beurkundungen sowie Beglaubigungen von verschiedenen Rechtsangelegenheiten zuständig. Er darf keine Partei für seine Klienten ergreifen und ist zur Neutralität verpflichtet. |
| Patentanwalt | Der Patentanwalt ist ein unabhängiger Berater und Vertreter, z.B. in Patent- oder Markensachen. |
| Rechtsanwalt | Der Rechtsanwalt ist ein unabhängiger Berater und Vertreter in allen Rechtsangelegenheiten. Er berät z.B. seine Mandanten, kann Klage einreichen, seine Mandanten vor Gericht vertreten oder auch die Vermögensverwaltung der Mandanten übernehmen. |
| Rechtspfleger | Diese Person befasst sich z.B. mit Mahnverfahren, Grundbuchsachen, Nachlasssachen und Zwangsvollstreckungen und übt dabei die rechtssprechende Gewalt aus. |
| Richter | Der Richter übt die rechtssprechende Gewalt aus und ist nur an das Gesetz gebunden. |
| Staatsanwalt | Der Staatsanwalt ist ein Beamter und vertritt in Deutschland bei Strafverfahren die Seiter der Anklage. |
| Schöffe | Er ist ein ehrenamtlicher Laienrichter und unterstützt den Richter in der Urteilsfindung. |

**Übungsaufgabe 1:**

Geben Sie für die folgenden Fälle an, ob es sich um öffentliches oder privates Recht handelt.

1. Pia erhält ihren Einkommenssteuerbescheid.
2. Daniele schließt einen Arbeitsvertrag mit der Mustermöbel GmbH.
3. Die Stadt Bochum bestellt bei der Mustermöbel GmbH mehrere Schreibtische und Bürostühle.
4. Simon wird mit 45 km/h in der 30er-Zone geblitzt.
5. Rafaela und Kilian schließen einen Ehevertrag.
6. Bruno wird wegen mehrfachen Diebstahls angeklagt.
7. Die Mustermöbel GmbH führt die Gehaltsabrechnung für ihre Arbeitnehmer durch.

**Lösungsvorschlag:**

1. Öffentliches Recht
2. Privatrecht
3. Privatrecht
4. Öffentliches Recht
5. Privatrecht
6. Öffentliches Recht
7. Privatrecht + öffentliches Recht (individuelle Vereinbarungen über Gehälter etc. = Privatrecht;
   Vorgaben über Sozialversicherungsbeiträge und Steuern = öffentliches Recht).

**Übungsaufgabe 2:**

Welche der folgenden Aussagen beschreibt das materielle Recht?

1. Dieses Recht gilt nur für den Einzelnen.
2. Dieses Recht gilt für die Allgemeinheit.
3. Dieses Recht gilt verbindlich für alle und kann nicht individuell angepasst werden.
4. Dieses Recht kann durch individuelle Verträge modifiziert werden.
5. Dieses Recht enthält Vorschriften über die Durchsetzung von Ansprüchen.
6. Dieses Recht enthält Regelungen über den Inhalt und die Voraussetzungen von Ansprüchen.

**Lösungsvorschlag:**

**6.**

**Übungsaufgabe 3:**

Wer nimmt Eintragungen im Grundbuch vor?

1. Richter
2. Schöffe
3. Notar
4. Rechtspfleger
5. Gerichtsvollzieher

**Lösungsvorschlag:**

**4.**

| **Übungsaufgabe 4:** |
|---|
| Natalie hat Schulden in Höhe von 20.000,00 €. Ihr droht nun die Zwangsvollstreckung. Wer wird diese Maßnahme durchführen?<br>**1.** Richter<br>**2.** Schöffe<br>**3.** Notar<br>**4.** Rechtspfleger<br>**5.** Gerichtsvollzieher |
| **Lösungsvorschlag:** |
| **5.** |

# 2. Aufbau des BGB

**Grundsatz:** Das Bürgerliche Gesetzbuch (BGB) gliedert sich in fünf Bücher, in denen die einzelnen Sachkomplexe des Bürgerlichen Rechts zusammenhängend geregelt sind. Inhaltlich regelt das BGB die Beziehungen der Bürger untereinander. Es handelt sich demnach um einen Gesetzestext des privaten Rechts.

In der Anordnung der Kapitel lässt sich der Verlauf von der Geburt bis zum Tod erkennen.

| **Aufbau des BGB** | | | |
|---|---|---|---|
| **Was?** | **Inhalt** | **Beispiele** | **Wo?** |
| **1. Buch Allgemeiner Teil** | Dieses Buch regelt alle grundlegenden Fragen und Definitionen, die auch für alle anderen Bücher des BGB relevant sind. | Rechtsfähigkeit Geschäftsfähigkeit, … | §§ 1 – 240 BGB |
| **2. Buch Recht der Schuldverhältnisse** | Hier finden sich zunächst **allgemeine** schuldrechtliche Regelungen. Im letzten Abschnitt werden **besondere** Schuldverhältnisse geregelt, wie z.B. die Miete. | Kaufvertrag, Mietvertrag, … | §§ 241 – 853 BGB |
| **3. Buch Sachenrecht** | In diesem Buch geht es um bewegliche und unbewegliche Sachen (=Grundstücke) und die Rechte daran, wie Besitz, Eigentum usw. | Besitz, Eigentum, … | §§ 854 – 1296 BGB |
| **4. Buch Familienrecht** | Hier finden sich die rechtlichen Regelungen rund um das Zusammenleben der Familie. | Ehe, Scheidung, … | §§ 1297 – 1921 BGB |
| **5. Buch Erbrecht** | Alle Fragen, die mit dem Tod eines Menschen zu tun haben finden sich im fünften und letzten Buch. | Erbschaft, Erbschein, … | §§ 1922 – 2385 BGB |

**Prüfungstipp:** In der Prüfung sollten Sie zuordnen können, was in welchem Buch steht. Wenn Sie aber vergessen, in welchem Buch die Adoption geregelt ist, ist das nicht tragisch. Sie können jederzeit über das Inhalts- und das Schlagwortverzeichnis gezielt nach Informationen suchen! Außerdem enthält das BGB noch einen Einführungsteil, in dem auch die Bücher erläutert werden.

**Übungsaufgabe 1:**

Nach welcher Systematik sind die Inhalte des BGB angeordnet?

1. Vom Schweren zum Leichten.
2. Vom Leichten zum Schweren.
3. Vom Allgemeinen zum Besonderen.
4. Vom Besonderen zum Allgemeinen.

**Lösungsvorschlag:**

3.

**Übungsaufgabe 2:**

In welchem Buch werden die Beziehungen zwischen Personen und Sachen geregelt?

1. Buch – Allgemeiner Teil
2. Buch – Schuldverhältnisse
3. Buch – Sachenrecht
4. Buch – Familienrecht
5. Buch – Erbrecht

**Lösungsvorschlag:**

3.

**Übungsaufgabe 3:**

Ordnen Sie die folgenden Fälle den entsprechenden Büchern des BGB richtig zu.

1. Ein Sechsjähriger kann nicht selbst Kaufverträge tätigen.
2. Ein Kunde gibt eine Anfechtungserklärung ab, weil er sich beim Ausfüllen des Bestellformulars verschrieben hat.
3. Ein Ehepaar trennt sich; es muss das Sorgerecht des gemeinsamen Kindes geregelt werden.
4. Der Erblasser hat in einem eigenhändigen Testament seine Lebensgefährtin als Alleinerbin eingesetzt.
5. Der Kunde besteht auf Rücktritt vom Kaufvertrag, weil der Händler trotz mehrmaliger Mahnungen nicht liefert.
6. Ein Kunde bucht bei dem Reiseunternehmen „Sunshine-GmbH" eine Mittelmeerkreuzfahrt.
7. Für den Nachbarn N wird eine Grunddienstbarkeit an dem Grundstück bestellt. Aus dieser Grunddienstbarkeit kann N verlangen, dass auf dem Grundstück kein Gebäude errichtet werden darf.

**Lösungsvorschlag:**

**1.** Erstes Buch – Allgemeiner Teil (Geschäftsfähigkeit)
**2.** Erstes Buch – Allgemeiner Teil (Anfechtung)
**3.** Viertes Buch – Familienrecht (Sorgerecht)
**4.** Fünftes Buch – Erbrecht (Testament)
**5.** Zweites Buch – Schuldrecht (Lieferverzug)
**6.** Zweites Buch – Schuldrecht (Pauschalreisevertrag)
**7.** Drittes Buch – Sachenrecht (Grunddienstbarkeit)

**Übungsaufgabe 4:**

In welchem Buch finden sich Regelungen zum Namensrecht?

**1.** Buch – Allgemeiner Teil
**2.** Buch – Schuldverhältnisse
**3.** Buch – Sachenrecht
**4.** Buch – Familienrecht
**5.** Buch – Erbrecht

**Lösungsvorschlag:**

**4.**

**Übungsaufgabe 5:**

In welchem Buch finden sich Regelungen zum Verbraucherschutz?

**1.** Buch – Allgemeiner Teil
**2.** Buch – Schuldverhältnisse
**3.** Buch – Sachenrecht
**4.** Buch – Familienrecht
**5.** Buch – Erbrecht

**Lösungsvorschlag:**

**2.**

# 3. Rechtsfähigkeit von natürlichen und juristischen Personen

**Definition:** Rechtsfähigkeit ist die Fähigkeit von natürlichen und juristischen Personen, Träger von Rechten und Pflichten zu sein.

**Grundsatz:** Um Rechte wahrzunehmen oder einzufordern, muss man zunächst **rechtsfähig** sein. Die Rechtsfähigkeit unterscheidet sich allerdings von Geschäftsfähigkeit (siehe nächstes Kapitel) und verleiht dem Träger nicht die Möglichkeit, Rechtsgeschäfte voll wirksam abzuschließen.

Rechtsfähig sind grundsätzlich nur **natürliche** und **juristische Personen.** Sachen, wie z.B. ein Haus, sind nicht rechtsfähig.

## 3.1 Natürliche Personen

**Definition:** Natürliche Personen sind alle lebenden Menschen.

Die Rechtsfähigkeit beginnt beim Menschen mit der Vollendung der Geburt (§ 1 BGB) und endet mit dem Tod. Wer rechtsfähig ist, kann Rechte wahrnehmen (Recht auf Leben, Arbeit, freie Entfaltung der Persönlichkeit usw.), muss aber auch Pflichten erfüllen (Schulpflicht, Zahlung von Steuern usw.).

## 3.2 Juristische Personen

**Definition:** Als juristische Person bezeichnet man eine Organisation (Personenvereinigung oder Zweckvermögen), der die Rechtsordnung eine eigene Rechtsfähigkeit zuerkennt.

Man unterscheidet zwischen **juristische Personen des privaten Rechts** und **juristischen Personen des öffentlichen Rechts**.

Juristische Personen des privaten Rechts verfolgen private Zwecke wie z.B. die Erzielung eines Gewinns. Ihre Rechtsfähigkeit erlangen sie durch Eintragung in das jeweilige Register (Handelsregister, Vereinsregister usw.). Durch Löschung des Registereintrags endet die Rechtsfähigkeit einer juristischen Person des privaten Rechts.

Die juristischen Personen des Öffentlichen Rechts erfüllen öffentliche Zwecke und werden durch das Gesetz oder einen Hoheitsakt rechtsfähig. Dies sind beispielsweise Bund, Land, Gemeinden oder auch berufsständige Kammern wie z.B. die Rechtsanwaltskammer, die IHK oder die Ärztekammer.

| Juristische Personen (§§ 21-89 BGB) | | | |
|---|---|---|---|
| | | | **Beispiele** |
| des **privaten** Rechts | Rechtsfähige Vereine | mit wirtschaftlichem Zweck | Deutsche Lufthansa AG<br>Telekom Deutschland GmbH<br>Berliner Volksbank eG<br>... |
| | | mit nicht wirtschaftlichem Zweck | Deutsche Hirntumorhilfe e.V.<br>Allgemeine Deutsche Automobil-Club e.V.<br>Hamburger Sport-Verein e.V.<br>... |
| | Stiftungen | | Stiftung Warentest<br>Philipp-Lahm-Stiftung<br>Bertelsmann Stiftung<br>... |
| des **öffentlichen** Rechts | Körperschaften | Gebietskörperschaften | Stadt Köln<br>Landkreis Wesel<br>Bundesrepublik Deutschland<br>... |
| | | Personenkörperschaften | Bundesagentur für Arbeit<br>Rechtsanwaltskammer<br>Universitäten<br>... |
| | Anstalten | | ARD<br>ZDF<br>Berliner Verkehrsbetriebe<br>... |
| | Stiftungen | | Stiftung Berliner Mauer<br>Bundesstiftung Gleichstellung<br>Conterganstiftung<br>... |

**Übungsaufgabe 1:**
Welche Fähigkeit verleiht die Rechtsfähigkeit einer natürlichen Person?

**1.** Man kann voll wirksam Kaufverträge abschließen.
**2.** Man kann Schenkungen entgegennehmen.
**3.** Man kann erben.
**4.** Man kann ein Testament erstellen.
**5.** Man kann heiraten.

**Lösungsvorschlag:**
**3.**

**Übungsaufgabe 2:**
Wie erhält eine natürliche Person die Rechtsfähigkeit?

**1.** Durch einen Hoheitsakt.
**2.** Durch Eintragung ins Geburtenregister.
**3.** Durch die Eheschließung der Eltern.
**4.** Durch Eintragung ins Genossenschaftsregister.
**5.** Durch die Vollendung der Geburt.

**Lösungsvorschlag:**

**5.**

**Übungsaufgabe 3:**

Was versteht man unter dem Begriff Rechtsfähigkeit?

**1.** Die Fähigkeit, Träger von Rechten und Pflichten zu sein.
**2.** Die Fähigkeit, Rechtsgeschäfte voll wirksam abzuschließen.
**3.** Die Fähigkeit, für unerlaubte Handlungen verantwortlich zu sein.
**4.** Das Recht sich in Deutschland aufzuhalten.
**5.** Die Fähigkeit, strafrechtlich zur Verantwortung gezogen zu werden.

**Lösungsvorschlag:**

**1.**

**Übungsaufgabe 4:**

Geben Sie an, ob es sich bei den folgenden Personen um eine natürliche Person, eine juristische Person des öffentlichen Rechts oder eine juristische Person des privaten Rechts handelt.

**1.** Hessischer Rundfunk
**2.** der Oberbürgermeister der Stadt Wuppertal
**3.** Stadt Wuppertal
**4.** Adidas AG
**5.** Rechtsanwältin Therese Huber
**6.** Rechtsanwaltsfachangestellte Larissa Brinkmann
**7.** Turn- und Sportverein München von 1860 e. V
**8.** Katze Milo
**9.** Stiftung Warentest
**10.** Berufschullehrer Heinz Ebert
**11.** RTL interactive GmbH
**12.** Rechtsanwaltskammer
**13.** Ein Grundstück in Kassel

**Lösungsvorschlag:**
1. juristische Person des öffentlichen Rechts
2. natürliche Person
3. juristische Person des öffentlichen Rechts
4. juristische Person des privaten Rechts
5. natürliche Person
6. natürliche Person
7. juristische Person des privaten Rechts
8. keine Person und nicht rechtsfähig
9. juristische Person des privaten Rechts
10. natürliche Person
11. juristische Person des privaten Rechts
12. juristische Person des öffentlichen Rechts
13. keine Person und nicht rechtsfähig

# 4. Geschäftsfähigkeit

## 4.1 Einführung

**Fallbeispiel:** Marie ist fünf Jahre alt und möchte sich von ihrem Taschengeld an einem Kiosk eine Tafel Schokolade für 1,50 € kaufen.

Kann Marie den Kaufvertrag abschließen?

**Grundsatz:** Im obigen Fallbeispiel gilt es, die Geschäftsfähigkeit der Beteiligten zu überprüfen. Regelungen rund um die Geschäftsfähigkeit finden Sie unter §§ 104 ff. BGB. Doch was bedeutet Geschäftsfähigkeit überhaupt?

**Definition:** **Geschäftsfähigkeit** ist die Fähigkeit des Menschen, Willenserklärungen mit rechtlich bindender Kraft abzugeben und entgegenzunehmen.

**Was heißt das?** Durch die Abgabe und Entgegennahme von bindenden Willenserklärungen können Rechtsgeschäfte wie Kaufverträge, Mietverträge, Dienstverträge etc. geschlossen werden. Jemand, der voll geschäftsfähig ist, kann also Rechtsgeschäfte voll wirksam abschließen. Ohne volle Geschäftsfähigkeit kann eine Person nur bedingt wirksame Willenserklärungen abgeben. Deshalb ist in diesen Fällen zu überprüfen, ob ein Rechtsgeschäft wirksam zustande gekommen ist.

**Welche Stufen der Geschäftsfähigkeit gibt es und für welche Personengruppen gelten diese?** Wir unterscheiden zwischen der Geschäftsunfähigkeit, der beschränkten Geschäftsfähigkeit sowie der vollen Geschäftsfähigkeit.

| | Geschäftsunfähigkeit | beschränkte Geschäftsfähigkeit | volle Geschäftsfähigkeit |
|---|---|---|---|
| Wer? | • Personen vor Vollendung des siebten Lebensjahres, § 104 Nr. 1 BGB<br>• Personen mit dauerhafter Störung der Geistestätigkeit, § 104 Nr. 2 BGB | Personen, die das siebte Lebensjahr vollendet haben und noch nicht volljährig sind, § 106 BGB. | Personen, die das 18. Lebensjahr vollendet haben und somit volljährig sind.<br>**Hinweis**: Die volle Geschäftsfähigkeit ist der Regelfall und wird im BGB nicht gesondert aufgeführt. |
| Willenserklärungen? | Die Willenserklärung eines Geschäftsunfähigen ist **nichtig**, § 105 I BGB. | Willenserklärungen **ohne Einwilligung** der gesetzlichen Vertreter sind **unwirksam**, außer es wird ein **lediglich rechtlicher Vorteil** erlangt, § 107 BGB. | Willenserklärung ist **wirksam**. |
| Rechtsgeschäfte? | Rechtsgeschäfte sind **unwirksam.** | Falls die Willenserklärung eine der oben genannten Bedingungen erfüllt, ist das Rechtsgeschäft voll wirksam. | Rechtsgeschäfte sind **voll wirksam**. |

**Aber aufgepasst:** Sowohl für die beschränkte Geschäftsfähigkeit als auch für die Geschäftsunfähigkeit können sich **Ausnahmen** von den oben genannten Regelungen ergeben. Diese werden im Folgenden erläutert.

**Prüfungstipp:** Lassen Sie sich von den verschiedenen Regelungen und Ausnahmen nicht durcheinanderbringen. Beginnen Sie bei der Fallbearbeitung immer mit der Stufe der Geschäftsfähigkeit und dem dazugehörigen Paragrafen.

**Zurück zum Fallbeispiel:** Marie ist geschäftsunfähig gem. § 104 Nr. 1 BGB, da sie erst fünf Jahre alt ist. Somit ist die Willenserklärung von Marie nichtig, § 105 I BGB.

Marie kann den Kaufvertrag demnach nicht abschließen.

Sie werden sich möglicherweise fragen, wieso der **Taschengeldparagraf** hier nicht zum Einsatz kommt. Der Taschengeldparagraf (§ 110 BGB) ist eine Ausnahme, welche **nur** für **beschränkt Geschäftsfähige** gilt.

## 4.2 Besonderheiten & Ausnahmen bei Geschäftsunfähigkeit

Für **geschäftsunfähige Minderjährige** gibt es keine Ausnahme von der Regel, dass ihre Willenserklärungen nichtig sind. Sie können demnach keine Rechtsgeschäfte abschließen! Allerdings haben Sie sicher schon einmal davon gehört, dass ein Minderjähriger als **Bote** eingesetzt wird. So kann z.B. ein Vater seine Tochter zum Bäcker schicken, um dort im Auftrag des Vaters Brötchen für die Familie zu kaufen. Die Willenserklärung des Vaters wird hier vom Kind nur übermittelt. Es handelt sich nicht um eine eigene Willenserklärung der geschäftsunfähigen Tochter. Der Kaufvertrag über die Brötchen würde wirksam zustande kommen.

**Hinweis:** Näheres zum Botengeschäft finden Sie auch im nächsten Kapitel.

Für **geschäftsunfähige Volljährige** (Personen, die volljährig sind aber unter einer dauerhaften Störung der Geistestätigkeit leiden) gilt die Ausnahme für **Geschäfte des täglichen Lebens**, § 105a BGB. Es können also Rechtsgeschäfte, wie z.B. der Kauf von Lebensmitteln, getätigt werden.

**Hinweis:** Auf die Besonderheiten für geschäftsunfähige Volljährige wird hier und bei den Übungsfällen nicht weiter eingegangen. Das Hauptaugenmerk soll für die Prüfungsvorbereitung auf der Geschäftsfähigkeit von Minderjährigen liegen.

## 4.3 Besonderheiten & Ausnahmen bei beschränkter Geschäftsfähigkeit

**Fallbeispiel:** Fabio (14) kauft ohne das Wissen seiner Eltern ein Fahrrad für 400,00 €. Ist hier ein wirksamer Kaufvertrag zustande gekommen?

Wie bereits erläutert, benötigt ein beschränkt Geschäftsfähiger entweder die **Einwilligung** der gesetzlichen Vertreter (in der Regel die Eltern) oder es muss ihm ein **lediglich rechtlicher Vorteil** entstehen, damit seine Willenserklärung wirksam ist.

| | |
|---|---|
| **Einwilligung der gesetzlichen Vertreter, § 107 BGB** | Eine Einwilligung ist die **vorherige Erlaubnis** der gesetzlichen Vertreter.<br>**Beispiel:** Paul (17) fragt seine Eltern, ob er sich ein Computerspiel kaufen darf. Seine Eltern stimmen zu und Paul kauft sich das Spiel. |
| **Lediglich rechtlicher Vorteil, § 107 BGB** | Ein lediglich rechtlicher Vorteil liegt vor, wenn für den Minderjährigen keine Verpflichtungen entstehen. Bei Abschluss eines Kaufvertrages entsteht zum Beispiel die Verpflichtung, den Kaufpreis zu zahlen.<br>**Beispiel:** Paul (17) bekommt das Computerspiel von seinen Großeltern zum Geburtstag geschenkt. Er muss für die Schenkung keine Gegenleistung erbringen und geht somit keine Verpflichtung ein. |

Da Fabio im Fallbeispiel seine Eltern vor dem Kauf nicht um Erlaubnis gebeten hat, liegt keine Einwilligung nach § 107 BGB vor. Auch ein lediglich rechtlicher Vorteil gem. § 107 BGB liegt hier nicht vor, da Fabio sich verpflichtet, den Kaufpreis zu bezahlen. Demnach müsste der Kaufvertrag unwirksam sein.

**Aber Achtung:** Ein geschlossener Vertrag eines Minderjährigen kann auch von den gesetzlichen Vertretern **genehmigt** werden, § 108 I BGB.

| | |
|---|---|
| **Genehmigung der gesetzlichen Vertreter,**<br>**§ 108 I BGB** | Eine Genehmigung ist die **nachherige Erlaubnis** der gesetzlichen Vertreter.<br>**Beispiel:** Paul (17) fragt seine Eltern vorher nicht, ob er sich ein Computerspiel kaufen darf. Er geht los und kauft sich das Spiel. Als er mit dem Spiel nach Hause kommt, freuen sich seine Eltern über die tolle Anschaffung. |

In unserem Fallbeispiel ist eine nachherige Genehmigung noch nicht erfolgt. Die Eltern wissen viel mehr noch nichts von dem Kaufvertrag und wir können nicht sagen, ob die Genehmigung erfolgen wird oder nicht. Wie sieht es nun mit der Wirksamkeit des Vertrages aus?

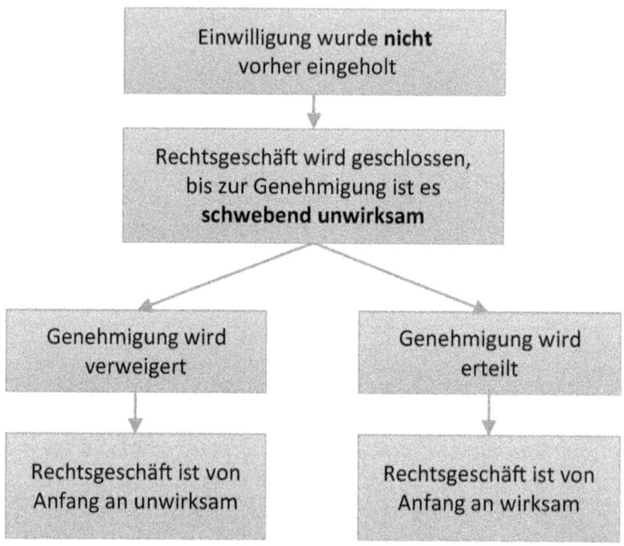


Ein Rechtsgeschäft eines beschränkt Geschäftsfähigen ist **schwebend unwirksam,** wenn weder eine Einwilligung erfolgt ist, noch eine Entscheidung über die Genehmigung getroffen wurde. Wie der obigen Abbildung zu entnehmen ist, kann ein Rechtsgeschäft nur bis zu dem Zeitpunkt schwebend unwirksam sein, an welchem die gesetzlichen Vertreter über das Rechtsgeschäft entscheiden. Das Rechtsgeschäft ist bis dahin gewissermaßen in der Schwebe. Erst mit der Erteilung oder der Verweigerung der Genehmigung wird final über die Wirksamkeit des Rechtsgeschäftes entschieden.

**Zurück zum Fallbeispiel:** Fabio ist mit seinen 14 Jahren beschränkt geschäftsfähig, § 106 BGB. Eine Einwilligung der gesetzlichen Vertreter oder ein rein rechtlicher Vorteil liegen nicht vor, da Fabio den Kaufpreis bezahlt, § 107 BGB.

Auch eine Genehmigung nach § 108 I BGB ist noch nicht erfolgt. Somit ist der Vertrag schwebend unwirksam. Falls eine Genehmigung ausgesprochen wird, ist der Vertrag von Anfang an wirksam. Wenn die Eltern die Genehmigung jedoch verweigern, ist der Vertrag von Anfang an unwirksam.

Ab dem Zeitpunkt, an dem die gesetzlichen Vertreter von einem Rechtsgeschäft erfahren, können sie es **genehmigen** oder die **Genehmigung verweigern**. Mit der Verweigerung der Genehmigung wird das **Rechtsgeschäft unwirksam** und zwar von Anfang an.

**Hinweis:** Wir müssen uns die Genehmigung nicht förmlich vorstellen. Eine Genehmigung kann z.B. mit einem *„Ach, das Fahrrad ist aber schön!"* der Eltern schon als erteilt gelten.

**Welche weiteren Ausnahmen und Besonderheiten sind bei der beschränkten Geschäftsfähigkeit noch zu beachten?**

| | |
|---|---|
| **Der Minderjährige wird unbeschränkt geschäftsfähig,**<br>**§ 108 III BGB** | Ein beschränkt Geschäftsfähiger kann seine Rechtsgeschäfte (im Nachhinein) selbst genehmigen, wenn er mittlerweile unbeschränkt geschäftsfähig ist.<br>**Beispiel:** Paul (17) kauft ohne das Wissen seiner Eltern ein Computerspiel für 50,00 €. Drei Tage später wird Paul 18 Jahre alt und ist damit unbeschränkt geschäftsfähig. Er kann den Kauf nun selbst genehmigen. |
| **Einsatz von eigenen Mitteln,**<br>**§ 110 BGB** | Auf die Einwilligung/Genehmigung der gesetzlichen Vertreter kann auch verzichtet werden, wenn der beschränkt Geschäftsfähige seine eigenen Mittel (z.B. Taschengeld) einsetzt. Die Mittel müssen zur freien Verfügung oder für einen bestimmten Zweck überlassen worden sein.<br>**Beispiel:** Paul (17) bekommt monatlich 60,00 € Taschengeld und kauft sich davon ein Computerspiel. Der Kaufvertrag ist ohne die Einwilligung / Genehmigung gültig, da Paul diese Mittel zur freien Verfügung standen. |
| **Einseitige Rechtsgeschäfte,**<br>**§ 111 BGB** | Für einseitige Rechtsgeschäfte benötigt der Minderjährige die vorherige Einwilligung seiner gesetzlichen Vertreter.<br>**Beispiel:** Paul (17) möchte sein Konto bei einer ansässigen Bank kündigen. Bei einer Kündigung handelt es sich um ein einseitiges Rechtsgeschäft. Daher müssen Pauls Eltern vorher in die Kündigung einwilligen. |

| | |
|---|---|
| **Selbstständiger Betrieb eines Erwerbsgeschäfts, § 112 BGB** | Ein beschränkt Geschäftsfähiger kann mit der Erlaubnis seiner Eltern und des Familiengerichtes zum Betrieb eines Erwerbgeschäfts ermächtigt werden. In diesem Rahmen kann der Minderjährige ebenso wie ein Volljähriger Rechtsgeschäfte tätigen.<br>**Beispiel:** Paul (17) hat mit der Erlaubnis seiner Eltern und des Familiengerichtes mit einem Online-Shop selbstständig gemacht. Im Rahmen dieser Tätigkeit kauft er Ware für 1.000,00 €. |
| **Dienst- oder Arbeitsverhältnis, § 113 BGB** | Der beschränkt Geschäftsfähige wird für Rechtsgeschäfte im Rahmen seines Dienst- oder Arbeitsverhältnisses unbeschränkt geschäftsfähig. Im Voraus müssen die Eltern das Dienst- oder Arbeitsverhältnis jedoch genehmigt haben.<br>**Beispiel:** Paul (17) darf mit der Erlaubnis seiner Eltern im örtlichen Kino arbeiten. Um ins Kino zu kommen, kauft er sich eine Busfahrkarte.<br>**Hinweis**: Bei einem Ausbildungsverhältnis handelt es sich nicht um ein Dienst- oder Arbeitsverhältnis. § 113 BGB gilt demnach nicht. |

**Prüfungstipp:** Manchmal können Fälle zur beschränkten Geschäftsfähigkeit etwas verwirrend sein, da es ja einige Ausnahmen und Besonderheiten gibt. Diese Ausnahmen müssen Sie jedoch nicht immer alle überprüfen!

Bei einem einfachen Fall reicht es, dass Sie überprüfen, ob ein rechtlicher Vorteil, eine Einwilligung oder eine Genehmigung vorliegen. Handelt es sich um einen Fall, der eine Ausnahme (z.B. Taschengeld, Rechtsgeschäft im Rahmen des Arbeitsverhältnisses etc.) beinhaltet, überprüfen Sie auch die Ausnahme. Um hier eine Routine zu erlangen, können Sie die Übungsfälle bearbeiten.

**Übungsfall 1:**

Leyla ist sechs Jahre alt und kauft sich beim Bäcker um die Ecke zwei Schokobrötchen für 3,00 €.

1. Ist hier ein wirksamer Kaufvertrag zustande gekommen?
2. Wie würde der Fall aussehen, wenn Leyla von ihrer Mutter zum Schokobrötchenkauf geschickt worden wäre?

**Lösungsvorschlag:**

**1.** Leyla ist gem. § 104 Nr. 1 BGB geschäftsunfähig, da sie erst sechs Jahre alt ist. Somit ist die Willenserklärung von Leyla nichtig, § 105 I BGB. Demnach ist der Kaufvertrag unwirksam.

**2.** Leyla ist mit ihren sechs Jahren zwar geschäftsunfähig, § 104 Nr. 1 BGB, aber sie ist hier als Bote aufgetreten und hat die Willenserklärung ihrer Mutter überbracht.

Der geschlossene Kaufvertrag ist voll wirksam.

**Übungsfall 2:**

Emil ist vier Jahre alt und bekommt von seiner Oma ein Tablet zum Geburtstag geschenkt. Seine Eltern sind nicht besonders erfreut über das Geschenk. Kann Emil das Tablet gegen den Willen seiner Eltern annehmen?

**Lösungsvorschlag:**

Emil ist vier Jahre alt und somit geschäftsunfähig, § 104 Nr. 1 BGB. Die Willenserklärungen eines Geschäftsunfähigen sind nichtig, § 105 I BGB. Somit kann Emil das Geschenk nicht annehmen.

**Hinweis**: Diese Schenkung ist lediglich rechtlich vorteilhaft. Die Regelung, dass bei lediglich rechtlichen vorteilhaften Rechtsgeschäften die Einwilligung der gesetzlichen Vertreter entbehrlich ist, gilt nur für beschränkt Geschäftsfähige nach § 106 BGB.

**Übungsfall 3:**

Elena bekommt zu ihrem 17. Geburtstag verschiedene Geschenke von Freunden und Verwandten. Darunter befinden sich 50,00 € in bar, eine vermietete Eigentumswohnung, ein Kinogutschein und ein kleiner Welpe. Ihre Tante erlaubt Elena außerdem die Nutzung ihres E-Bikes, wenn Elena es einmal im Monat putzt. Die Eltern von Elena sind nur teilweise mit den Schenkungen und dem Angebot der Tante einverstanden.

Begründen Sie, welche Geschenke Elena alleine annehmen darf und bei welchen Geschenken die Zustimmung der Eltern ggf. erforderlich ist.

**Lösungsvorschlag:**

Elena ist mit 17 Jahren beschränkt geschäftsfähig, § 106 BGB. Nach § 107 BGB kann Elena lediglich rechtlich vorteilhafte Rechtsgeschäfte allein bewirken und benötigt die Einwilligung ihrer Eltern nicht. Hierzu zählen die Schenkung des Bargelds und des Kinogutscheins, da Elena mit der Annahme keine Verpflichtungen entstehen.

Bei der vermieteten Eigentumswohnung würden auf sie die Pflichten eines Vermieters zukommen. Den Welpen müsste sie erziehen und versorgen. Auch bei der Nutzung des E-Bikes verpflichtet sie sich, das Rad zu putzen. Somit sind diese drei Rechtsgeschäfte nicht rechtlich vorteilhaft und ohne die Einwilligung / Genehmigung , §§ 107, 108 I BGB, nicht wirksam.

**Übungsfall 4:**

Theo ist 13 Jahre alt und kauft sich einen Roller für 80,00 €. Entscheiden Sie für die folgenden Varianten, ob ein Kaufvertrag wirksam zustande gekommen ist:

**1.** Theos Eltern fahren ihn zu einem Geschäft, damit sich Theo den Roller dort kaufen kann.
**2.** Theos Eltern erfahren erst einmal nichts von dem Kauf.
**3.** Theos Eltern wussten nichts von dem Kauf. Als sie ihn mit dem Roller sehen, sagen sie nur: *„Da hast du dir aber einen schönen Roller ausgesucht"*.
**4.** Theos Eltern wussten nichts von dem Kauf. Als sie ihn mit dem Roller sehen, fordern sie ihren Sohn auf den Roller zurückzubringen.

**Lösungsvorschlag:**

Theo ist im Alter von 13 Jahren beschränkt geschäftsfähig, § 106 BGB. Da das Rechtsgeschäft aufgrund der Bezahlung nicht lediglich vorteilhaft ist, benötigt er die Einwilligung seiner Eltern, § 107 BGB.

1. Die Einwilligung der Eltern liegt vor, da seine Eltern über den Kauf im Voraus informiert werden und ihn zu dem Geschäft fahren. Somit ist ein wirksamer Kaufvertrag zustande gekommen.
2. Da Theos Eltern nichts von dem Kauf wussten, liegt keine Einwilligung vor. Bis zu einer Genehmigung oder Ablehnung der Genehmigung ist der Vertrag schwebend unwirksam, § 108 I BGB.
3. Es liegt keine Einwilligung vor. Allerdings genehmigen die Eltern den Kauf mit ihren zustimmenden Worten, § 108 I BGB. Der Kaufvertrag ist voll wirksam.
4. Eine vorherige Einwilligung ist nicht erfolgt. Mit der Aufforderung den Roller zurückzubringen verweigern die Eltern die Genehmigung, § 108 I BGB. Der Kaufvertrag ist somit von Anfang an unwirksam.

**Übungsfall 5:**

Der 16-jährige Ali kauft sich ein neues Smartphone für 800,00 € im Internet. Seine Eltern bittet er nicht um Erlaubnis. Der Kauf erfolgt auf Rechnung, wobei der Kaufpreis erst in 90 Tagen bezahlt werden muss. Das Smartphone bekommt er schon nach zwei Tagen per Paket zugesendet.

Ist hier ein wirksamer Kaufvertrag zustande gekommen?

**Lösungsvorschlag:**

Ali ist 16 Jahre alt und damit beschränkt geschäftsfähig, § 106 BGB. Ein beschränkt Geschäftsfähiger benötigt die Einwilligung seiner Eltern, falls kein lediglich rechtlicher Vorteil vorliegt, § 107 BGB. Ein lediglich rechtlicher Vorteil liegt hier nicht vor, da sich Ali zur Zahlung der 800,00 € verpflichtet. Die Einwilligung der Eltern ist ebenso nicht erfolgt.

Daher ist der Kaufvertrag zunächst schwebend unwirksam, § 108 I BGB.

Falls die Eltern sich dafür entscheiden, den Vertrag noch zu genehmigen, ist er voll wirksam. Wenn sie ihre Genehmigung verweigern, ist der Kaufvertrag von Anfang an unwirksam.

**Übungsfall 6:**

Max ist 15 Jahre alt und kauft sich die neuste Spielekonsole. Den Kaufpreis von 500,00 € soll er innerhalb von einer Woche bezahlen. Seinen Eltern erzählt Max nichts von dem Kauf.

Max vergisst den Kaufpreis zu zahlen und zwei Wochen später kontaktiert der Verkäufer erzürnt die Eltern von Max. Die Eltern sind vollkommen überrascht und wollen, dass Max die Spielekonsole zurückgibt.

1. Muss Max den Preis von 500,00 € nun bezahlen?
2. Ist Max Eigentümer der Spielekonsole geworden?
3. Muss Max die Spielekonsole zurückgeben?

**Lösungsvorschlag:**

**1.** Max ist mit seinem Alter von 15 Jahren beschränkt geschäftsfähig, § 106 BGB. Nach § 107 BGB müsste ein lediglich rechtlicher Vorteil oder die Einwilligung vorliegen. Max verpflichtet sich jedoch zur Zahlung von 500,00 €, weshalb kein lediglich rechtlicher Vorteil vorliegt. Auch eine Einwilligung der Eltern ist nicht erfolgt.

Der Kaufvertrag ist zunächst schwebend unwirksam, § 108 I BGB. Die Eltern verweigern die Genehmigung des Vertrages, nachdem sie von dem Kauf erfahren. Deshalb ist der Kaufvertrag von Anfang an unwirksam und Max muss den Kaufpreis nicht bezahlen.

**2.** Max hat sich mit dem Verkäufer darüber geeinigt, dass das Eigentum an der Spielekonsole auf ihn übergehen soll, § 929 S. 1 BGB. Außerdem erfolgte eine tatsächliche Übergabe, womit Max Eigentümer und Besitzer der Spielekonsole geworden ist, §§ 929 S. 1, 854 I BGB.

**3.** Max ist zwar Eigentümer der Spielekonsole geworden, allerdings ist der Kaufvertrag (Verpflichtungsgeschäft) nichtig. Somit hat der Verkäufer nach § 812 I 1 BGB einen Herausgabeanspruch gegenüber Max, da es keinen rechtlichen Grund für den Erhalt der Spielekonsole gibt. Deshalb muss Max die Spielekonsole zurückgeben.

**Hinweis**: Weitere Erläuterungen zu den Fragestellungen 2) und 3) finden Sie im Kapitel zum Abstraktionsprinzip.

**Übungsfall 7:**

Die 12-jährige Amelie bekommt von ihrer Großtante 1.000,00 € geschenkt. Die Eltern sind dagegen, da sie finden, dass der Betrag für eine 12-jährige viel zu hoch ist.

Kann Amelie die Schenkung gegen den Willen ihrer Eltern annehmen?

**Lösungsvorschlag:**

Amelie ist 12 Jahre alt und somit beschränkt geschäftsfähig, § 106 BGB. Durch die Schenkung der 1.000,00 € erlangt Amelie einen lediglich rechtlichen Vorteil, § 107 BGB. Die Einwilligung der Eltern ist somit entbehrlich. Amelie kann die Schenkung auch gegen den Willen ihrer Eltern annehmen.

**Abwandlung zu Übungsfall 7:**

Amelie hat die Schenkung der Großtante angenommen. Sie kauft sich nun von den 1.000,00 € einen Fernseher für ihr Kinderzimmer. Als die Eltern dies erfahren, sind sie absolut schockiert und fordern, dass Amelie den Fernseher zurückbringt. Schließlich sollte Amelie die 1.000,00 € sparen.

Muss Amelie den Fernseher zurückbringen?

**Lösungsvorschlag:**

Amelie ist 12 Jahre alt und somit beschränkt geschäftsfähig, § 106 BGB. Der Kauf des Fernsehers ist nicht lediglich rechtlich vorteilhaft, da sie die 1.000,00 € bezahlt. Auch eine Einwilligung der Eltern nach § 107 BGB liegt nicht vor. § 110 BGB ist nicht anwendbar, da die 1.000,00 € nicht zur freien Verfügung standen. Die Eltern haben Amelie den Kauf nicht genehmigt, § 108 I BGB. Somit ist der Kaufvertrag nichtig und Amelie muss den Fernseher zurückbringen.

**Übungsfall 8:**

Dennis (17) kauft sich für 1.800,00 € von seinem Ersparten ein gebrauchtes Auto. Zwei Tage später, am 18. Geburtstag von Dennis, erfahren seine Eltern von dem Auto und wollen, dass er das Auto zurückgibt. Dennis will das Auto auf keinen Fall zurückgeben. Er ist der Meinung, dass seine Eltern ihn nun nicht mehr dazu zwingen können.

Muss Dennis das Auto zurückgeben?

**Lösungsvorschlag:**

Dennis ist 17 Jahre alt und somit beschränkt geschäftsfähig, § 106 BGB. Der Kaufvertrag ist auf Grund der Bezahlung weder lediglich rechtlich vorteilhaft, noch liegt die Einwilligung der Eltern vor, § 107 BGB. Bis zum Zeitpunkt der Genehmigung ist der Vertrag zunächst schwebend unwirksam, § 108 I BGB. Da Dennis mittlerweile 18 Jahre alt geworden ist, kann er das Rechtsgeschäft nun selbst genehmigen, § 108 III BGB. Somit ist der Kaufvertrag wirksam zustande gekommen.

**Übungsfall 9:**

Sabrina ist acht Jahre alt und erhält neuerdings 15,00 € Taschengeld im Monat. Als sie ihr erstes Taschengeld ausgehändigt bekommt, geht sie umgehend los und kauft für die 15,00 € Süßigkeiten. Sabrinas Eltern sind nicht mit dem Kauf einverstanden. Sie finden, dass man nicht alles auf einmal ausgeben sollte und vor allem nicht für Süßigkeiten.

Ist der Kaufvertrag wirksam zustande gekommen?

**Lösungsvorschlag:**

Sabrina ist mit ihren acht Jahren beschränkt geschäftsfähig, § 106 BGB. Normalerweise braucht sie für nicht lediglich rechtlich vorteilhafte Rechtsgeschäfte die Einwilligung oder Genehmigung der Eltern, §§ 107, 108 I BGB. Eine Einwilligung wurde nicht eingeholt und die Genehmigung wurde verweigert. Allerdings hat Sabrina den Kauf mit eignen Mitteln bewirkt, die ihr zur freien Verfügung überlassen wurden, § 110 BGB. Der Kauf der Süßigkeiten ist somit von Anfang an wirksam.

**Übungsfall 10:**

Lea ist 16 Jahre alt und kauft sich im Internet ein paar neue Klamotten für 250,00 €. Sie vereinbart einen Ratenkauf und muss fünf Monate jeweils eine Rate von 50,00 € zahlen. Die erste Rate zahlt sie sofort, da sie diese Summe noch genau auf ihrem Konto hat. Die anderen Raten möchte Lea mit ihrem Taschengeld bezahlen. Sie erhält monatlich 60,00 €.

Ist der Kaufvertrag wirksam zustande gekommen?

**Lösungsvorschlag:**

Lea ist aufgrund ihres Alters von 16 Jahren beschränkt geschäftsfähig, § 106 BGB. Der Vertrag ist nicht lediglich rechtlich vorteilhaft, da der Kaufpreis von 250,00 € zu entrichten ist. Demnach benötigt sie nach § 107 BGB die Einwilligung ihrer Eltern. Da die Einwilligung fehlt, ist der Vertrag bis zur Genehmigung schwebend unwirksam, § 108 I BGB. Der Taschengeldparagraf § 110 BGB gilt hier nicht, da der Kaufpreis noch nicht vollständig entrichtet wurde.

**Weiterführung zu Übungsfall 10:**

Als die Eltern von Leas Einkauf erfahren, sind sie sauer und verweigern ihre Zustimmung. Sie verlangen, dass der Internethändler die bereits erhaltenen 50,00 € zurückerstattet.

Muss der Händler die 50,00 € zurückzahlen?

**Lösungsvorschlag:**

Durch die Verweigerung der Genehmigung ist der Kaufvertrag (Verpflichtungsgeschäft) von Anfang an nichtig, § 108 I BGB. Somit ist der rechtliche Grund für die Zahlung des Kaufpreises weggefallen und der Händler muss die 50,00 € zurückerstatten, § 812 I BGB.

**Übungsfall 11:**

Simon ist 17 Jahre alt und hat von seiner Großmutter 1.000,00 € für sein Studium geschenkt bekommen. Von diesem Geld nimmt sich Simon nun 200,00 €, um ein Festivalticket zu kaufen. Seine Eltern erfahren nichts von dem Kauf.

**Lösungsvorschlag:**

Simon ist beschränkt geschäftsfähig, da er 17 Jahre alt ist, § 106 BGB. Ein lediglich rechtlicher Vorteil und die Einwilligung der Eltern nach § 107 BGB liegen nicht vor. Auch § 110 BGB greift nicht, da die 1.000,00 € nicht zur freien Verfügung überlassen wurden. Somit ist der Vertrag bis zu einer Genehmigung oder Verweigerung der Genehmigung der Eltern schwebend unwirksam, § 108 I BGB.

**Übungsfall 12:**

Katharina (17) kündigt schriftlich ihre Mitgliedschaft im Fitnessstudio, da sie nie hingeht. Ihren Eltern erzählt sie nichts, da diese wollen, dass sich Katharina mehr bewegt.

Ist die Kündigung wirksam?

**Lösungsvorschlag:**

Katharina ist mit ihren 17 Jahren beschränkt geschäftsfähig, § 106 BGB. Eine Kündigung ist ein einseitiges Rechtgeschäft für welches nach § 111 S. 1 BGB die Einwilligung der Eltern erforderlich ist. Die Einwilligung der Eltern ist nicht erfolgt. Deshalb ist die Kündigung unwirksam.

**Übungsfall 13:**

Timo ist 17 Jahre alt und beschäftigt sich mit Computern und Softwareentwicklung. Mit Erlaubnis des Familiengerichtes sowie der Eltern macht er sich als Softwareentwickler selbstständig. Er kauft sich für 5.000,00 € neue Computer, um mit der Arbeit zu beginnen.

Ist der Kaufvertrag über die Computer wirksam?

**Lösungsvorschlag:**

Timo ist beschränkt geschäftsfähig, da er 17 Jahre alt ist, § 106 BGB. Normalerweise benötigt Timo für Rechtsgeschäfte, die nicht lediglich rechtlich vorteilhaft sind, die Zustimmung seiner Eltern, §§ 107, 108 I BGB. Allerdings hat Timo den Kauf im Rahmen seiner genehmigten Selbstständigkeit getätigt. Nach § 112 I 1 BGB ist er für Rechtsgeschäfte, die im Zusammenhang mit seiner Selbstständigkeit stehen, unbeschränkt geschäftsfähig. Somit ist der Kaufvertrag über die Computer voll wirksam.

**Übungsfall 14:**

Ceyda (16) arbeitet mit der Erlaubnis ihrer Eltern in einem Café. Da ihr Chef sie nicht weiter beschäftigen kann, unterzeichnet sie einen Aufhebungsvertrag, ohne ihre Eltern zu fragen.

Ist der Aufhebungsvertrag auch ohne Zustimmung der Eltern wirksam?

**Lösungsvorschlag:**

Ceyda ist beschränkt geschäftsfähig, da sie 16 Jahre alt ist, § 106 BGB. Nach §§ 107, 108 I BGB benötigt Ceyda in der Regel die Zustimmung ihrer Eltern, um ein Rechtsgeschäft zu schließen. Nach § 113 I 1 BGB gilt ein beschränkt Geschäftsfähiger für Rechtsgeschäfte im Rahmen des genehmigten Arbeitsverhältnisses als unbeschränkt geschäftsfähig. Ceyda unterzeichnet den Aufhebungsvertrag im Rahmen des gestatteten Verhältnisses. Somit benötigt sie die Zustimmung der Eltern nicht und der Aufhebungsvertrag ist voll wirksam.

**Übungsfall 15:**

Sergej ist 17 Jahre alt und beginnt mit der Zustimmung seiner Eltern eine Ausbildung als Rechtsanwaltsfachangestellter. Da es ihm in seiner Kanzlei nicht gefällt, kündigt er bereits nach dem ersten Monat, ohne seinen Eltern Bescheid zu geben. Die Kanzlei behauptet, dass die Kündigung nicht wirksam ist und akzeptiert diese nicht.

Hat die Kanzlei recht?

**Lösungsvorschlag:**

Sergej ist mit seinen 17 Jahren beschränkt geschäftsfähig, § 106 BGB. Die Kündigung ist ein einseitiges Rechtgeschäft. Nach § 111 S. 1 BGB wird hierfür die Einwilligung der Eltern benötigt. Da die Einwilligung nicht vorliegt, ist Kündigung unwirksam und die Kanzlei hat recht.

**Hinweis**: Der Paragraf § 113 BGB greift hier nicht, da es sich um ein Ausbildungsverhältnis und nicht um ein Arbeits- oder Dienstverhältnis handelt.

# 5. Stellvertretung und Bote

**Fallbeispiel:** Melanie ist Auszubildende in einer großen Kanzlei. Sie wird von ihrer Kollegin Janina Rau gebeten, ein Fachbuch zum Thema Zwangsvollstreckung in der nahegelegenen Buchhandlung zu besorgen. Janina gibt Melanie zu verstehen, dass sie frei entscheiden kann, welches Buch sie kauft. Melanie sollte aber nicht mehr als 50,00 € ausgeben.

In der Buchhandlung kauft Melanie das einzig vorhandene Buch zur Zwangsvollstreckung. Es kostet allerdings 60,00 €. An der Kasse erzählt sie der Verkäuferin, dass sie das Buch für ihre Kollegin kauft.

Auf dem Rückweg kommen bei Melanie Zweifel auf. Sie fragt sich, ob sie richtig gehandelt hat und Janina dazu verpflichtet ist, ihr den Kaufpreis von 60,00 € zu erstatten.

**Grundsatz:** Es ist unter bestimmten Voraussetzungen möglich, dass eine Person eine andere Person bei Rechtsgeschäften vertritt. Dies ist zum Beispiel sehr nützlich, wenn der Vertretene verhindert ist und das Rechtsgeschäft nicht selbst abschließen kann. In solchen Fällen muss allerdings zwischen den Rechtsgeschäften eines **Stellvertreters** oder **Boten** unterschieden werden.

**Doch wo liegt der Unterschied?**

| Stellvertreter | Bote |
|---|---|
| • Der Stellvertreter kann im Rahmen seiner Vertretungsbefugnis Entscheidungen treffen.<br>• Der Stellvertreter gibt eine eigene Willenserklärung im Namen des Auftraggebers ab.<br>• Die abgegebene Willenserklärung wirkt für und gegen den Auftraggeber. | • Der Bote hat keinen eigenen Entscheidungsspielraum.<br>• Der Bote übermittelt nur die genaue Willenserklärung einer anderen Person.<br>• Das Rechtsgeschäft kommt zwischen dem Auftraggeber des Boten und zwischen dem Vertragspartner (z. B. dem Verkäufer) zustande. |

Während ein Bote auch **geschäftsunfähig** sein kann, muss ein Stellvertreter mindestens **beschränkt geschäftsfähig** sein, § 165 BGB. Ein unter Stellvertretung geschlossenes Rechtsgeschäft eines Geschäftsunfähigen ist demnach unwirksam.

Für eine wirksame Stellvertretung gelten weitere Voraussetzungen, welche nicht für das Botengeschäft relevant sind. Deshalb wird im Folgenden nur die Stellvertretung thematisiert.

In unserem Fallbeispiel handelt es sich um einen Fall der Stellvertretung nach §§ 164 ff. BGB, da sich Melanie frei für ein Buch entscheiden kann. Ihr wird nur der Rahmen für den Kauf vorgeschrieben (es soll ein Buch zum Thema Zwangsvollstreckung sein und darf nicht mehr als 50,00 € kosten). Hätte Melanie ein bestimmtes zu Buch zu einem genauen Preis kaufen sollen, würde es sich um ein Botengeschäft handeln.

**Beispiel für den Aufbau der Stellvertretung:**

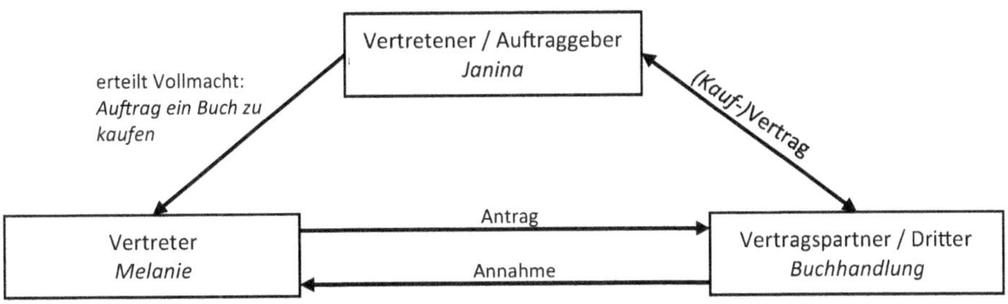

**Welche Voraussetzungen müssen für die wirksame Stellvertretung erfüllt sein?**

1) Der Stellvertreter gibt eine **eigene Willenserklärung** ab, § 164 I 1 BGB. Ansonsten liegt möglicherweise ein Botengeschäft vor.
2) Es muss erkennbar sein, dass der Stellvertreter in **fremdem Namen handelt**, § 164 I BGB. Dies kann ausdrücklich geschehen oder muss sich aus den Umständen erkennen lassen. Ist jedoch die Fremdwirkung der Willenserklärung nicht für den Geschäftsgegner erkennbar, muss der Stellvertreter die Folgen des Rechtsgeschäftes ggf. selbst tragen § 164 II BGB.
3) Der Stellvertreter muss **innerhalb** der ihm erteilten **Vertretungsmach**t handeln, § 177 BGB. Damit muss der Stellvertreter die ihm gemachten Vorgaben erfüllen, was z.B. Inhalt des Vertrages und die Höhe des Preises angeht. Falls der Stellvertreter nicht innerhalb der Vertretungsmacht handelt, hängt die Wirksamkeit des Vertrages gegen den Vertretenen von der Genehmigung des Vertretenen ab § 177 I BGB. Der Vertretene kann das schwebend unwirksame Rechtsgeschäft genehmigen, muss dies aber nicht. Verweigert der Vertretene die Genehmigung des Rechtsgeschäftes und wusste der Vertreter, dass er nicht im Rahmen der Vertretungsmacht handelt, ist allein der Vertreter aus dem Rechtsgeschäft verpflichtet. Er muss den Vertrag erfüllen oder muss Schadensersatz leisten, § 179 I BGB.

**Aber aufgepasst:** Die Stellvertretung ist bei sogenannten **höchstpersönlichen Rechtsgeschäften** des Familien- oder Erbrechts unzulässig. So können weder die Eheschließung noch die Errichtung eines Testaments an einen Stellvertreter delegiert werden.

**Zurück zum Fallbeispiel:** Melanie handelt als Stellvertreterin von Janina und gibt in ihren Namen eine Willenserklärung ab, § 164 I BGB. Jedoch hat Melanie den Vollmachtspielraum um 10,00 € wissentlich überschritten, so dass der Kaufvertrag bis zur Genehmigung durch Janina schwebend unwirksam gem. § 177 I BGB ist. Verweigert Janina nun die Genehmigung des Vertrages, hat der Vertragspartner (Buchhandlung) gegen Melanie als Vertreterin einen Anspruch auf Erfüllung oder Schadensersatz, § 179 I BGB.

**Übungsfall 1:**

Andreas beauftragt seine 6-jährige Tochter Lara beim Konditor um die Ecke vier Stücke Torte zu kaufen. Er gibt ihr 15,00 € mit. In der Konditorei sucht Lara vier verschiedene Stücke aus und zahlt einen Preis von 13,20 €.

Ist ein wirksamer Kaufvertrag zustande gekommen?

**Lösungsvorschlag:**

Lara ist Stellvertreterin von Andreas, da sie sich den Kuchen aussucht. Aufgrund ihrer Geschäftsunfähigkeit nach § 104 Nr. 1 BGB, kann sie keine eigenen Willenserklärungen abgeben, § 105 I BGB. Somit ist der Kaufvertrag von Anfang an unwirksam.

**Abwandlung zu Übungsfall 1:**

Andreas beauftragt seine 6-jährige Tochter Lara beim Konditor um die Ecke vier Stücke Käsekuchen zu kaufen. Er gibt ihr 15,00 € mit. In der Konditorei kauft Lara vier Stücke Käsekuchen und zahlt einen Preis von 13,20 €.

Ist ein wirksamer Kaufvertrag zustande gekommen?

**Lösungsvorschlag:**

Lara ist nach § 104 Nr. 1 BGB geschäftsunfähig, da sie erst sechs Jahre alt ist. Sie handelt hier allerdings als Bote ihres Vaters und überbringt seine Willenserklärung. Ihr Vater gibt ihr den genauen Rahmen vor, womit sie keinen Entscheidungsspielraum mehr hat. Hier ist ein voll wirksamer Kaufvertrag zustande gekommen.

**Übungsfall 2:**

Die Notarfachangestellte Alina beauftragt ihren Freund Patrick, ihr einen neuen E-Book-Reader zu kaufen. Der Reader soll wasserdicht sein und maximal 80,00 € kosten. Patrick erwirbt daraufhin ein wasserdichtes Modell für 69,99 € und erzählt dabei der Verkäuferin, dass er diesen für Alina kaufe. Als er Alina den E-Book-Reader überreichen will, teilt sie Patrick mit, dass sie es sich anders überlegt habe und nun keinen E-Book-Reader mehr brauche.

Ist Alina verpflichtet, den Kaufpreis zu zahlen?

**Lösungsvorschlag:**

Patrick handelt als Stellvertreter von Alina, da er einen eigenen Entscheidungsspielraum beim Kauf des E-Book-Readers hat. Er gibt eine eigene Willenserklärung, § 164 I BGB, ab und handelt ausdrücklich im Namen von Alina, § 164 II BGB. Patrick handelt außerdem im Rahmen seiner Vertretungsmacht, da er sich an Alinas Anweisungen hält. Demnach sind alle Voraussetzungen erfüllt und der Vertrag ist wirksam für Alina zustande gekommen. Alina ist also verpflichtet, den Kaufpreis zu zahlen, § 433 II BGB.

**Übungsfall 3:**

Alexander muss für seine Schwester Tina einen neuen Laserdrucker besorgen. Dieser soll auch farbig drucken können sowie eine Scanfunktion haben. Tina sagt, Alexander solle hierfür maximal 200,00 € ausgeben. Alexander informiert sich in verschiedenen Geschäften und kauft schlussendlich das günstigste Modell für 250,00 €. Der Drucker erfüllt alle funktionalen Wünsche von Tina. Er lässt die Rechnung gleich auf seine Schwester Tina ausstellen.

Ist ein Kaufvertrag mit Wirkung für Tina zustande gekommen?

**Lösungsvorschlag:**

Alexander handelt als Stellvertreter von Tina, da er den konkreten Drucker aussuchen kann. Er gibt darüber hinaus eine eigene Willenserklärung ab, § 164 I BGB. Alexander handelt zudem im Namen von Tina und lässt die Rechnung auf ihren Namen ausstellen, § 164 II BGB. Allerdings handelt er nicht im Rahmen seiner Vertretungsmacht, da er den vorgegebenen Preis um 50,00 € überschreitet. Die Wirksamkeit des Kaufvertrages für Tina hängt nun von ihrer Genehmigung ab, § 177 I BGB. Verweigert Tina die Genehmigung des Vertrages, hat der Verkäufer gegen Alexander einen Anspruch auf Erfüllung oder Schadensersatz, § 179 I BGB.

# 6.
# Rechtsgeschäft und Willenserklärung

## 6.1 Willenserklärungen

**Fallbeispiel:** Rechtsanwalt Dr. Paul hat auf einer Fachmesse einen Stuhl gesehen, der ihm für die Neueinrichtung des Besprechungszimmers als besonders geeignet erscheint. Er möchte zunächst vier Stühle anschaffen. Der Rechtsanwaltsfachangestellte Jan Weber erhält die Aufgabe, an den Hersteller eine Anfrage zu schreiben und um Auskunft zum Preis sowie zu den Liefer- und Zahlungsbedingungen bei einer Auftragsmenge von vier Stühlen zu bitten. Er befürchtet jedoch, dass durch die Anfrage Rechtsanwalt Dr. Paul rechtlich gebunden ist. Der Hersteller antwortet umgehend per Mail und bietet einen Preis von 150,00 € je Stuhl sowie eine Lieferung frei Haus innerhalb von fünf Werktagen an.

Ist ein wirksamer Vertrag zustande gekommen?

**Grundsatz:** Damit ein zweiseitiges Rechtsgeschäft wie z.B. ein Kaufvertrag zustande kommt, bedarf es zwei **übereinstimmender Willenserklärungen**. Übereinstimmung bedeutet, dass sich die beiden Vertragsparteien in allen wesentlichen Inhaltspunkten (z.B. über Art, Menge und Preis der Ware, Zahlungs- und Lieferbedingungen, Serviceleistungen) geeinigt haben.

Die zeitlich erste Willenserklärung ist der **Antrag**, die folgende Willenserklärung ist die **Annahme**. Dabei können sowohl der Antrag als auch die Annahme vom Käufer oder Verkäufer gestellt werden.

Ein Vertrag kann z.B. auf dem folgenden Weg zustande kommen:

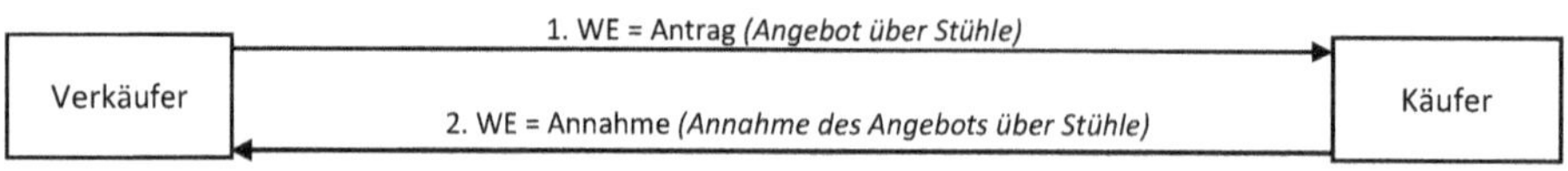


Doch was ist eigentlich eine **Willenserklärung**?

**Definition:** Eine Willenserklärung ist eine Äußerung mit Rechtsbindungsabsicht. Der Erklärende will eine bestimmte Rechtswirkung erzielen, wie z.B. einen Kauf- oder Mietvertrag abzuschließen.

Mit einer Willenserklärung will man also einen bestimmten Rechtserfolg herbeiführen. Das Einholen von Informationen wie Preis, Liefer- und Zahlungsbedingungen bezeichnet man als **Anfrage**. Die Anfrage ist keine Willenserklärung und ist rechtlich immer unverbindlich, d.h. der Kunde muss die nachgefragte Ware nicht kaufen. Ein **Antrag** ist allerdings in der Regel verbindlich, § 145 BGB. Demnach muss zwischen Anfrage und Antrag genau unterschieden werden.

Eine Willenserklärung kann auf verschiedenen Wegen erfolgen, z.B.:

- **Mündlich,** in einem Gespräch mit dem Gegenüber
- **Schriftlich,** in einem niedergeschriebenen Vertrag
- **Konkludente Handlung,** bestimmte schlüssige Handlung wie das Einsteigen in ein Taxi

**Zurück zum Fallbeispiel:** Die Anfrage von Jan Weber hat das Ziel, Informationen einzuholen. Eine Rechtsbindungsabsicht wurde nicht geäußert, weshalb keine Willenserklärung vorliegt und die Kanzlei nicht zum Kauf verpflichtet wird.

Bei der Antwort des Herstellers handelt es sich um einen verbindlichen Antrag nach § 145 BGB. Da der Antrag nicht angenommen wurde, ist hier noch kein Kaufvertrag zustande gekommen.

**Weiterführung des Fallbeispiels:** Jan ist zunächst beruhigt, dass noch kein Kaufvertrag zustande gekommen ist und leitet das Angebot an Herrn Dr. Paul weiter.

Erst fünf Wochen später gibt Herr Dr. Paul die Erlaubnis, die Stühle zu bestellen. Jan schickt die Bestellung sofort per E-Mail an den Hersteller. Ist nun ein wirksamer Kaufvertrag zustande gekommen?

Der folgenden Tabelle können Sie die relevanten Regelungen zu Anträgen und Annahmen entnehmen:

| | |
|---|---|
| | **Der Antrag** |
| § 145 BGB | Man ist grundsätzlich an den gemachten Antrag **gebunden**, außer die **Bindung** wurde **ausgeschlossen,** z.B. durch Freizeichnungsklauseln (solange der Vorrat reicht, Preise ohne Gewähr, freibleibend, unverbindlich, ohne Obligo etc.). |
| § 146 BGB | Der Antrag **erlischt**, wenn er durch den Vertragspartner abgelehnt oder zu spät angenommen wurde. Der Antragssteller ist dann nicht mehr an den Antrag gebunden. |
| | **Die Annahme des Antrags** |
| § 147 BGB | • Der **Antrag unter Abwesenden** kann nur bis zu einem Zeitpunkt angenommen werden, bei dem man unter **regelmäßigen Umständen** noch mit der Annahme rechnen kann, § 147 I BGB. Hierbei spielen z.B. Bedenk- und Bearbeitungszeit sowie die Beförderungszeit eine Rolle. Auf eine E-Mail kann man z.B. schneller eine Antwort erwarten als auf einen Brief, da dieser länger unterwegs ist.<br>• Der **Antrag unter Anwesenden** muss **sofort** angenommen werden, § 147 I BGB. |
| § 148 BGB | Falls der Antragsteller eine **Frist** zur Annahme gesetzt hat, kann die Annahme nur innerhalb dieser Frist erfolgen. |
| § 150 I BGB | Die **verspätete Annahme** gilt als neuer Antrag. Über die Annahme des neuen Antrags kann dann der ursprüngliche Antragssteller entscheiden. |
| § 150 II BGB | Wenn die Annahme **Änderungen** beinhaltet, so gilt diese ebenso als erneuter Antrag. |

**Zurück zum Fallbeispiel:** Das Angebot des Herstellers stellt einen unbefristeten Antrag unter Abwesenden dar, § 145 BGB. Die Annahme erfolgte erst nach fünf Wochen und ist somit verspätet, da der Hersteller zu diesem Zeitpunkt nicht mehr mit der Annahme rechnen konnte, § 147 II BGB. Der Antrag des Herstellers ist also gem. § 146 BGB erloschen und nicht mehr gültig. Die Annahme durch Jan stellt nach § 150 I BGB einen neuen Antrag dar.

Somit ist (noch) kein Kaufvertrag zustande gekommen, da keine zwei übereinstimmenden Willenserklärungen vorliegen.

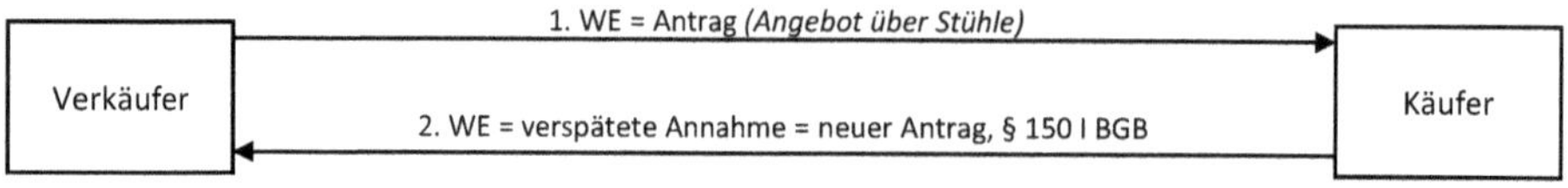


Eine **verspätete Annahme** gilt also nach § 150 I BGB als erneuter Antrag. Dieser neue Antrag unterliegt den gleichen Bedingungen, wie der ursprüngliche Antrag. Der Vertragspartner kann hier natürlich entscheiden, ob er diesen Antrag annehmen möchte. Er hat zum Beispiel auch die Möglichkeit, die ursprünglichen Bedingungen abzuändern und den Preis z.B. zu erhöhen. Eine **abändernde Annahme** gilt ebenso als neuer Antrag, § 150 II BGB.

So kann es vorkommen, dass mehrere Willenserklärungen ausgesprochen werden, bis ein Vertrag tatsächlich zustande kommt.

Anhand des Fallbeispiels lässt sich so z.B. der folgende Vorgang abbilden: Der Hersteller sendet an die Kanzlei ein Angebot über vier Stühle (1. WE = Antrag). Die Kanzlei nimmt das Angebot verspätet an (2. WE = neuer Antrag). Der Hersteller teilt mit, dass sich der Preis mittlerweile geändert habe (3. WE = neuer Antrag). Die Kanzlei bestellt die Stühle zum geänderten Preis (4. WE = Annahme). Erst nach der vierten Willenserklärung wäre hier ein wirksamer Kaufvertrag zustande gekommen.

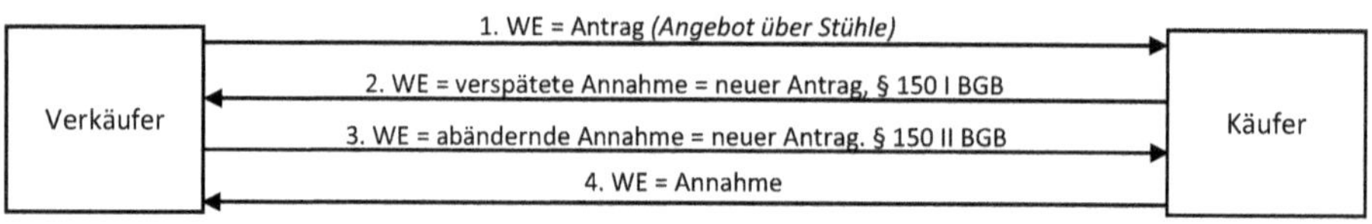


## 6.2 Rechtsgeschäfte

**Definition: Rechtsgeschäfte kommen durch Willenserklärungen zustande und haben eine bestimmte Rechtswirkung.**

Die Rechtswirkung eines Kaufvertrages nach § 433 BGB, wäre z.B. die jeweilige Verpflichtung der Vertragsparteien einen Kaufpreis zu zahlen oder das Eigentum an der Kaufsache zu verschaffen.

## Rechtsgeschäft und Willenserklärung — Teil 1

Es wird zwischen verschiedenen Formen von Rechtsgeschäften unterschieden. So gibt es neben den **zweiseitigen Rechtsgeschäften** auch **einseitige Rechtsgeschäfte.** Einseitige Rechtsgeschäfte liegen vor, wenn bereits die Willenserklärung einer Person genügt, um einen bestimmten Rechtserfolg zu erzielen.

| **Rechtsgeschäfte** | | | |
|---|---|---|---|
| **Einseitige Rechtsgeschäfte**<br>= Willenserklärung von einer Person | | **Zweiseitige Rechtsgeschäfte**<br>= Willenserklärung von zwei Personen<br>*(schuld-, sachen-, familien- oder erbrechtliche Verträge)* | |
| nicht empfangsbedürftig | empfangsbedürftig | einseitig verpflichtend | zweiseitig verpflichtend |
| Willenserklärungen werden bereits durch die Abgabe wirksam (z.B. Testament) | Rechtsgeschäft wird erst wirksam, wenn die Willenserklärung dem Empfänger zugeht (z.B. Kündigung) | Nur ein Vertragspartner verpflichtet sich durch das Rechtsgeschäft (z.B. Schenkung) | Beide Vertragspartner verpflichten sich durch das Rechtsgeschäft (z.B. Kaufvertrag) |

**Übungsaufgabe 1:**

Geben Sie für die folgenden Beispiele genau an, um welche Art des Rechtsgeschäfts es sich handelt.

1. Clarissa bekommt zum Geburtstag 50,00 € geschenkt.
2. Florian kündigt seine Mitgliedschaft im Sportverein.
3. Elias fragt auf einem Flohmarkt, was das angebotene Buch kostet.
4. Isabelle schreibt ihren letzten Willen nieder.
5. Maja leiht sich bei ihrer Nachbarin einen Rasenmäher aus.
6. Tatjana bürgt bei der Bank für ihren Sohn Alexander.
7. Serdar mietet eine Wohnung an.

**Lösungsvorschlag:**

1. Zweiseitiges Rechtsgeschäft – einseitig verpflichtend (Schenkung)
2. Einseitiges Rechtsgeschäft – empfangsbedürftig (Kündigung)
3. Kein Rechtsgeschäft (unverbindliche Anfrage)
4. Einseitiges Rechtsgeschäft – nicht empfangsbedürftig (Testament)
5. Zweiseitiges Rechtsgeschäft – zweiseitig verpflichtend (Leihvertrag)
6. Zweiseitiges Rechtsgeschäft – einseitig verpflichtend (Bürgschaft)
7. Zweiseitiges Rechtsgeschäft – zweiseitig verpflichtend (Mietvertrag)

**Übungsaufgabe 2:**

Geben Sie für die folgenden Beispiele genau an, ob wirksame Willenserklärungen vorliegen oder nicht.

1. Thomas legt seinen Einkauf aufs Kassenband im Supermarkt.
2. Marlene erzählt ihrer Freundin „ab morgen gehe ich jeden Tag joggen."
3. Carolin hebt bei einer Auktion die Hand, um ein Fahrrad zu ersteigern.
4. Sarina unterzeichnet einen Ehevertrag.
5. Robin wünscht sich zu Weihnachten einen Zuschuss für ein Auto.
6. Sami erhält zum Geburtstag einen Gutschein von seiner Tante. Er freut sich sehr und steckt den Gutschein ein.
7. Eine Bäckerei stellt einen Aufsteller mit „Tagesangebot: Heute frischer Apfelkuchen" auf.
8. Obstauslage eines Marktstandes.
9. Marie bittet ihre Beifahrerin, das Autoradio einzuschalten.

**Lösungsvorschlag:**

1. Gültige Willenserklärung (konkludentes Handeln)
2. Keine Willenserklärung (kein Rechtsbindungswille)
3. Gültige Willenserklärung (konkludentes Handeln)
4. Gültige Willenserklärung (schriftlich – notarielle Beurkundung)
5. Keine Willenserklärung (kein Rechtsbindungswille)
6. Gültige Willenserklärung (konkludentes Handeln)
7. Keine Willenserklärung (Anpreisung)
8. Keine Willenserklärung (Anpreisung)
9. Keine Willenserklärung (kein Rechtsbindungswille)

**Übungsfall 1:**

Dilan erhält die folgenden Angebote und Anpreisungen von verschiedenen Waren:

1. Schriftlich an Dilan gerichtetes Angebot vom 21.02.2022 über ein Kassensystem.
2. Prospekt über eine Regalwand vom 20.02.2022.
3. Newsletter eines Stoffgroßhändlers vom 28.02.2022 mit einem besonderen Angebot für blauen Baumwollstoff.
4. E-Mail eines Möbelhändlers mit einem Angebot über drei Wandregale vom 27.02.2022.
5. Angebot eines Nähmaschinenherstellers über das Model X-Preme für nur 600,00 € vom 20.02.21, gültig bis zum 28.02.2021.
6. Anruf eines Großhändlers mit einem Angebot über Nähzubehör am 28.02.2022.

Am 01.03.2022 gibt sie für alle Angebote eine Bestellung für ihr neues Nähgeschäft auf.

Geben Sie jeweils an, ob bereits ein Vertrag zustande gekommen ist.

**Lösungsvorschlag:**

1. Es handelt sich um einen unbefristeten Antrag unter Abwesenden, § 145 BGB. Dieser wurde rechtzeitig angenommen, da nach acht Tagen noch mit einer schriftlichen Antwort gerechnet werden muss, § 147 II BGB.
   Der Kaufvertrag über das Kassensystem ist wirksam zustande gekommen.
2. Bei dem Prospekt handelt es sich um eine Anpreisung, welche an die Allgemeinheit gerichtet ist. Es ist also kein Antrag nach § 145 BGB. Die Bestellung von Dilan stellt die erste Willenserklärung, also den Antrag, § 145 BGB.
   Es ist kein Kaufvertrag zustande gekommen.
3. Der Newsletter ist an die Allgemeinheit gerichtet und stellt eine Anpreisung dar. Der Newsletter ist also kein Antrag nach § 145 BGB. Die Bestellung von Dilan stellt die erste Willenserklärung (Antrag) dar, § 145 BGB.
   Es ist kein Kaufvertrag zustande gekommen.
4. Die E-Mail ist ein unbefristeter Antrag unter Abwesenden, § 145 BGB. Dieser wurde rechtzeitig angenommen, da man nach zwei Tagen noch mit einer Antwort rechnen muss, § 147 II BGB.
   Der Kaufvertrag über die zwei Wandegale ist wirksam zustande gekommen.
5. Es handelt sich um einen befristeten Antrag unter Abwesenden. Dieser wurde nicht innerhalb der gesetzten Frist angenommen, § 148 BGB. Der Antrag ist nach § 146 BGB erloschen. Die verspätete Annahme von Dilan gilt als neuer Antrag, § 150 I BGB.
   Es ist noch kein Kaufvertrag zustande gekommen.
6. Der Anruf des Großhändlers ist ein Antrag unter Anwesenden. Der Antrag muss gemäß § 147 I BGB sofort angenommen werden. Dilans Bestellung erfolgte somit zu spät und gilt als neuer Antrag § 150 I BGB. Der Antrag am Telefon ist aufgrund der Verspätung erloschen, § 146 BGB.
   Es ist noch kein Kaufvertrag zustande gekommen.

**Übungsfall 2:**

Der Fahrradhändler Klein bietet seinem Kunden Karl Weidner das E-Bike der Marke X-Race zu einem Preis von 1.550,00 € schriftlich am 21.08.2021 an. Noch bevor das Angebot bei Karl Weidner postalisch eingeht, widerruft der Fahrradhändler Klein dieses per Mail. Karl Weidner ist verblüfft über den günstigen Betrag und bestellt am 24.08.2021.

Ist ein wirksamer Kaufvertrag zustande gekommen?

**Lösungsvorschlag:**

Da der Widerruf noch vor dem Angebot bei Karl Weidner eingegangen ist, wird das Angebot nicht wirksam, § 130 I 2 BGB. Die Bestellung von Karl Weidner ist demnach ein Antrag, § 145 BGB. Da der Antrag von Karl Weidner noch nicht angenommen wurde, ist kein Kaufvertrag zustande gekommen.

**Übungsfall 3:**

Auf seiner Internetseite bietet der Elektronikhändler Engel eine Waschmaschine für 850,00 € an. Nicholas Hoffmann ist von Modell und Preis begeistert und bestellt die Waschmaschine umgehend per Mail.

Der Elektronikhändler Engel antwortet Nicholas, dass die Waschmaschine ausverkauft sei. Nicholas wird daraufhin sehr wütend und ist der Meinung, dass er ein Anrecht auf die Waschmaschine habe.

Hat Nicholas Recht?

**Lösungsvorschlag:**

Das Angebot auf der Internetseite ist an die Allgemeinheit gerichtet und stellt keinen Antrag im Sinne des § 145 BGB dar. Die Mail von Nicholas hingegen ist ein Antrag nach § 145 BGB. Dieser wurde durch den Händler nicht angenommen, weshalb kein Kaufvertrag zustande gekommen ist. Nicholas hat somit auch kein Recht auf die Waschmaschine.

**Übungsfall 4:**

Nadja bestellt bei einem Anbieter im Internet den Saugroboter „SaugMAXX" für 250,00 € per Mail. Der Anbieter teilt Nadja mit, dass das Modell „SaugMAXX" nicht mehr verfügbar ist. Er verweist jedoch auf den Roboter „SaugMEGA" zum Preis von 245,00 €.

Ist ein Kaufvertrag zustande gekommen?

**Lösungsvorschlag:**

Nadjas Mail stellt einen Antrag im Sinne des § 145 BGB dar. Dieser wurde durch den Anbieter nicht angenommen, sondern abgeändert. Die Abänderung stellt einen neuen Antrag dar, § 150 II BGB. Dieser wurde noch nicht durch Nadja angenommen. Demnach ist kein Kaufvertrag zustande gekommen.

# 7.
# Nichtigkeit und Anfechtbarkeit

**Fallbeispiel:** Paulina Ackermann hat zwei neue Schreibtische des Typs „Bussy-Bel-2" bestellt. Beim Ablegen der Bestellbestätigung stellt sie entsetzt fest, dass sie ausversehen die Schreibtische des Typs „Bussy-Bel-3" bestellt hat. Diese Schreibtische sind viel größer und passen nicht in die vorgesehenen Räumlichkeiten.

Ist der Kaufvertrag gültig und wie kann Paulina aus ihrer misslichen Lage herauskommen?

**Grundsatz:** Fehlerhafte Rechtsgeschäfte liegen immer dann vor, wenn den handelnden Vertragsparteien Fehler unterlaufen, die die **Nichtigkeit** oder **Anfechtbarkeit** des Rechtsgeschäftes zur Folge haben können.

Der wesentliche Unterschied zwischen Nichtigkeit und Anfechtbarkeit liegt darin, dass ein **nichtiges** Rechtsgeschäft **von Anfang an unwirksam** ist; es ist erst gar nicht zustande gekommen. Im Gegensatz dazu ist ein **anfechtbares Rechtsgeschäft** zunächst **gültig**; erst durch eine erfolgreiche Anfechtungserklärung innerhalb der vorgeschriebenen Fristen (§§ 121 BGB und 124 BGB) wird es im **Nachhinein unwirksam.**

| Nichtigkeit | |
|---|---|
| **Grund** | **Erklärung** |
| Mangel in der Geschäftsfähigkeit, §§ 104 ff. BGB | Bei Willenserklärungen von Geschäftsunfähigen und unter bestimmten Umständen von beschränkt Geschäftsfähigen sind Rechtsgeschäfte nichtig.<br>**Beispiel:** Carlo (5) kauft sich eine Kugel Eis. |
| Verstoß gegen die guten Sitten, § 138 BGB | Wenn der Vertrag gegen die guten Sitten verstößt (Wuchergeschäfte, Ausnutzung einer Notlage usw.) ist er nichtig.<br>**Beispiel:** Es gibt nur einen Schlüsseldienst in der Stadt. Für das Öffnen einer Haustür verlangt er 2.000,00 €. |
| Verstoß gegen ein gesetzliches Verbot, § 134 BGB | Beim Verstoß gegen ein gesetzliches Verbot ist das Rechtsgeschäft nichtig.<br>**Beispiel:** Carina kauft sich auf der Straße für 200,00 € verschiedene illegale Drogen ( Verstoß gegen das Betäubungsmittelgesetz). |
| Formmangel, § 125 BGB | Falls das Rechtsgeschäft nicht in der vom Gesetz vorgeschriebenen Form abgeschlossen wurde, ist es nichtig.<br>**Beispiel:** Grundstück wird per Handschlag verkauft (notarielle Beurkundung ist vorgeschrieben). |
| Scheingeschäft, § 117 BGB | Bei Rechtsgeschäften, welche nur zum Schein abgegeben werden oder ein anderes Rechtsgeschäft verdecken.<br>**Beispiel:** Beim Notar wird ein Kaufvertrag über ein Grundstück für 200.000,00 € geschlossen. Der Käufer zahlt dem Verkäufer jedoch 500.000,00 €. Sie sparen dadurch Notarkosten sowie Grunderwerbssteuer ein. |
| Scherzgeschäft, § 118 BGB | Eine nicht ernst gemeinte Willenserklärung ist nichtig, wenn offensichtlich ist, dass diese nicht ernst gemeint ist.<br>**Beispiel:** Thea sagt zu ihrer Freundin: „Wenn du in den Rhein springst, dann schenke ich dir mein neues Auto." |

**Exkurs Formvorschriften:**

Für einzelne Rechtsgeschäfte sind bestimmte Formen vorgeschrieben. Dabei unterscheidet der Gesetzgeber unter den folgenden Formen:

- **Schriftform (§ 126 BGB):** Die Willenserklärung erfolgt schriftlich (Textform) und muss durch den Aussteller eigenhändig unterschreiben werden. Eine Übermittlung der Unterschrift (z.B. Scan) ist nicht gültig – z.B. *Kündigung des Arbeitsvertrages*
- **Elektronische Form (§ 126a BGB):** Bei dieser Form wird ein elektronisches Dokument mit einer elektronischen Signatur nach dem Signaturgesetz versehen. Diese Form kann die Schriftform ersetzen, wenn sich nichts anderes aus dem Gesetz ergibt.
- **Textform (§ 126b BGB):** Eine lesbare Erklärung, die auf einem dauerhaften Datenträger gespeichert ist und die erklärende Person nennt. – *z.B. Mieterhöhungsverlangen*
- **Notarielle Urkunde (§ 128 BGB):** Die gesamte Vertragsurkunde wird vom Notar erstellt. – *z.B. Ehevertrag*

- **Öffentliche Beglaubigung (§ 129 BGB):** Der Notar bezeugt die Echtheit der Unterschriften unter einer schriftlichen Erklärung. – *z.B. Anmeldung eines Vereins zum Vereinsregister*

**Prüfungstipp:** Die verschiedenen Formvorschriften der einzelnen Rechtsgeschäfte finden Sie bei den Vorschriften zu den jeweiligen Rechtsgeschäften im BGB. Unter § 1410 BGB ist z.B. die Formvorschrift für Eheverträge festgehalten (notarielle Beurkundung).

| Anfechtbarkeit | |
|---|---|
| **Grund** | **Erklärung** |
| **Inhaltsirrtum,** § 119 I BGB | Der Erklärende irrt sich über den Inhalt seiner Erklärung und weiß nicht, was sie bedeutet.<br>**Beispiel:** Steffen bestellt ein Dutzend (= Zwölf) Werbekugelschreiber. Er ist der Meinung, dass er nur zehn Kugelschreiber bestellt hat. |
| **Erklärungsirrtum,** § 119 I BGB | Der Erklärende wollte die Erklärung nicht so abgeben. Er hat sich z.B. vertippt, versprochen, verklickt etc.<br>**Beispiel:** Irina will sich einen Roman kaufen. Bei der Bestellung im Internet verklickt sie sich und bestellt ausversehen die Fortsetzung. |
| **Eigenschaftsirrtum,** § 119 II BGB | Der Erklärende irrt sich über die Eigenschaften der Sache oder der Person.<br>**Beispiel:** Der Personalchef stellt Alberto ein, weil er glaubt, dass dieser Spanisch spricht. |
| **Übermittlungsirrtum,** § 120 BGB | Die Willenserklärung wird durch die übermittelnde Person oder die übermittelnde Einrichtung falsch übermittelt.<br>**Beispiel:** Steffen soll für seine Mutter Irina einen Roman kaufen. Bei der Bestellung im Internet verklickt er sich und kauft die Fortsetzung. |
| **Widerrechtliche Drohung,** § 123 BGB | Ein Rechtsgeschäft wird aufgrund einer Drohung abgeschlossen.<br>**Beispiel:** Ein Verkäufer droht, er werde den Nachbarn etwas über die Vorstrafen des Kunden erzählen, wenn dieser sich nicht zum Kauf eines Staubsaugers entschließen könne. |
| **Arglistige Täuschung,** § 123 BGB | Täuschung über ausschlaggebende Eigenschaften, die für den Abschluss des Rechtsgeschäftes relevant sind.<br>**Beispiel:** Ein Personalchef stellt einen Bewerber aufgrund gefälschter Arbeitszeugnisse ein. |

**Wann muss die Anfechtungserklärung erfolgen?**

Die Vertragspartei, die das Rechtsgeschäft anfechten will, muss die Anfechtung innerhalb der gesetzlich vorgeschriebenen Frist erfolgen. Die Frist ist richtet sich jeweils nach dem Grund für die Anfechtung.

| Anfechtungsfrist | |
|---|---|
| **Grund** | **Frist** |
| nach §§ 119 f. BGB | • **unverzüglich nach** Kenntnis des Anfechtungsgrunds, § 120 I BGB<br>• innerhalb von **zehn Jahren,** § 120 II BGB. |
| nach § 123 BGB | • **ein Jahr** nach Entdeckung der Täuschung, Aufhebung der Zwangslage, § 124 I BGB<br>• innerhalb von zehn Jahren, § 124 III BGB. |

**Zurück zum Fallbeispiel:** Paulina hat sich „vertan" und wollte die Erklärung nicht so abgeben, sondern andere Schreibtische bestellen. Es liegt somit ein Erklärungsirrtum gem. § 119 I BGB vor und der Kaufvertrag ist anfechtbar.

Paulina muss umgehend nach dem Erkennen des Irrtums die Anfechtungserklärung abgeben, § 121 I 1 BGB. Die Erklärung muss gegenüber dem Vertragspartner, also dem Verkäufer, erfolgen, § 143 BGB. Durch die erfolgreiche Anfechtungserklärung wird der Kaufvertrag unwirksam.

**Übungsaufgabe 1:**

Geben Sie für folgende Rechtsgeschäfte an, ob diese wirksam, schwebend unwirksam, nichtig oder anfechtbar sind! (Geben Sie nach Möglichkeit auch die Paragrafen an.)

1. Herr Frei verkauft sein VW-Cabrio, das bereits 9.000 km auf dem Tacho hat, als Neuwagen.
2. Herr Tauch kauft für 5.000,00 € Goldbarren, da er glaubt, der Goldkurs werde wieder steigen und er könne damit einen guten Gewinn machen.
3. Ein Grundstückskaufvertrag ist in schriftlicher Form abgefasst worden.
4. Die 15-jährige Else unterschreibt ihren Ausbildungsvertrag zur Rechtsanwaltsfachangestellten.
5. Ein Ratenzahlungsvertrag zwischen einem Einrichtungshaus und einem Kunden wird mündlich vereinbart.
6. Die Rechtsanwältin Koller ruft bei einem Fachhändler an, um den gewünschten Drucker AB OfficeJet Pro 2120 zu bestellen. Im Telefonat verspricht sich RAin Koller und bestellt den Drucker AB OfficeJet Pro 8210.
7. Onkel Max verspricht Melanie 500,00 €, wenn diese ihre Ausbildung zur Rechtsanwaltsfachangestellten mit der Note „sehr gut" besteht.
8. Peter Biller hat seinen letzten Willen mit Hilfe seines PCs niedergeschrieben und ausgedruckt. Dazu hat er das Testament mit Ort und Datum eigenhändig unterschrieben.
9. Die 17-jährige Paula kauft sich von ihrem Taschengeld ein T-Shirt für 29,90 €. Ihre Eltern finden den Preis zu hoch und wollen, dass Paula das T-Shirt zurückbringt.

**Lösungsvorschlag:**

1. Rechtsgeschäft ist anfechtbar, § 123 BGB, wegen arglistiger Täuschung.
2. Rechtsgeschäft ist wirksam, da es nur ein Motivirrtum ist. Herr Tauch hat sich über die Entwicklung des Goldpreises geirrt.
3. Rechtsgeschäft ist nichtig, § 125 BGB, wegen Formmangels.
4. Der Ausbildungsvertrag ist gem. § 108 I BGB schwebend unwirksam – Else ist beschränkt geschäftsfähig gem. § 106 BGB; die Genehmigung ihrer Eltern wird benötigt.
5. Nichtig, § 125 BGB, wegen Formmangels – der Verbraucherdarlehensvertrag muss schriftlich abgeschlossen werden.
6. Anfechtbar wegen eines Erklärungsirrtums gemäß § 119 I BGB.
7. Nichtig, § 125 BGB, wegen Formmangels – das Schenkungsversprechen muss notariell beurkundet werden; § 518 I BGB.
8. Nichtig, § 125 BGB, wegen Formmangels – ein Testament muss eigenhändig geschrieben und unterschrieben sein; § 2247 I BGB.
9. Wirksam; Paula ist zwar beschränkt geschäftsfähig gem. § 106 BGB; der Kaufpreis wurde jedoch mit eigenen, zur freien Verfügung überlassenen Mitteln (Taschengeld) sofort bewirkt; § 110 BGB.

**Übungsaufgabe 2:**

Geben Sie für die untenstehenden Rechtsgeschäfte jeweils die richtige Form und ggf. die Paragrafen an.

1. Schenkung eines Autos
2. Kauf eines Autos
3. Kündigung des Arbeitsvertrags
4. Erbvertrag
5. Ausbildungsvertrag
6. Mietvertrag
7. Arbeitsvertrag
8. Ehevertrag
9. Grundstückskaufvertrag
10. Anmeldung zum Handelsregister

**Lösungsvorschlag:**

1. Formfrei
2. Formfrei
3. Schriftform, § 623 BGB, § 126 BGB
4. Notarielle Beurkundung, § 2276 BGB, § 128 BGB
5. Schriftform, § 11 BBiG, § 126 BGB
6. Schriftform, § 550 BGB, § 126 BGB
7. Formfrei (ergänzende Regelung, § 2 NachwG: *„Arbeitgeber hat spätestens einen Monat nach dem vereinbarten Beginn des Arbeitsverhältnisses die wesentlichen Vertragsbedingungen schriftlich niederzulegen."*)
8. Notarielle Beurkundung, § 1410 BGB, § 128 BGB
9. Notarielle Beurkundung, § 311b BGB, § 128 BGB
10. Öffentliche Beglaubigung, § 12 HGB, § 128 BGB

**Übungsfall 1:**

RAin Koller sucht in einer Stellenanzeige eine zuverlässige und gewissenhaft arbeitende Rechtsfachwirtin für die Aufgabenbereiche Zwangsvollstreckung und Kostenrecht. Sie stellt schließlich Beate Müller ein. Nach zwei Wochen erfährt RAin Koller, dass Frau Müller wegen Urkundenfälschung und Veruntreuung von Firmengeldern bereits mehrmals vorbestraft ist.

Welche Möglichkeiten hat Frau RAin Koller?

**Lösungsvorschlag:**

Der Arbeitsvertrag ist anfechtbar wegen eines Eigenschaftsirrtums, § 119 II BGB. Entscheidend hierfür ist, dass sich der Erklärende über die wertbildenden Faktoren einer Person, wie z.B. Zuverlässigkeit, Vertrauen und Charakterstärke, geirrt hat. Dies trifft hier zu, da Beate Müller nicht geeignet ist, diese Vertrauensposition in der Kanzlei auszuüben.

Nach der unverzüglichen Anfechtungserklärung gegenüber Frau Müller, §§ 121 I 1, 143 I BGB, ist der Arbeitsvertrag von Anfang an nichtig.

**Übungsfall 2:**

Martin Weiß ist schon seit längerem auf der Suche nach einem Käufer für sein Waldgrundstück. Auf einer Geburtstagsfeier lernt er Fabian Köhler kennen. Fabian und Martin einigen sich gleich über den Kaufpreis für das Grundstück in Höhe von 200.000,00 € und besiegeln das Geschäft per Handschlag. Am nächsten Tag fordert Martin die Zahlung der 200.000,00 €. Fabian reagiert erstaunt und lehnt die Zahlung ab. Er behauptet sogar, dass gar kein Kaufvertrag zustande gekommen ist.

Ist er nun verpflichtet den Kaufpreis zu zahlen?

**Lösungsvorschlag:**

Martin und Fabian schließen das Geschäft per Handschlag ab, was nicht der gesetzlich vorgeschriebenen Form entspricht. Nach § 311b I BGB muss ein Grundstückskaufvertrag notariell beglaubigt werden. Da diese nicht vorliegt, ist der Kauf gem. § 125 S. 1 BGB nichtig. Fabian muss den Kaufpreis von 200.000,00 € also nicht bezahlen.

**Übungsfall 3:**

Sabrina Sommer ist schon länger knapp bei Kasse. Als ihr die Räumung ihrer Mietwohnung droht, geht Sabrina zu einem privaten Kreditvermittler. Dieser erklärt sich bereit Sabrina 10.000,00 € zu einem Zins von 20 % zu leihen. Sabrina willigt ein.

Ist ein gültiges Rechtsgeschäft zustande gekommen?

**Lösungsvorschlag:**

Sabrina hat in ihrer Notlage einem Kredit mit vollkommen überzogenen Zinsen (Wucher) zugestimmt. Es liegt demnach ein sittenwidriges Rechtsgeschäft aufgrund von Wucher nach § 138 I BGB vor. Aus diesem Grund ist das Rechtsgeschäft nichtig.

**Übungsfall 4:**

Ein Kölner bestellt in Berlin einen Pfannkuchen. Er ist sehr verwirrt als er einen frittierten und mit Zuckerguss überzogenen Berliner erhält. Eigentlich hatte er sich ja die Eierspeise Pfannkuchen gewünscht.

Ist das Rechtsgeschäft gültig?

**Lösungsvorschlag:**

Hier liegt ein Inhaltsirrtum gem. § 119 I BGB vor, da der Kölner nicht weiß, was „Pfannkuchen" in Berlin bedeuten. Das Rechtsgeschäft ist demnach anfechtbar.

Das Rechtsgeschäft muss unverzüglich gegenüber dem Vertragspartner angefochten werden, §§ 121 I 1, 143 I BGB. Durch die Anfechtungserklärung wird das Rechtsgeschäft nichtig.

**Übungsfall 5:**

Samira steht kurz vor der Scheidung. Sie möchte ihr Vermögen auf dem Papier schmälern, damit sie weniger Zugewinnausgleich zahlen muss. Aus diesem Grund schließt sie einen Mietvertrag über 1.500,00 € monatlich mit ihrer besten Freundin ab. Allerdings kann Samira kostenlos in der Wohnung wohnen.

Ist ein gültiges Rechtsgeschäft zustande gekommen?

**Lösungsvorschlag:**

Der von Samira geschlossene Mietvertrag wurde durch beide Parteien zum Schein geschlossen, § 117 I BGB. Zum Schein abgegebene Willenserklärungen sind nichtig, weshalb kein gültiger Mietvertrag zustande gekommen ist.

**Übungsfall 6:**

Hannes befindet sich im letzten Lehrjahr zum Rechtsanwaltsfachangestellten. Die Kanzlei Schmidt & Partner möchte Hannes nicht übernehmen. Hannes weiß jedoch von der Steuerhinterziehung durch die Kanzlei. Er teilt mit, dass er die Kanzlei anzeigen würde, wenn er keinen Arbeitsvertrag erhält. Hannes wird daraufhin übernommen. Nach circa einem Jahr erstattet die Kanzlei allerdings Selbstanzeige.

Was muss die Kanzlei nun beachten, wenn sie das Arbeitsverhältnis mit Hannes schnellstmöglich beenden möchte?

**Lösungsvorschlag:**

Der Arbeitsvertrag mit Hannes ist aufgrund der Drohung anfechtbar, § 123 I BGB. Der Grund der Zwangslage ist durch die Selbstanzeige weggefallen, § 124 II BGB. Nun hat die Kanzlei ein Jahr Zeit, den Arbeitsvertrag anzufechten, § 124 I BGB. Die Anfechtungserklärung muss nach § 143 I BGB gegenüber Hannes erfolgen. Dann wird der Arbeitsvertrag von Anfang an nichtig.

# 8. Verjährung

## 8.1 Bedeutung und Verjährungsfristen

**Fallbeispiel:** Herr Scholz ist Architekt und meldet sich bei der Kanzlei Hübsch und Partner. Er schildert bei seinem Beratungsgespräch am 03.09.2021 den folgenden Fall: Im Jahr 2018 hat Herr Scholz für seine Kundin Frau Huber ein Haus geplant. Die Abschlussrechnung über 15.000,00 € war am 31.08.2018 fällig. Bis heute ist noch keine Zahlung eingegangen. Herr Scholz möchte wissen, ob er noch einen Anspruch auf die Zahlung hat. Ein Freund hat ihm nämlich erzählt, dass er jetzt sein Geld nicht mehr einfordern kann, da die Forderung schon verjährt sei.

Überprüfen Sie, ob die Verjährung schon eingetreten ist.

**Grundsatz:** Ansprüche jeglicher Art unterliegen den Regelungen zur Verjährung. Ein Anspruch kann zum Beispiel die Forderung auf Bezahlung oder die Forderung auf Übergabe einer Kaufsache sein. Aber auch die Rechte des Käufers beim Sachmangel können verjähren. Doch was bedeutet der Begriff Verjährung eigentlich?

**Definition:** Verjährung ist der Ablauf einer bestimmten Frist, nach der ein Schuldner die gegen ihn geltend gemachten Forderungen verweigern kann (§ 214 I BGB).

Die **Regelverjährungsfrist** beträgt **drei Jahre** (§ 195 BGB). Sie gilt z.B. für Zahlungs- bzw. Honoraransprüche aus Kauf-, Miet-, Werk- oder Dienstverträgen. Der Fristlauf beginnt dabei mit dem **Schluss des Jahres**, in dem der Anspruch entstanden ist und der Gläubiger Kenntnis vom Anspruch erlangt oder ohne grobe Fahrlässigkeit erlangen müsste (§ 199 I BGB).

**Beispiel für eine regelmäßige Verjährungsfrist:**

Doch welche **Folgen** hat es, wenn das **Ende der Verjährung** eingetreten ist? Der Anspruch an sich erlischt nicht. Allerdings kann der Schuldner die Erfüllung des Anspruches ablehnen, § 214 I BGB. Dafür muss der Schuldner auch keine Begründung angeben. Erfüllt der Schuldner die Forderung noch nach dem Eintritt der Verjährung, kann er seine Leistung nicht mehr zurückfordern, § 214 II BGB. Dies gilt auch, wenn dem Schuldner der Ablauf der Verjährung nicht bekannt war.

**Exkurs:** Wann **endet** eine **Frist** überhaupt?

Nach § 188 I BGB endet eine Frist mit Ablauf des letzten Tages der Frist. Ein Tag läuft um 24:00 Uhr bzw. um 0:00 Uhr des nächsten Tages ab. So kann die Verjährung z.B. am 31.12.2021 um 24:00 Uhr oder am 01.01.2022 um 0:00 Uhr ablaufen. Beide angegebenen Zeitpunkte stimmen überein.

**Zurück zum Fallbeispiel:** Es liegt eine regelmäßige Verjährungsfrist von drei Jahren vor, § 195 BGB. Die regelmäßige Verjährung beginnt nach § 199 I Nr. 1 BGB mit dem Schluss des Jahres, in dem der Anspruch entstanden ist, also am 31.12.18 um 24:00 Uhr. Somit läuft die Verjährungsfrist erst am 31.12.2021 um 24:00 Uhr ab. Herr Scholz kann also noch auf der Begleichung des Rechnungsbetrages bestehen.

**Aber aufgepasst:** Neben der regelmäßigen Verjährungsfrist finden wir im BGB auch noch weitere Fristen.

| Einzelne Verjährungsfristen des BGB | | |
|---|---|---|
| **Verjährungsfrist** | **Art der Ansprüche** | **Fristbeginn** |
| 3 Jahre (§ 195 BGB regelmäßige Verjährungsfrist) | betrifft die meisten Ansprüche, soweit nichts anderes geregelt ist (z.B. offene Rechnungen aus Kauf-, Miet-, Dienstleistungs- und Werkverträgen) | Schluss des Jahres, in dem der Anspruch entstand und der Gläubiger Kenntnis erlangt bzw. hätte erlangen müssen (§ 199 I BGB) |
| 2 Jahre (§ 438 I Nr. 3 BGB) | Ansprüche aus Mängeln an einer Sache (kein Bauwerk) | Mit Ablieferung der Sache (§ 438 II BGB) |
| 5 Jahre (§ 438 I Nr. 2 BGB) | Ansprüche aus Mängeln an Bauwerken | Mit Abnahme bzw. Ablieferung der Sache (§ 438 II BGB) |
| 10 Jahre (§ 196 BGB) | Ansprüche aus Rechten an Grundstücken (z.B. Kauf) | Mit Entstehung des Anspruchs (§ 200 BGB) |
| 30 Jahre (§ 197 BGB) | Schadensersatzansprüche, Herausgabeansprüche aus Eigentum, rechtskräftig festgestellte Ansprüche (z.B. aus Urteilen) und Ansprüche aus Vollstreckungsbescheiden | Mit Entstehung des Anspruchs (§ 200 BGB) bzw. mit der Rechtskraft der Entscheidung bei Urteilen oder Vollstreckungsbescheiden (§ 201 S. 1 BGB) |

## 8.2 Hemmung der Verjährung

**Abwandlung des Fallbeispiels:** Herr Scholz ist Architekt und meldet sich bei der Kanzlei Hübsch und Partner. Im Jahr 2018 hat Herr Scholz für seine Kundin Frau Huber ein Haus geplant. Die Abschlussrechnung über 15.000,00 € war am 31.08.2018 fällig. Vom 01.07.2021 bis zum 31.07.2021 haben Herr Scholz und Frau Huber über die Zahlung verhandelt. Bis heute ist noch keine Zahlung eingegangen.

Überprüfen Sie, wann die Verjährung eintritt.

Falls der Ablauf der Verjährungsfrist kurz bevorsteht, sollten seitens des Gläubigers schnellstmöglich verjährungs**hemmende** oder verjährungs**unterbrechende** Maßnahmen (Neubeginn der Verjährung) unternommen werden.

Eine Hemmung der Verjährung bewirkt, dass der Ablauf der Verjährung für eine bestimmte Zeit angehalten wird (§ 209 BGB). Die Zeit der Hemmung wird quasi hinten an die Verjährungsfrist angehangen. Die Verjährungsfrist verlängert sich somit um die Dauer der Hemmung.

**Gründe** für eine Hemmung sind:

- Verhandlung zwischen Gläubiger und Schuldner über den Anspruch (§ 203 BGB)
- Rechtsverfolgungen wie z.B. Erhebung einer Klage, Zustellung eines Mahnbescheids, Anmeldung des Anspruchs im Insolvenzverfahren, Beginn des schiedsrichterlichen Verfahrens, Zustellung der Streitverkündung usw. (§ 204 BGB)
- Leistungsverweigerungsrecht des Schuldners (z.B. bei mangelhafter Lieferung) (§ 205 BGB)
- Wenn der Gläubiger in den letzten sechs Monaten vor Ablauf der Verjährung durch höhere Gewalt an der Rechtsverfolgung gehindert ist (§ 206)
- Bei einem familiären oder ähnlichen Verhältnis der Beteiligten kann die Verjährung gehemmt werden (§ 207 BGB)

**Beispiel für die Hemmung einer Verjährung:**

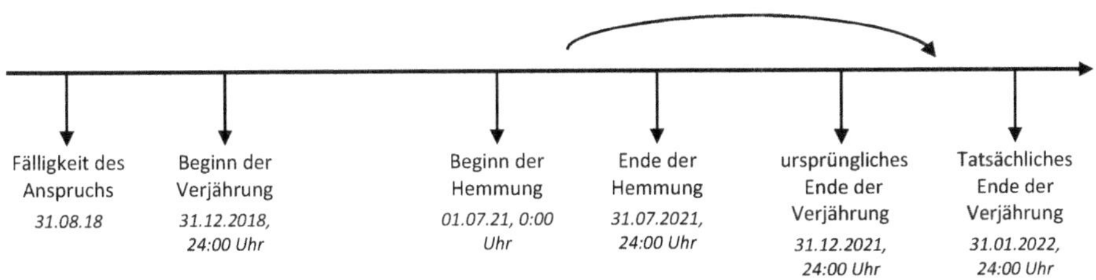


**Zurück zur Abwandlung des Fallbeispiels:** Es liegt eine regelmäßige Verjährungsfrist von drei Jahren vor, § 195 BGB. Die regelmäßige Verjährung beginnt nach § 199 I Nr. 1 BGB mit dem Schluss des Jahres, in dem der Anspruch entstanden ist, also am 31.12.18 um 24:00 Uhr. Es kommt durch die Verhandlungen von einem Monat zur Hemmung der Verjährung, § 203 S. 1 BGB. Die Verjährung des Zahlungsanspruchs tritt somit am 31.01.2022 um 24:00 Uhr ein.

## 8.3 Neubeginn der Verjährung

**Abwandlung des Fallbeispiels:** Herr Scholz ist Architekt und meldet sich bei der Kanzlei Hübsch und Partner. Im Jahr 2018 hat Herr Scholz für seine Kundin Frau Huber ein Haus geplant. Die Abschlussrechnung über 15.000,00 € war am 31.08.2018 fällig. Am 01.03.2019 bittet Frau Huber um Zahlungsaufschub. Herr Scholz gewährt den Zahlungsaufschub nicht. Bis heute ist noch keine Zahlung eingegangen.

Überprüfen Sie, wann die Verjährung eintritt.

Der **Neubeginn der Verjährung** bedeutet, dass die Verjährungsfrist durch ein bestimmtes Ereignis in vollem Umfang neu beginnt, § 212 I BGB. Bei einer regelmäßigen Verjährungsfrist von drei Jahren bedeutet dies, dass durch ein verjährungsunterbrechendes Ereignis die Verjährung von drei Jahren sofort neu zu laufen beginnt. Der Ablauf des Kalenderjahres wird nicht erneut abgewartet.

**Ursachen** für einen Neubeginn sind:

- Schuldanerkenntnis des Schuldners durch Teilzahlung, Bitte um Stundung, Anerkennung von Mangelansprüchen, Zinszahlung usw. (§ 212 I Nr. 1 BGB)
- Antrag oder Durchführung einer gerichtlichen bzw. behördlichen Vollstreckungshandlung (§ 212 I Nr. 2 BGB)

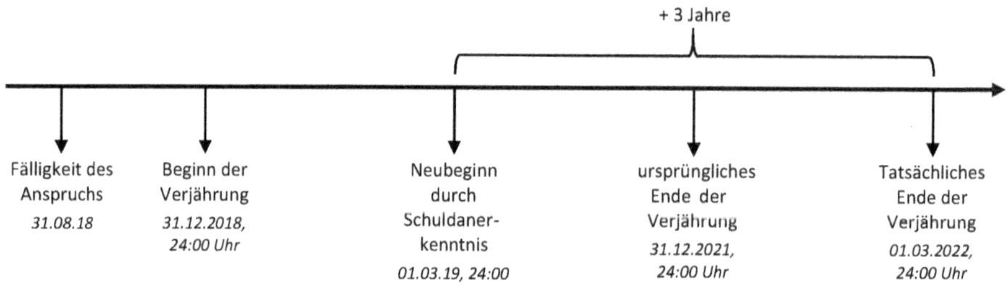


**Zurück zur Abwandlung des Fallbeispiels:** Es liegt eine regelmäßige Verjährungsfrist von drei Jahren vor, § 195 BGB. Die regelmäßige Verjährung beginnt nach § 199 I Nr. 1 BGB mit dem Schluss des Jahres, in dem der Anspruch entstanden ist, also am 31.12.18 um 24:00 Uhr. Die Bitte um Zahlungsaufschub am 01.03.2019 entspricht einer Anerkennung des Anspruchs nach § 212 I Nr. 1 BGB. Somit beginnt die Verjährung erneut und läuft am 01.03.2022 um 24:00 Uhr ab.

**Übungsfall 1:**

Die Rechtsfachwirtin Eva kauft bei einem Fahrradhändler ein neues Tourenrad für 1.200,00 €. Die Rechnung ist am 10.12.2021 fällig. Eva wird von dem Händler mehrmals außergerichtlich, und zwar am 21.12.2021 und 15.01.2022, schriftlich gemahnt.

1. Wann verjährt die Forderung des Fahrradhändlers an Eva?
2. Welche Auswirkungen hat die Verjährung auf die Forderung?
3. Am 10.02.2022 bittet Eva, die finanzielle Probleme hat, um einen Zahlungsaufschub von drei Monaten. Eine Woche später erklärt sich der Händler mit der Stundungsbitte einverstanden. Welche Auswirkungen hat die Stundungsbitte bzw. die Stundungsgewährung auf die Verjährung?
4. Angenommen, der Händler würde nach den zwei erfolglosen außergerichtlichen Mahnungen am 20.06.2022 gegen Eva Klage erheben. Das Urteil wird am 25.10.2022 rechtskräftig und der Anspruch des Händlers wird bestätigt. Wann verjährt die Forderung in diesem Fall?

**Lösungsvorschlag:**
**1.** Die Forderung unterliegt der regelmäßigen Verjährungsfrist von drei Jahren, § 195 BGB. Die Frist beginnt mit dem Schluss des Jahres, in dem der Anspruch entstanden ist, § 199 I Nr. 1 BGB. Die Verjährung beginnt hier am 31.12.2021 und endet am 31.12.2024 um 24:00 Uhr.

**Hinweis**: außergerichtliche Mahnungen und Zahlungsaufforderungen haben keinen Einfluss auf die Verjährung.

**2.** Die Verjährung gibt gem. § 214 I BGB dem Schuldner ein Leistungsverweigerungsrecht und führt nicht zum Erlöschen der Forderung.

**3.** Die Stundungsbitte entspricht einem Schuldanerkenntnis nach § 212 I Nr. 1 BGB. Die Verjährung beginnt am 10.02.2022 um 24:00 Uhr erneut und würde am 10.02.2025 um 24:00 Uhr enden. Durch die Gewährung der Stundung wird die Verjährung gehemmt, da dem Schuldner hieraus ein Leistungsverweigerungsrecht entsteht, § 205 BGB. Die Verjährung verlängert sich demnach um drei Monate, § 209 BGB. Das Ende der Verjährung tritt somit am 10.05.2025 um 24:00 Uhr ein.

**4.** Durch die Klageerhebung wird die Verjährung zunächst gehemmt, § 204 I Nr. 1 BGB. Durch das rechtskräftige Urteil ergibt sich eine neue Verjährungsfrist von 30 Jahren, § 197 I Nr. 3 BGB. Die Verjährung beginnt nach § 201 S. 1 BGB mit Rechtskraft der Entscheidung. Somit tritt die Verjährung am 25.10.2052 um 24:00 Uhr ein.

**Übungsfall 2:**

Der Getränkegroßhändler Ganz hat aus einer Warenlieferung eine Geldforderung gegen das neu eröffnete Lokal Schmidt vom 10.12.2018. Wegen Unstimmigkeiten über die Warenlieferung zahlt der Inhaber des Lokals nicht. Erst am 01.12.2021 beginnen Ganz und Schmidt ernsthafte Vergleichsverhandlungen. Am 20.12.2021 bricht Ganz die Verhandlungen verärgert ab und verlangt sofortige Zahlung. Schmidt beruft sich am 02.01.2022 auf die inzwischen eingetretene Verjährung. Wie ist die Rechtslage?

**Lösungsvorschlag:**

Die Verjährung der Zahlungsansprüche beginnt am 31.12.2018 um 24:00 Uhr und wäre am 31.12.2021 um 24:00 Uhr beendet (§ 195 i.V.m. § 199 I Nr. 1 BGB). Die Verhandlungen vom 01.12.2021 bis zum 20.12.2021 lösen die Hemmung gem. § 203 S. 1 BGB aus. Um eben diesen Verhandlungszeitraum von 20 Tagen wird die Verjährung verschoben, d.h. die Geldforderung wäre erst am 20.01.2022 verjährt. Da aber zwischen dem Abbruch und dem Eintritt der Verjährung nach § 203 2 BGB mindestens drei Monate (sog. Ablaufhemmung) liegen müssen, tritt die Verjährung erst am 20.03.2022 um 24:00 Uhr ein.

**Übungsfall 3:**

Am 21.01.2022 bezahlt Toni Mayer eine alte Klempnerrechnung über 300,00 €. Toni ist erst kürzlich wieder zu Geld gekommen und stellt nach der Bezahlung fest, dass die Rechnung bereits am 31.01.2018 fällig war.

**1.** Wann verjährt die Rechnung?
**2.** Kann Toni Mayer die 300,00 € zurückfordern, wenn die Rechnung bereits verjährt ist?

**Lösungsvorschlag:**

**1.** Für die Klempnerrechnung gilt die regelmäßige Verjährungsfrist von drei Jahren, § 195 BGB. Die Verjährungsfrist beginnt gem. § 199 I Nr. 1 BGB mit dem Ablauf des Jahres, in dem der Anspruch entstanden ist – hier am 31.12.2018 um 24:00 Uhr. Die Verjährung tritt damit am 31.12.2021 um 24:00 Uhr ein.

**2.** Toni Mayer kann den Betrag laut § 214 II 1 BGB nicht zurückfordern, obwohl die Zahlung erst nach Eintritt der Verjährung geleistet wurde. Dies gilt auch, wenn Toni Mayer nichts vom Eintritt der Verjährung wusste.

**Übungsfall 4:**

Lucia hat aufgrund von finanziellen Problemen mehrere Forderungen in den letzten Jahren nicht beglichen. Nun möchte sie wissen, wann die einzelnen Forderungen verjähren und wie lang die jeweilige Verjährungsfrist ist.

Honorarforderung des Rechtsanwalts Kuhn, fällig am 11.11.2019

Schadensersatzanspruch aufgrund von Körperverletzung festgestellt durch ein rechtskräftiges Urteil am 03.08.2018.

Rechnung des Schreiners Müllers für einen handgefertigten Stuhl, fällig am 23.06.2020.

**Lösungsvorschlag:**

**1.** Bei Honorarforderungen gilt die regelmäßige Verjährungsfrist von drei Jahren, § 195 BGB. Die Forderung verjährt am 31.12.2022 um 24:00 Uhr.

**2.** Schadensersatzansprüche wegen Körperverletzung verjähren nach 30 Jahren, § 197 I Nr. 1 BGB. Die Verjährung tritt am 03.08.2048 um 24:00 Uhr ein.

**3.** Für die Rechnung gilt die regelmäßige Verjährungsfrist von drei Jahren, § 195 BGB. Die Frist läuft am 31.12.2023 um 24:00 Uhr ab.

**Übungsfall 5:**

Frau Heinrich zahlt eine am 10.01.2019 fällige Kaufpreisforderung nicht, da die gelieferte Ware erhebliche Mängel aufweist. Der Verkäufer Herr Schuster weist den Mangelvorwurf von sich und behauptet es handele sich dabei um eine Ausrede von Frau Heinrich. Da eine Einigung der Beteiligten nicht abzusehen ist, reicht Herr Schuster am 20.03.2020 Klage ein. Am 20.04.2020 zieht Herr Schuster seine Klage ohne die Angabe von Gründen zurück.

Bestimmen Sie Beginn und Ende der Verjährung.

**Lösungsvorschlag:**

Die Kaufpreisforderung unterliegt der regelmäßigen Verjährungsfrist von drei Jahren, § 195 BGB. Die Verjährung beginnt mit Ablauf des Kalenderjahres, in dem der Anspruch entstanden ist, § 199 I Nr. 1 BGB – also am 31.12.2019 um 24:00 Uhr.

Die Verjährung wird im Zeitraum der Klageeinreichung gehemmt, § 204 I Nr. 1 BGB. Die Hemmung endet nach § 204 II 1 BGB sechs Monate nach der Beendigung des Verfahrens. Da das Verfahren über einen Monat lief, beträgt die Zeit der Hemmung insgesamt sieben Monate. Um eben diese sieben Monate verlängert sich die Verjährung, § 209 BGB. Die Verjährung endet hier am 31.07.2023 um 24:00 Uhr.

# 9. Besonderheiten des Kaufvertrags

## 9.1 Grundlegendes zum Kaufvertrag

**Fallbeispiel:** Klara und ihre Arbeitskollegin Naomi unterhalten sich in ihrer Mittagspause über die Abschlussprüfung zur Rechtsanwaltsfachangestellten. Dabei fällt Klara ein, dass sie noch drei verschiedene Prüfungsbücher zu Hause hat, die sie nicht mehr braucht. Sie bietet Naomi an, ihr diese Bücher für 10,00 € zu verkaufen. Naomi willigt in den Handel ein.

Als Naomi am nächsten Tag in Klaras Büro kommt, ist Klara grade nicht da. Die Bücher liegen allerdings auf dem Schreibtisch. Kurzerhand nimmt sich Naomi die Bücher und legt einen 10,00 € Schein auf dem Schreibtisch ab. Später am Tag regt sich Klara tierisch auf, da Naomi ja kein Recht hatte, die Bücher einfach so mitzunehmen. Naomi ist sich keiner Schuld bewusst und behauptet, dass sie durch den geschlossenen Kaufvertrag sehr wohl das Recht habe, die Bücher einfach zu nehmen.

Wer von den beiden hat Recht?

**Grundsatz:** Der Kaufvertrag ist vermutlich das Rechtsgeschäft, welches in diesem Buch und in Ihrer Prüfung am meisten thematisiert wird. Dieser kommt, wie alle zweiseitigen Rechtsgeschäfte, durch zwei übereinstimmende Willenserklärungen zustande. Abgesehen von Ausnahmen wie dem Grundstückskaufvertrag, kann der Kaufvertrag formfrei geschlossen werden. Laut § 433 I BGB muss der **Verkäufer** die **Sache übergeben** und das **Eigentum** an der Sache verschaffen. Der **Käufer** hat hingegen die Pflicht, die **Sache anzunehmen** sowie den **Kaufpreis zu zahlen**, § 433 II BGB.

**Zurück zum Fallbeispiel:** Es liegen zwei übereinstimmende Willenserklärungen (Antrag und Annahme, §§ 145, 147 BGB) vor. Somit ist ein Kaufvertag nach § 433 BGB zustande gekommen. Klara muss als Verkäuferin die Bücher übergeben und Naomi das Eigentum daran verschaffen. Naomi muss die 10,00 € bezahlen und die Bücher annehmen.

Das Zustandekommen eines Kaufvertrags liefert noch keine Aussage über die Art und Weise der Zahlung, der Übergabe der Sache sowie der Eigentumsübertragung. Dafür sollten wir uns mit dem Verfügungsgeschäft bzw. dem Abstraktionsprinzip beschäftigen.

## 9.2 Abstraktionsprinzip

**Definition:** Das Abstraktionsprinzip bezeichnet die Trennung zwischen dem schuldrechtlichen Verpflichtungs- und dem sachenrechtlichen Verfügungsgeschäft im BGB.

Das **Verpflichtungsgeschäft** beschreibt z.B. den klassische Kaufvertrag nach § 433 BGB. In diesem Rechtsgeschäft verpflichten sich die Vertragsparteien zur Erfüllung der beschlossenen Vertragsinhalte. Das **Verfügungsgeschäft** (auch Erfüllungsgeschäft genannt) beinhaltet die Erfüllung der Verpflichtungen, z.B. die Übergabe der Kaufsache nach § 929 BGB. Für eine wirksame Übergabe muss der Eigentümer die Sache übergeben und beide müssen sich einig sein, dass das Eigentum übertragen wird, § 929 S. 1 BGB.

Somit ergeben sich bei einem Kaufvertrag üblicherweise drei Rechtsgeschäfte:

**1. Rechtsgeschäft** = Verpflichtungsgeschäft = **Kaufvertrag**, § 433 BGB:

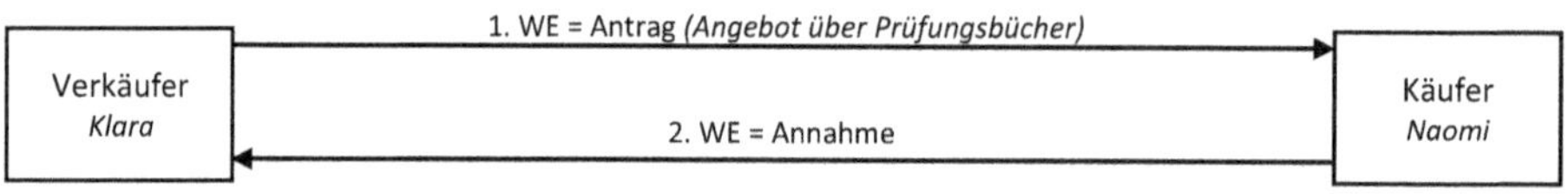


**2. Rechtsgeschäft** = Verfügungsgeschäft = **Übergabe der Kaufsache**, § 929 BGB:

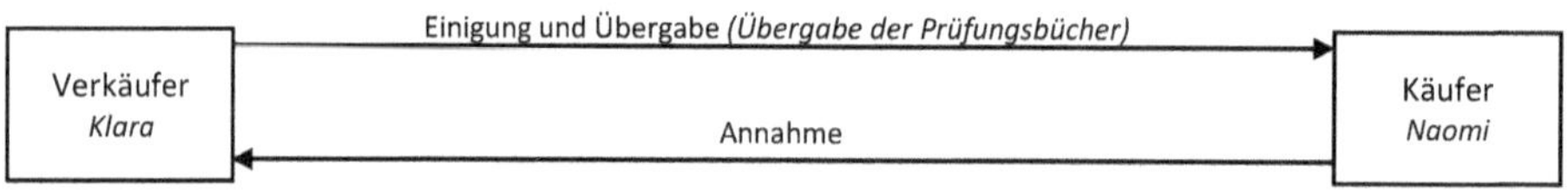


**3. Rechtsgeschäft** = Verfügungsgeschäft = **Übergabe des Geldes**, § 929 BGB:

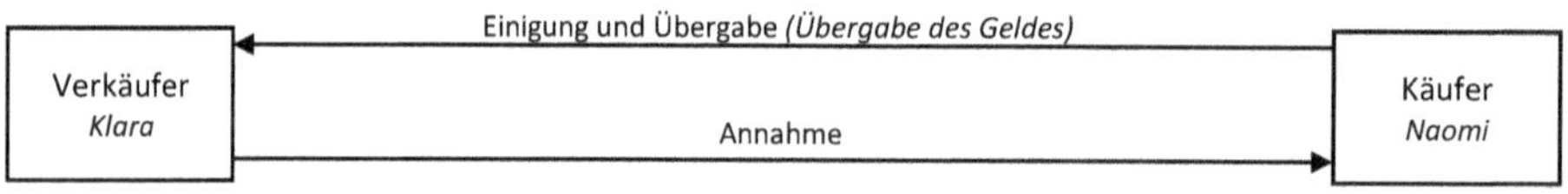


Das BGB unterscheidet also zwischen dem Eingehen einer Verpflichtung und dem Erfüllen eben dieser Verpflichtung. Beide Geschäfte können unabhängig voneinander nichtig sein, was unterschiedliche Folgen hat.

| **Rechtsfolgen** | |
|---|---|
| **Nichtigkeit des Verpflichtungsgeschäfts** | **Nichtigkeit des Verfügungsgeschäfts** |
| Der Kaufvertrag nach § 433 BGB ist z.B. nichtig, weil er zum Schein abgeschlossen wurde. | Es wurde ein gültiger Kaufvertrag nach § 433 BGB abgeschlossen. |
| Die Verfügungsgeschäfte, § 929 BGB, sind gültig. Sowohl die Kaufsache und das Geld wurden übertragen. | Das Verfügungsgeschäft, § 929 BGB, über die Kaufsache ist nichtig, da sich z.B. beide Parteien nicht einig über die Eigentumsübertragung waren. |
| Der Käufer ist rechtmäßig Eigentümer der Kaufsache und der Verkäufer ist rechtmäßig Eigentümer des Geldes geworden. | Der Käufer ist hier nicht rechtmäßiger Eigentümer der Kaufsache geworden oder der Verkäufer ist nicht Eigentümer des Geldes geworden. |

| Folge: | Folge: |
|---|---|
| Für das Geld als auch für die Kaufsache gilt nach § 812 I 1 BGB ein **Herausgabeanspruch**, da kein **rechtlicher Grund** für die Leistung vorliegt. | Der Verkäufer / Käufer hat gegen den anderen Vertragspartner einen **Herausgabeanspruch** aufgrund des Eigentums, § 985 BGB. |

**Zurück zum Fallbeispiel:** Es liegen zwei übereinstimmende Willenserklärungen (Antrag und Annahme, §§ 145, 147 BGB) vor. Somit ist ein Kaufvertag nach § 433 BGB zustande gekommen.

Nach § 929 S. 1 muss der Eigentümer die Kaufsache übergeben und beide sollen sich darüber einig sein, dass das Eigentum übergehen soll. Dies ist im vorliegenden Beispiel nicht erfolgt, da sich Naomi die Bücher ohne die Kenntnis von Klara genommen hat. Das Verfügungsgeschäft ist somit nichtig und Naomi ist nicht Eigentümerin der Bücher geworden. Klara hat somit einen Herausgabeanspruch gem. § 985 BGB und kann die Rückgabe der Bücher verlangen.

## 9.3 Leistungsort

**Fallbeispiel:** Esra kauft über eine Verkaufsplattform im Internet eine antike Kommode bei dem Privatanbieter Sebastian. Der Verkäufer fordert sie auf, die Kommode in den nächsten Tagen bei ihm in Kiel abzuholen. Esra ist irritiert, da sie in Stuttgart lebt und davon ausgegangen ist, dass ihr die Kommode von Sebastian geliefert wird. Sebastian erklärt, dass es nicht seine Pflicht sei, die Kommode auszuliefern. Außerdem müsse Esra die Lieferkosten auf jeden Fall selbst zahlen.

Hat Sebastian Recht?

**Grundsatz:** Der Kaufvertrag nach § 433 BGB verpflichtet u.a. den Verkäufer zur Übergabe der Ware sowie den Käufer zur Übergabe des Kaufpreises. Allerdings finden wir in § 433 BGB keine Angabe darüber, wie und wo dies zu erfolgen hat. Aufklärung hierrüber verschafft der **gesetzliche Leistungsort** (auch Erfüllungsort genannt) nach § 269 BGB.

**Definition:** Der gesetzliche Leistungsort ist der Ort, an dem der Schuldner einer Leistung ebendiese erbringen muss. In der Regel ist dieser Ort der Wohnsitz des Schuldners, § 269 I BGB.

Doch wer ist im Rahmen des Kaufvertrages Schuldner und wer ist der Gläubiger? Die Antwort lautet beide Vertragsparteien sind Gläubiger als auch Schuldner:

| | Ware | Kaufpreis |
|---|---|---|
| **Verkäufer** *(Sebastian)* | Schuldner der Ware | Gläubiger des Kaufpreises |
| **Käufer** *(Esra)* | Gläubiger der Ware | Schuldner des Kaufpreises |

Demnach ist der Leistungsort für die Ware der Wohnsitz des Verkäufers und der Leistungsort für die Zahlung ist der Wohnsitz des Käufers.

**Achtung: Warenschulden** sind **Holschulden,** womit der Käufer die Ware grundsätzlich beim Verkäufer abholen muss. Dahingegen sind **Geldschulden Schickschulden**. Nach § 270 I BGB muss der Schuldner das Geld auf seine Gefahr und seine Kosten dem Gläubiger (Verkäufer) übermitteln.

Wofür ist der Leistungsort sonst noch relevant?

- Bestimmt den Ort des **Gefahrenübergangs,** also dem Punkt an dem die Transportgefahr auf den anderen Teil übergeht, §§ 446 f. BGB.
- Bestimmt wer die **Transportkosten** tragen muss, § 448 BGB, § 269 III BGB.
- Bestimmt die **örtliche Zuständigkeit der Gerichte**, § 29 ZPO.

**Zurück zum Fallbeispiel:** Esra ist als Käuferin die Schuldnerin des Kaufpreises und die Gläubigerin der Ware. Nach § 269 I BGB ist der Leistungsort für die Kommode Kiel, da dies der Wohnsitz des Warenschuldners Sebastian ist. Der Leistungsort für das Geld ist Stuttgart, wobei Esra nach § 270 I BGB verpflichtet ist, das Geld an Sebastian zu schicken.

Eventuelle Transportkosten müsste Esra ab der Übergabe der Ware an einen Spediteur selbst tragen, § 448 I BGB.

Sebastian hat demnach Recht.

**Übungsaufgabe 1:**

Pamela ist auf der Suche nach einem neuen T-Shirt. In einer kleinen Boutique wird sie fündig und bezahlt das T-Shirt an der Kasse in bar. Die Verkäuferin packt das T-Shirt in eine Tüte und überreicht diese.

Erklären Sie anhand des obenstehenden Beispiels, welche und wie viele Rechtsgeschäfte zustande gekommen sind.

**Lösungsvorschlag:**

Es sind insgesamt drei Rechtsgeschäfte zustande gekommen.

Zunächst wäre hier der Kaufvertrag gem. § 433 BGB, welcher das Verpflichtungsgeschäft darstellt. Dieser ist durch den Antrag und Annahme zustande gekommen, §§ 145, 147 BGB. Das überreichen des T-Shirts an der Kasse ist der Antrag von Pamela. Die Boutique nimmt den Antrag an, indem die Verkäuferin das T-Shirt abkassiert.

Das zweite und das dritte Rechtsgeschäft sind jeweils Verfügungsgeschäfte. Es erfolgt zum einen die Einigung und die Übergabe gem. § 929 BGB des T-Shirts durch das Einpacken in die Tüte und die Übergabe an Pamela. Zum anderen erfolgt die Einigung und die Übergabe gem. § 929 BGB des Geldes durch die Barzahlung.

**Übungsaufgabe 2:**

1. Geben Sie für die folgenden Beispiele jeweils den Leistungsort für die Ware und das Geld an:
2. Carina aus Heidelberg kauft von Karsten aus Kassel ein Auto.
3. Tamara aus Leipzig kauft einen Computer von Sven aus Dresden.
4. Florian aus Hannover verkauft ein Fahrrad an Tim aus Oldenburg.

**Lösungsvorschlag:**

| | **Leistungsort – Ware** | **Leistungsort – Geld** |
|---|---|---|
| **1.** | Kassel | Heidelberg |
| **2.** | Dresden | Leipzig |
| **3.** | Hannover | Oldenburg |

**Übungsaufgabe 3:**

Erklären Sie den Unterschied zwischen dem Herausgabeanspruch aus Eigentum (§ 985 BGB) und dem Herausgabeanspruch für das Erlangen einer Leistung ohne rechtlichen Grund (§ 812 BGB) kurz.

**Lösungsvorschlag:**

Der Herausgabeanspruch aus Eigentum nach § 985 BGB wird herangezogen, wenn z.B. das Verfügungsgeschäft nichtig war. Der Besitzer einer Sache ist in diesem Fall nicht der Eigentümer der Sache. Dem rechtmäßigen Eigentümer steht es dann zu, die Herausgabe der Sache zu fordern.

Der Herausgabeanspruch gem. § 812 BGB entsteht z.B., wenn das Verpflichtungsgeschäft nichtig ist. In diesem Fall gibt es keinen rechtlichen Grund für die ursprüngliche Leistung mehr. Der Käufer ist beispielsweise durch die Einigung und Übergabe rechtmäßiger Eigentümer der Kaufsache geworden. Da jedoch kein rechtlicher Grund für das Erlangen der Leistung aufgrund der Nichtigkeit des Verpflichtungsgeschäfts vorliegt, kann der Verkäufer die Rückgabe der Kaufsache verlangen.

**Übungsfall 1:**

Andi aus Karlsruhe bietet sein altes Auto im Internet zum Verkauf an. Markus aus Berlin meldet sich und einigt sich mit Andi über einen Kaufpreis von 10.000,00 €.

1. Wo sind die Leistungsorte für die Ware und den Kaufpreis?
2. Markus besteht auf Barzahlung in Berlin, da dies schließlich der Leistungsort für das Geld sei. Kann er auf Barzahlung bestehen?
3. Die Zahlung durch Markus ist immer noch nicht erfolgt. Andi möchte diese jetzt einklagen. Wo sitzt das zuständige Gericht und welches Gericht ist zuständig?

**Lösungsvorschlag:**

**1.** Der Leistungsort für das Auto ist der Wohnsitz des Verkäufers, also Karlsruhe, § 269 I BGB. Der Leistungsort für die Zahlung ist am Wohnsitz des Käufers, also Berlin, § 269 I BGB.

**2.** Der Leistungsort für die Geldschulden ist zwar Berlin, allerdings sind die Geldschulden Schickschulden. Das bedeutet, dass Markus das Geld auf seine eigene Gefahr an Andi nach Karlsruhe übermitteln muss, § 270 I BGB. Somit kann Markus nicht auf Barzahlung in Berlin bestehen.

**3.** Gem. § 29 ZPO liegt das zuständige Gericht an dem Ort, an dem auch die Leistung zu erbringen ist. In diesem Fall also Berlin. Da der Streitwert über 5.000,00 € liegt, ist das Landgericht zuständig.

**Übungsfall 2:**

Daniela aus Erfurt verkauft ihr gebrauchtes Stand up Paddle Board an Lars aus Frankfurt am Main. Beide sind sich über einen Kaufpreis von 300,00 € einig. Da Lars nicht persönlich vorbeikommen kann, bittet er Daniela, das Board an ihn mit einem Spediteur zu versenden. Schon vor der Versendung überweist Lars den vollen Kaufpreis. Auf dem Transportweg zwischen Erfurt und Frankfurt wird das Board durch einen Unfall auf der Autobahn vollständig zerstört. Als Lars davon erfährt, fordert er von Daniela eine Ersatzlieferung. Daniela antwortet, dass es ein Privatverkauf sei und sie nicht haften würde.

Wer muss die Transportkosten tragen und bei wem liegt das Risiko des Transportschadens?

**Lösungsvorschlag:**

Der Leistungsort für die Ware ist der Wohnsitz des Verkäufers, hier Erfurt, § 269 I BGB. Die Transportkosten muss Lars als Käufer gem. § 448 I BGB ab Übergabe an den Spediteur zahlen.

Auch das Risiko des Warentransportes liegt ab der Übergabe an den Spediteur bei Lars, § 447 I BGB. Somit kann Lars Daniela nicht für den Transportschaden verantwortlich machen und verlangen, dass sie das Board ersetzt.

**Übungsfall 3:**

Mike (19) schließt mit Chiara (17) einen Kaufvertrag über sein gebrauchtes Smartphone für 300,00 €. Chiara bezahlt mit dem Geld, welches sie von ihren Eltern für einen neuen Laptop bekommen hat. Als Chiara ihren Eltern von dem Kauf berichtet, wird Chiara aufgefordert, das Smartphone zurückzugeben. Bei der Rückgabe weigert sich Mike, das Geld zurück zu erstatten.

Ist Mike rechtmäßiger Eigentümer der 300,00 € geworden und muss er das Geld auf Chiaras Verlangen zurückgeben?

**Lösungsvorschlag:**

Der Kaufvertrag (Verpflichtungsgeschäft) nach § 433 BGB ist nichtig. Chiara ist aufgrund ihres Alters beschränkt geschäftsfähig, § 106 BGB. Deshalb benötigt sie die Einwilligung oder Genehmigung ihrer gesetzlichen Vertreter, §§ 107, 108 I BGB. Eine Einwilligung wurde hier nicht gegeben und die Genehmigung wurde verweigert. Da das Verpflichtungsgeschäft nichtig ist, gibt es keinen rechtlichen Grund für die Übergabe des Geldes. Somit hat Chiara einen Anspruch auf die Herausgabe der 300,00 € gem. § 812 I 1 BGB.

Mike ist allerdings zunächst der rechtmäßige Eigentümer der 300,00 € geworden, da eine Übergabe erfolgt ist und beide sich einig waren, dass das Geld in sein Eigentum übergehen sollte, § 929 BGB.

**Übungsfall 4:**

Zoe kauft von ihrem Nachbarn Karim gebrauchte Balkonmöbel für 500,00 €. Die Möbel kann Zoe gleich mitnehmen. Die 500,00 € soll sie innerhalb einer Woche an Karim überweisen. Als nach zwei Wochen noch kein Geld bei Karim eingegangen ist, verlangt er wütend die sofortige Rückgabe der Möbel. Er behauptet zudem, dass der Kaufvertrag nichtig und er Eigentümer der Möbel sei, da Zoe nicht gezahlt habe.

Hat Karim Recht?

**Lösungsvorschlag:**

Der Kaufvertrag gem. § 433 BGB ist durch die zwei übereinstimmenden Willenserklärungen von Karim und Zoe zustande gekommen, §§ 145, 147 BGB. Somit ist Zoe zur Zahlung des Kaufpreises und Karim zur Übergabe der Ware verpflichtet.

Die bisher ausgebliebene Zahlung bewirkt nicht, dass der Kaufvertrag (Verpflichtungsgeschäft) nichtig wird. Aus diesem Grund kann Karim auch noch keine Herausgabe der Möbel verlangen. Auch ist er nicht Eigentümer der Möbel, da mit der Einigung und Übergabe das Eigentum auf Zoe überging, § 929 BGB.

Hinweis: Die Regelungen des Zahlungsverzugs finden Sie im Kapitel Zahlungsverzug.

# 10. Vertragsarten

**Fallbeispiel:** Stefan hat auf dem Weg zur Schule einen leichten Autounfall. Dabei wird sein Kotflügel eingebeult und zerkratzt. Stefan bringt sein Auto umgehend zur Werkstatt, um es reparieren zu lassen. In der Werkstatt erhält Stefan einen Leihwagen gegen eine Gebühr von 50,00 € am Tag. In der Schule angekommen findet Stefan eine Tafel Schokolade auf seinem Tisch. Die Tafel ist von einem Mitschüler für ihn.

Welche Verträge hat Stefan an diesem Tag geschlossen?

**Grundsatz:** Der Kaufvertrag ist der Vertrag, mit dem wir uns am meisten auseinandergesetzt haben. Wenn Sie allerdings ins Inhaltsverzeichnis Ihres BGBs (2. Buch, 8. Abschnitt) hineinsehen, werden Sie erkennen, dass es die verschiedensten Vertragsarten gibt. Sie alle bestehen aus ganz unterschiedlichen Vertragsinhalten und damit auch verschiedenen Rechten und Pflichten. Die folgende Tabelle soll Ihnen einen Überblick über wichtige Vertragsarten liefern.

| Vertragsart | Vertragsinhalt | Kennzeichen | Beispiel |
|---|---|---|---|
| Kaufvertrag, § 433 BGB | **Entgeltliche** Veräußerung von Sachen oder Rechten. | Dauerhafte Eigentumsübertragung. | Samira möchte sich mit einer Kneipe selbstständig machen. Diese soll mit einer Mottoparty eröffnet werden. Dafür kauft sich Samira ein Kostüm. |
| Schenkung, § 516 BGB | **Unentgeltliche** Veräußerung von Sachen oder Rechten. | Dauerhafte Eigentumsübertragung. | Samira bekommt von ihrer Mutter ein Kostüm geschenkt. |
| Leihvertrag, § 598 BGB | **Unentgeltliche** Überlassung von Sachen zum Gebrauch. | Fremdes Eigentum wird zur Nutzung überlassen. Es muss **dieselbe** Sache zurückgegeben werden. | Samira leiht sich ein Kostüm ihrer Mutter aus. Sie muss keine Gegenleistung erbringen und das Kostüm wieder zurückgeben. |
| Mietvertrag, § 535 BGB | **Entgeltliche** Überlassung von Sachen zum Gebrauch. | Fremdes Eigentum wird zur Nutzung überlassen. Es muss **dieselbe** Sache zurückgegeben werden. | Samira leiht sich bei einem Kostümverleih ein Kostüm. Sie zahlt 20,00 € und muss das Kostüm zurückgeben. |
| Pachtvertrag, § 581 BGB | **Entgeltliche** Überlassung von Sachen zum Gebrauch sowie die Überlassung der Erträge. | Fremdes Eigentum wird zur Nutzung überlassen. Es muss **dieselbe** Sache zurückgegeben werden. | Samira pachtet die gewerblichen Räumlichkeiten für die Kneipe. Alle Erträge, die sie durch die Kneipe erzielt, kann sie behalten. |
| Sachdarlehensvertrag, § 607 BGB | **Entgeltliche** Überlassung von vertretbaren Sachen zum Gebrauch. | Fremdes Eigentum wird zur Nutzung überlassen. Es muss eine **gleichartige** Sache zurückgegeben werden. | Samira hat vergessen für die Party Servierten zu kaufen. Sie besorgt sich diese bei ihrer Freundin und verspricht, ihr gleich am nächsten Montag neue Servierten mitzubringen. |
| Darlehensvertrag, § 488 BGB Verbraucherdarlehensvertrag, § 491 BGB | **Entgeltliche** Überlassung einer vereinbarten Geldsumme. | Die Geldsumme (+ Zinsen) muss innerhalb des vereinbarten Zeitraums zurückgezahlt werden. | Samira nimmt einen Kredit für die Einrichtung der Kneipe von 20.000,00 € bei ihrer Bank auf. Der Kredit hat eine Laufzeit von vier Jahren und wird mit 0,85 % verzinst. |
| Dienstvertrag, § 611 BGB | **Entgeltliche** Leistung von (Arbeits-)diensten. | Eine Arbeitsleistung muss erbracht werden, **ohne Erfolgsgarantie.** | Samira beauftragt einen Steuerberater, welcher sie in allen steuerlichen Fragen unterstützt. |

| Vertragsart | Vertragsinhalt | Kennzeichen | Beispiel |
|---|---|---|---|
| Werkvertrag, § 631 BGB | **Entgeltliche** Herstellung / Veränderung eines Werkes, Leistung von (Arbeits-)diensten. | Ein bestimmtes Arbeitsergebnis wird **mit Erfolgsgarantie** geschuldet. | Samira lässt sich von einer Schneiderei ein Kostüm nach ihren Wünschen anfertigen. |

**Hinweis:** Der Dienstvertrag kann auch ein **Arbeitsvertrag nach § 611a BGB** sein. Der Arbeitsvertrag ist gewissermaßen eine Unterform eines Dienstvertrages. Somit ist ein Arbeitsvertag gleichzeitig auch immer ein Dienstvertrag. Ein Dienstvertrag ist aber nicht immer gleichzeitig ein Arbeitsvertrag. So schließt man z.B. auch mit einem selbstständigen Dienstleister oder einem freien Mitarbeiter einen Dienstvertrag.

**Zurück zum Fallbeispiel:**

- Zwischen Stefan und der Autowerkstatt ist ein Werksvertrag gem. § 631 BGB zustande gekommen. Stefan zahlt einen vereinbarten Preis und die Werkstatt repariert das Auto. Stefan erwartet ein bestimmtes Arbeitsergebnis mit Erfolgsgarantie – die Reparatur des Autos.
- Stefan schließt als zweiten Vertrag einen Mietvertrag gem. § 535 BGB mit der Autowerkstatt ab. Es handelt sich um einen Mietvertrag und nicht um einen Leihvertrag, da Stefan das Auto nur gegen ein Entgelt nutzen kann.
- Stefans Mitschüler schenkt ihm eine Tafel Schokolade. Somit liegt hier eine Schenkung nach § 516 BGB vor.

**Prüfungstipp:** Alle Paragrafen der relevanten Vertragsarten können Sie natürlich auch in der Prüfung über das Stichwort- oder Inhaltsverzeichnis finden. In den Vorschriften zu den jeweiligen Verträgen finden Sie auch die Verpflichtungen, die durch die Verträge entstehen, ebenso mögliche Formvorschriften.

**Übungsaufgabe 1:**

Erklären Sie den Unterschied zwischen einem Mietvertrag und einem Sachdarlehensvertrag und nennen Sie die relevanten Paragrafen.

**Lösungsvorschlag:**

Beim Mietvertrag gem. § 535 BGB erhält der Mieter eine Mietsache zum Gebrauch. Nach Ablauf oder Beendigung des Mietverhältnisses muss der Mieter genau dieselbe Mietsache zurückgeben, § 546 I BGB.

Auch beim Sachdarlehensvertrag gem. § 607 BGB wird dem Darlehensnehmer eine Sache zum Gebrauch überlassen. Allerdings muss eine Sache gleicher Art, Menge und Güte zurückgegeben werden, § 607 I 2 BGB. Es muss also nicht genau dieselbe Sache zurückgegeben werden.

**Übungsaufgabe 2:**

Welche Vertragsarten liegen jeweils vor? Geben Sie jeweils die Paragrafen an.

1. Marina mietet Räumlichkeiten in einem Einkaufszentrum an, um dort einen Friseursalon zu betreiben.
2. Rechtsanwalt M erstellt für einen Mandanten ein anwaltliches Aufforderungsschreiben.
3. Ein Zahnarzt beauftragt eine EDV-Firma, eine Praxissoftware für die Abrechnung von Privatliquidationen auf seinem Praxis-PC zu installieren.
4. Rechtsanwalt M gibt seinem 6-jährigen Enkel 1.000,00 € für das Sparbuch.
5. Rechtsanwalt M stellt eine 22-jährige Umschülerin ein, die in der Kanzlei eine Ausbildung zur Rechtsanwaltsfachangestellten antritt.
6. Der 20-jährige Schüler S surft im Internet und ersteigert eine ältere Schallplatte von den Beatles für 5,00 € von einem privaten Anbieter.

**Lösungsvorschlag:**

1. Pachtvertrag (§ 581 BGB)
2. Dienstvertrag (§ 611 BGB)
3. Werkvertrag (§ 631 BGB)
4. Schenkungsvertrag (§ 516 BGB)
5. Ausbildungsvertrag (nach § 10 BBiG)
6. Kaufvertrag (§ 433 BGB)

**Übungsfall 1:**

In der Rechtsanwaltskanzlei Koller werden von dem Auszubildenden Alessio die folgenden Rechtsgeschäfte beobachtet:

1. Rechtsanwältin Koller vertritt ihre Mandantin Bucher in einer Scheidungsangelegenheit vor dem Amtsgericht München.
2. Die Mandantin Mia Merten bürgt für ihre Tochter Carina, damit diese ein Darlehen aufnehmen kann.
3. Ein Rollladen in der Kanzlei ist beschädigt und lässt sich nicht mehr Heraufziehen. Der Handwerker Böll wird zur Reparatur gerufen.
4. Die Rechtsanwältin Koller zahlt einmalig 400.000,00 € für die neuen Kanzleiräumlichkeiten.
5. Der Rechtsanwaltsfachangestellte Tim verspricht seiner kleinen Schwester ihr ein neues Stofftier zum Geburtstag zu schenken.

Erklären Sie, welche Rechtsgeschäfte hier zustande gekommen sind und welche Formvorschriften jeweils gelten.

**Hinweis**: Weitere Informationen zu den Formvorschriften finden Sie im Kapitel „Nichtigkeit und Anfechtbarkeit".

**Lösungsvorschlag:**

1. Die Vertretung und Beratung eines Rechtsanwalts ist eine Dienstleistung nach § 611 BGB. Die Rechtsanwältin Koller wird hier für die Vertretung bezahlt und gibt kein Erfolgsversprechen ab. Der Dienstvertrag kann formfrei geschlossen werden.
2. Es handelt sich um eine Bürgschaft gem. § 765 BGB, da sich Mia verpflichtet die Schulden ihrer Tochter zu übernehmen. Die Bürgschaft muss schriftlich erklärt werden, § 766 BGB.
3. Zwischen der Kanzlei und dem Handwerker Böll wird ein Werkvertrag gem. § 631 BGB geschlossen, da Böll einen bestimmten Erfolg – die Reparatur – schuldet. Der Werkvertrag kann formfrei geschlossen werden.
4. Bei dem Kauf der Kanzleiräumlichkeiten handelt es sich um einen Kaufvertrag gem. § 433 BGB. Der Kaufvertrag muss durch einen Notar beurkundet werden, § 311b I 1 BGB.
5. Bei dem Versprechen von Tim handelt es sich um ein Schenkungsversprechen gem. § 516 BGB. Dieses Versprechen bedarf der notariellen Beurkundung, damit es gültig wird, § 518 BGB.

# 11. Gesetzliche Schuldverhältnisse

**Fallbeispiel:** Der 5-jährige Johannes fährt in Begleitung seiner Eltern mit dem Rad auf dem Fahrradweg. Er übersieht einen losen Stein im Pflaster und verliert das Gleichgewicht. Unglücklicherweise stürzt er deshalb mit seinem Rad in ein parkendes Auto. Dadurch wird das Auto zerkratzt und eingedellt.

Muss Johannes bzw. seine Eltern den entstandenen Schaden ersetzen?

**Grundsatz:** Durch den Abschluss eines Vertrages wie z.B. dem Kaufvertrag entsteht ein Schuldverhältnis. Der Verkäufer schuldet die Ware und der Käufer schuldet den Kaufpreis. Ein solches Schuldverhältnis kann nicht nur durch einen Vertrag, sondern auch durch die Kraft des Gesetzes entstehen. In diesem Fall wird einer Person durch eine gesetzliche Vorschrift ein Anspruch gegen eine andere Person zugesprochen. Dies ist bspw. bei der **ungerechtfertigten Bereicherung** oder der **unerlaubten Handlung** der Fall.

## 11.1 Ungerechtfertigte Bereicherung

**Definition:** Eine ungerechtfertigte Bereicherung gem. §§ 812 ff. BGB liegt immer dann vor, wenn jemand durch die Leistung eines anderen oder in sonstiger Weise auf dessen Kosten etwas erhalten hat, ohne dass hierfür ein rechtlicher Grund vorhanden war.

Im Vordergrund der Vorschriften gem. §§ 812 ff. BGB steht die Absicht, dass der „Bereicherte" das ungerechtfertigt Erlangte durch Herausgabe an den „Entreicherten" wieder ausgleicht. Ein Beispiel für eine ungerechtfertigte Bereicherung ist der Diebstahl eines Fahrrads. Hier hat der Dieb eine Leistung (das Rad) erhalten, ohne dass dafür ein rechtlicher Grund vorlag (z.B. ein Leihvertrag). Rechtlich ist er dazu verpflichtet, das gestohlene Rad an den Eigentümer zurück zu geben.

§ 812 BGB greift auch dann, wenn der Rechtsgrund erst im Nachhinein wegfällt, etwa dadurch, dass ein zunächst gültiges Verpflichtungsgeschäft (z.B. Kaufvertrag) durch eine erfolgreiche Anfechtung rückwirkend nichtig geworden ist. Auch dann müssen die erhaltenen Leistungen (Kaufsache & Geld) zurückgegeben werden.

## 11.2 Unerlaubte Handlung

**Definition:** Eine Person, die vorsätzlich oder fahrlässig das Leben, die Gesundheit, die Freiheit, das Eigentum oder ein sonstiges absolutes Recht eines anderen widerrechtlich verletzt, ist gem. § 823 I BGB schadensersatzpflichtig.

Der Leistung von Schadensersatz liegt der Gedanke der der Wiedergutmachung zugrunde. Wer z.B. fremdes Eigentum zerstört, soll den entstandenen Schaden wiedergutmachen und dem Eigentümer Schadenersatz leisten. **Vorsätzliches Handeln** liegt vor, wenn eine Person weiß, dass ihr Handeln einen Schaden verursacht oder sie den Schaden herbeiführen will. **Fahrlässiges Handeln** liegt hingegen vor, wenn die im Verkehr erforderliche Sorgfalt außer Acht gelassen wird, § 276 BGB.

Ob eine Person für einen von ihr verursachten Schaden haften muss, hängt vor allem von der Deliktsfähigkeit der Person ab.

**Exkurs: Deliktsfähigkeit**

Im Gegensatz zur Geschäftsfähigkeit geht es bei der Deliktsfähigkeit nicht darum, ob Willenserklärungen wirksam sind. Die Deliktsfähigkeit gibt hingegen Auskunft darüber, ob eine Person schuldhaft handeln und somit zu Schadensersatz verpflichtet werden kann.

**Achtung:** Bei der Deliktsfähigkeit und den folgenden Ausführungen geht es lediglich um zivilrechtliche Regelungen. Für das Strafrecht und die Frage, ob jemand strafmündig ist, gelten andere Regelungen.

| | Deliktsunfähigkeit | beschränkte Deliktsfähigkeit | volle Deliktsfähigkeit |
|---|---|---|---|
| Wer? | • Kinder bis zum vollendeten 7. Lebensjahr, § 828 I BGB<br>• Kinder vom 7. bis zum 10. Lebensjahr bei Schäden durch Kraft- oder Schienenfahrzeuge sowie Schwebebahnen, § 828 II BGB<br>• Personen, die unter einer Störung der Geistestätigkeit leiden, § 827 BGB | Alle Minderjährigen Personen, welche nicht deliktsunfähig sind, § 828 III BGB.<br>(In der Regel Personen vom vollendeten 7. bis zum vollendeten 18. Lebensjahr) | Alle volljährigen Personen, die im vollen Besitz ihrer geistigen Fähigkeiten sind.<br>**Hinweis:** die volle Deliktsfähigkeit stellt den Regelfall im BGB dar. Es wird nicht gesondert darauf eingegangen. |
| Rechtsfolge | Deliktsunfähige Personen sind **nicht verantwortlich** und müssen keinen Schadensersatz leisten.<br>**Ausnahmen:**<br>• Kinder vom 7. bis zum 10. Lebensjahr, die den Schaden mit einem Fahrzeug vorsätzlich herbeiführen, § 828 II 2 BGB<br>• Unzurechnungsfähige, die ihren Zustand bewusst herbeigeführt haben § 827 S. 2 BGB | Beschränkt Deliktsfähige sind **teilweise verantwortlich.** (Wenn die zur Erkenntnis der Verantwortlichkeit erforderliche Einsicht vorliegt, § 828 III BGB.)<br>Anders ausgedrückt: wenn ein beschränkt Deliktsfähiger einschätzen kann, dass seine Handlungen einen Schaden verursachen, ist er verantwortlich. | Voll Deliktsfähige sind für ihre Handlungen auch **voll verantwortlich.** |
| Aufsichtspflicht | Bei Minderjährigen oder Unzurechnungsfähigen kann es auch sein, dass die aufsichtspflichtigen Personen zum Schadensersatz verpflichtet werden, § 832 BGB. Diese Regelung greift nicht, wenn die Aufsichtspflicht erfüllt wird oder der Schaden auch unter der Aufsicht entstanden wäre, § 832 I 2 BGB. | | – |
| Billigkeitshaftung | Wer nach §§ 827 f. BGB für einen Schaden nicht verantwortlich ist, kann aus Billigkeitsgründen haften, § 829 BGB. Die Billigkeitshaftung tritt ein, wenn ein Verursacher sich den Schadensersatz „leisten" kann. Denn es wäre „ungerecht", wenn eine wohlhabende Person einen von ihr verursachten Schaden nicht ersetzen würde. | | – |

**Zurück zum Fallbeispiel:** Es liegt eine unerlaubte Handlung nach § 823 I BGB vor, da das Auto beschädigt wurde.

Da Johannes erst fünf Jahre alt ist, ist er noch deliktsunfähig und somit für den verursachten Schaden nicht verantwortlich, § 828 I BGB. Die Eltern von Johannes als Aufsichtspflichtige könnten für den Schaden verantwortlich gemacht werden. Allerdings haben sie ihre Aufsichtspflicht nicht verletzt und waren bei dem Unfall anwesend, § 832 I 2 BGB. Somit müssen sie nicht aufgrund einer verletzten Aufsichtspflicht haften.

Falls die Familie allerdings ausreichend vermögend ist, muss sie den entstanden Schaden aus Billigkeitsgründen ersetzen, § 829 BGB.

**Übungsfall 1:**

Gabrielle muss im Rahmen ihrer Selbstständigkeit als Personaltrainerin ihre Arbeitsleistung monatlich in Rechnung stellen. Ihr Kunde Peter meldet sich bei ihr und erklärt ihr, dass er eine Rechnung über 200,00 € ausversehen zwei Mal überwiesen hat. Peter fordert die zu viel überwiesenen 200,00 € umgehend zurück. Gabrielle ist der Meinung, dass es Peters persönliches Pech sei und sie die 200,00 € behalten kann.

Hat Gabrielle Recht?

**Lösungsvorschlag:**

Im Fall von Gabrielle liegt eine ungerechtfertigte Bereicherung im Sinne des § 812 BGB vor, da sie das Geld (Leistung) von Peter ohne einen rechtlichen Grund erlangt hat. Deshalb ist Gabrielle zur Herausgabe der 200,00 € verpflichtet, § 812 I 1 BGB.

**Übungsfall 2:**

Antonia packt bei Schulschluss ausversehen das BGB ihrer Sitznachbarin ein. Sie bemerkt ihren Fehler erst, als sie zu Hause angekommen ist und überlegt das BGB zu behalten, da ihre Sitznachbarin sehr ordentliche Markierungen und Verweise im BGB eingetragen hat.

Darf Antonia das BGB behalten?

**Lösungsvorschlag:**

Antonia hat das BGB ihrer Sitznachbarin ohne einen rechtlichen Grund wie z.B. eine Schenkung erhalten. Deshalb liegt in diesem Fall eine ungerechtfertigte Bereicherung im Sinne des § 812 BGB vor. Die Sitznachbarin kann somit die Herausgabe des BGBs verlangen, § 812 I 1 BGB.

**Übungsfall 3:**

Florian (19) nimmt vor einem Discobesuch verschiedene bewusstseinsverändernde Substanzen ein. Gegen 01:00 Uhr ist er kaum noch in Besitz seiner geistigen Fähigkeiten und wird aus dem Club geschmissen. Beim Verlassen des Geländes taumelt er und fällt in das parkende Fahrzeug des Türstehers. Es entstehen einige Kratzer und eine große Beule.

**1.** Muss Florian den Schaden am Auto des Türstehers bezahlen?

**2.** Wie würde der Fall aussehen, wenn ein Dritter die Drogen heimlich in Florians Getränk gemischt hätte?

**Lösungsvorschlag:**

**1.** Da Florian fremdes Eigentum beschädigt hat, liegt eine unerlaubte Handlung nach § 823 I BGB vor. Florian ist in einem Alter von 19 Jahren eigentlich voll deliktsfähig. Allerdings ist er aufgrund der Einnahme von Drogen nicht mehr in Besitz seiner vollen geistigen Fähigkeiten. Demnach ist er nicht für den Schaden verantwortlich, § 827 1 BGB. Da sich Florian jedoch selbst in den Zustand versetzt hat, muss er sich für den Schaden verantworten und Schadensersatz zahlen, §§ 827 2, 823 I BGB.

**2.** In diesem Fall hat sich Florian nicht selbst in den Zustand der geistigen Umnachtung versetzt. Er ist also ohne Verschulden in den Zustand geraten und somit nicht verantwortlich für den Schaden, § 827 2 BGB. Es bleibt zu überprüfen, ob Florian aus Billigkeitsgründen gem. § 829 den Schaden bezahlen muss.

**Übungsfall 4:**

Die Auszubildende Larissa (18 Jahre) fährt täglich mit ihrem Vespa-Roller zur Kanzlei. Einen kurzen Moment ist sie abgelenkt und gerät ins Schleudern. Dadurch prallt sie gegen die rechte Seite eines parkenden VW-Golfs. Der Schaden beträgt 550,00 €.

Prüfen und begründen Sie, ob der Eigentümer des VW-Golfs Anspruch auf Schadensersatz hat.

**Lösungsvorschlag:**

Es liegt eine unerlaubte Handlung gem. § 823 I BGB vor. Larissa hat fahrlässig und widerrechtlich das Eigentum eines anderen (hier Eigentümer des VW-Golfs) verletzt. Die Deliktsfähigkeit ist aufgrund der Volljährigkeit von Larissa gegeben. Larissa ist daher verpflichtet, dem Eigentümer des VW-Golfs Schadensersatz in Höhe von 550,00 € zu leisten, § 823 I BGB.

**Übungsfall 5:**

Der 17-jährige Arne fährt den Fußgänger Fabian, der vorschriftsmäßig die Straße auf dem Zebrastreifen überquert, mit seinem Roller an und verletzt ihn schwer. Es stellt sich heraus, dass Arne zum Zeitpunkt des Unfalls zu schnell gefahren ist.

Kann Fabian Schadensersatzansprüche gegen Arne geltend machen?

**Lösungsvorschlag:**

Es liegt eine unerlaubte Handlung gem. § 823 I BGB vor, da Arne eine schwere Körperverletzung verursacht hat. Arne ist als 17-jähriger beschränkt deliktsfähig gem. § 828 III BGB. Man kann aber davon ausgehen, dass bei einem 17-Jährigen „die zur Erkenntnis der Verantwortlichkeit" nötige Einsicht gegeben ist und er weiß, dass überhöhte Geschwindigkeiten einen Unfall zur Folge haben können. Somit muss sich Arne für sein Handeln verantworten und den Schaden bezahlen, § 823 I BGB.

**Übungsfall 6:**

Der 9-jährige Noah wartet im Auto auf seinen Vater. Dieser wirft „mal eben" einen Brief bei der Post ein. Aus Langeweile spielt Noah am Armaturenbrett und dem Radio herum. Dabei löst er ausversehen die Handbremse. Das Auto rollt deshalb in ein anderes geparktes Auto. Es entsteht zum Glück nur ein leichter Schaden am geparkten Auto.

Prüfen Sie, ob der Eigentümer des geparkten Autos einen Anspruch auf Schadensersatz hat.

**Lösungsvorschlag:**

Es liegt eine unerlaubte Handlung gem. § 823 I BGB vor, da ein anderes Auto beschädigt wird. Noah ist als 9-jähriger deliktsunfähig gem. § 828 II 1 BGB, da der Schaden durch ein KFZ verursacht wurde. Noah hat hier nicht vorsätzlich gehandelt, da die Handbremse sich nur „ausversehen" löste, § 828 II 2 BGB. Somit ist Noah nicht für den entstandenen Schaden verantwortlich.

Der Vater hat seinen Sohn nicht beaufsichtigt und der Schaden wäre wohl nicht entstanden, wenn der Vater im Auto anwesend gewesen wäre. Somit muss der Vater als Aufsichtspflichtiger für den entstandenen Schaden haften und Schadensersatz leisten, §§ 823 I, 832 BGB.

# 12.
# Sachmangel

**Wichtiger Hinweis:** Zum 01.01.2022 gibt es Änderungen im Kaufvertragsrecht, die Auswirkungen auf den Sachmangel und den Verbrauchsgüterkauf haben. Wir haben uns bewusst dazu entschieden, in dieser Auflage beim „alten Recht" zu bleiben: zum einen, weil es nach wie vor Gültigkeit hat für alle Kaufverträge, die bis zum 31.12.2021 abgeschlossen wurden. Zum anderen ist davon auszugehen, dass den Aufgabenausschüssen der Rechtsanwaltskammern bewusst ist, dass die kommenden Prüflinge ausschließlich die bisherigen Regelungen gelernt haben und daher davon absehen, das neue Kaufvertragsrecht zu prüfen.

**Fallbeispiel:** Der Rechtsanwaltsfachangestellte Oskar hat für seine Wohnung ein neues Sofa beim Möbelhaus FX bestellt. Beim Auspacken des Sofas fällt ein riesiger Riss im Sitzpolster auf. So möchte Oskar das Sofa nicht in seiner Wohnung stehen lassen. Immerhin hat er viel Geld dafür bezahlt und lange gespart. Was sollte Oskar nun tun?

**Grundsatz:** Der Verkäufer verpflichtet sich beim Kaufvertrag, die Kaufsache zu übergeben und das Eigentum an der Sache zu verschaffen, § 433 I 1 BGB. Dabei muss die Sache frei von Sach- und Rechtsmängeln sein, § 433 I 2 BGB. Die Kaufsache muss also z.B. funktionsfähig sein. Falls dies nicht der Fall sein sollte, kann der Käufer verschiedene Rechte geltend machen.

## 12.1 Arten von Mängeln

| Art des Mangels | Beispiel |
|---|---|
| **Beschaffenheitsmangel,**<br>die Sache entspricht nicht der vereinbarten Beschaffenheit,<br>§ 434 I 1 BGB | Clarissa kauft einen Gebrauchtwagen. Der Händler versichert, dass das Auto unfallfrei sei. Dies entspricht jedoch nicht der Wahrheit. |
| **Beschaffenheitsmangel,**<br>die Sache eignet sich nicht für die nach dem Vertrag vorausgesetzte Verwendung,<br>§ 434 I 2 Nr. 1 BGB | Clarissa bestellt verschiedene Werbebanner für ihr eigenes Unternehmen. Besonders wichtig ist Clarissa, dass die Werbebanner auch im Dunklen zu sehen sind und leuchten. Die angelieferten Werbebanner leuchten leider nicht im Dunklen. |
| **Beschaffenheitsmangel,**<br>die Sache eignet sich nicht für die gewöhnliche Verwendung,<br>§ 434 I 2 Nr. 2 BGB | Clarissa kauft sich neue Gummistiefel und stellt beim ersten Tragen fest, dass die Gummistiefel absolut nicht dicht sind. |
| **Beschaffenheitsmangel,**<br>die Sache entspricht nicht der Werbeaussage,<br>§ 434 I 3 BGB | Clarissa kauft sich neue Gummistiefel, welche laut Herstellerangaben bis zu zehn Stunden dicht sein sollen. Bereits nach drei Stunden dringt Wasser in die Stiefel. |
| **Fehlerhafte Montage,**<br>die Sache wird durch den Verkäufer oder einen Dritten fehlerhaft montiert,<br>§ 434 II 1 BGB | Clarissa kauft in einem Möbelhaus eine Küche und lässt sie durch das Möbelhaus aufbauen. Bei der Montage wird ein Fehler gemacht, so dass die Küche gleich nach der Montage in sich zusammenfällt. |
| **Mangelhafte Montageanleitung,**<br>die Sache wird durch eine mangelhafte Montageanleitung falsch montiert,<br>§ 434 II 2 BGB<br>(wird auch „IKEA-Klausel" genannt) | Clarissa kauft eine Küche, welche sie selbst aufbaut. Die Anleitung zum Aufbau enthält einen Fehler, so dass Clarissa die Schränke falsch montiert. Kurze Zeit später brechen die Schränke auseinander. |
| **Mangel in der Art,**<br>die falsche Sache wird geliefert,<br>§ 434 III BGB | Clarissa bestellt zwei schwarze T-Shirts. Bei Lieferung erhält sie aber zwei rote T-Shirts. |
| **Mangel in der Menge,**<br>die falsche Menge wird geliefert,<br>§ 434 III BGB | Clarissa bestellt zwei T-Shirts. Sie bekommt allerdings nur ein T-Shirt zugeschickt. |
| **Rechtsmangel,**<br>wenn andere natürliche oder juristische Personen Rechte an der Sache haben, die nicht vertraglich vereinbart sind,<br>§ 435 BGB | Auf ein Grundstück ist ein Grundpfandrecht eingetragen. Dies war bei Abschluss des Kaufvertrages allerdings nicht Bestandteil des Vertrages. |

**Prüfungstipp:** Sie sollten in der Lage sein, die Art des Mangels zu bestimmen. Nennen Sie dazu auch unbedingt die richtige Stelle im BGB! Erst danach können sie mit den Rechten des Käufers in der Fallbearbeitung fortfahren.

## 12.2 Rügefristen

Wenn ein Sachmangel im Rahmen eines Kaufvertrages auftritt, kann der Käufer verschiedene Rechte geltend machen. Voraussetzung hierfür ist natürlich, dass der Käufer den Schaden beim Verkäufer anzeigt. Es gelten je nach Art des Kaufvertrages und des Mangels verschiedene Fristen, die eingehalten werden müssen. Falls eine solche Frist nicht eingehalten wird, verjähren die Mängelansprüche, § 438 BGB.

| | **Einseitiger Handelskauf** | **Zweiseitiger Handelskauf** |
|---|---|---|
| Offener Mangel | **Zwei Jahre** nach der Lieferung (§ 438 I Nr. 3 BGB) | **Unverzüglich** nach der Lieferung (§ 377 I HGB) |
| Versteckter Mangel | **Zwei Jahre** nach der Lieferung (§ 438 I Nr. 3 BGB) | **Unverzüglich** nach der Entdeckung des Mangels, aber innerhalb von **zwei Jahren** nach der Lieferung (§§ 377 III HGB, 438 I Nr. 3 BGB) |
| Arglistig verschwiegener Mangel | **Drei Jahre** mit dem Schluss des Jahres, in dem der Käufer Kenntnis von der Täuschung erlangt (§§ 438 III, 195, 199 I BGB) | **Drei Jahre** mit dem Schluss des Jahres, in dem der Käufer Kenntnis von der Täuschung erlangt (§§ 377 V HGB, 438 III BGB, 195 BGB, 199 I BGB) |

**Hinweis:** Ein einseitiger Handelskauf liegt vor, wenn nur eine Seite ein „Händler" bzw. ein Unternehmer ist. Die andere Seite ist dann ein Verbraucher. Der einseitige Handelskauf wird deshalb auch **Verbrauchsgüterkauf** genannt. Bei einem zweiseitigen Handelskauf sind zwei Unternehmer die Vertragspartner. Es gelten für diese zwei Arten des Handelskaufs unterschiedliche Regelungen, da Verbraucher besonders geschützt werden. Bei einem zweiseitigen Handelskauf muss die erhaltene Ware durch den Käufer immer unverzüglich geprüft werden, § 377 I BGB. Unterlässt er dies, kann er seine Gewährleistungsansprüche nicht mehr geltend machen.

## 12.3 Rechte des Käufers

Ist die Kaufsache nicht frei von Sach- und Rechtsmängeln, stehen dem Käufer folgende Gewährleistungsansprüche zu. Dabei ist unbedingt zu beachten, dass es vorrangige und nachrangige Käuferrechte gibt:

| Rechte des Käufers bei Mängeln | |
|---|---|
| Vorrangige Rechte | **Nacherfüllung** (§§ 437 Nr. 1, 439 I BGB):<br>• Nachbesserung (Beseitigung des Mangels z.B. durch Reparatur)<br>• Neulieferung<br>Der Käufer kann grundsätzlich die Art der Nacherfüllung bestimmen, § 439 I BGB. Der Verkäufer kann die gewählte Art der Nacherfüllung allerdings verweigern, wenn sie unverhältnismäßig ist, § 439 IV BGB. |
| Nachrangige Rechte | Nachrangige Rechte können erst geltend gemacht werden, wenn die zur Nacherfüllung **gesetzte Frist abgelaufen** ist.<br>Die Fristsetzung entfällt gem. § 440 BGB, wenn:<br>• der Verkäufer die Nacherfüllung verweigert,<br>• bereits zwei Nacherfüllungsversuche fehlschlugen oder<br>• die Nacherfüllung unzumutbar ist.<br>Nachrangige Rechte sind:<br>• Rücktritt vom Vertrag (§§ 437 Nr. 2, 440, 323, 326 V BGB)<br>• Minderung des Kaufpreises (§§ 437 Nr. 2, 441 I BGB)<br>• Schadensersatz statt Leistung (§§ 437 Nr. 3, 440, 280 III, 281 BGB)<br>• Ersatz vergeblicher Aufwendungen (§§ 437 Nr. 3, § 284 BGB)<br>Um die Rechte des Schadensersatzes statt der Leistung oder des Ersatzes vergeblicher Aufwendungen geltend zu machen, muss ein **Verschulden** des Verkäufers vorliegen. Alle anderen Rechte können unabhängig vom Verschulden des Verkäufers durchgesetzt werden. |

**Hinweis:** Im Rahmen des Sachmangels können Sie auch nach der **Beweislastumkehr** (§ 477 BGB) gefragt werden. Diese gilt nur für Verbraucher im Sinne des § 13 BGB. Weitere Informationen finden Sie im Kapitel zum Verbraucherschutz.

**Prüfungstipp:** Ein ganz allgemeiner Tipp ist, dass Sie die Aufgabenstellungen immer genau lesen! Das gilt natürlich nicht nur für den Sachmangel!

Oft wird nur nach den vorrangigen Rechten oder den nachrangigen Rechten gefragt. Sie ersparen sich also viel Zeit, wenn Sie die Fragestellung aus der Aufgabenstellung genau beachten. Sollten Sie eine allgemeine Fragestellung vorliegen haben, dann lassen Sie sich nicht aus der Ruhe bringen. Prüfen Sie zunächst die Art des Mangels und nennen Sie dann die Rügefristen und mögliche Rechte.

**Zurück zum Fallbeispiel:** Beim Sofa liegt ein Sachmangel in Form eines Beschaffenheitsmangels vor, da es nicht die Beschaffenheit aufweist, die bei Sachen der gleichen Art üblich ist und die der Käufer nach der Art der Sache erwarten kann, § 434 I 2 Nr. 2 BGB.

Oskar sollte den Mangel unbedingt beim Möbelhaus anzeigen, spätestens innerhalb von zwei Jahren, § 438 I Nr. 3 BGB. Er kann dann zunächst auf Nacherfüllung bestehen, §§ 437 Nr. 1, 439 I BGB.

**Übungsaufgabe 1:**

Geben Sie für die folgenden Sachverhalte jeweils die Art des Sachmangels an und zitieren Sie den relevanten Paragrafen genau.

1. Paul kauft ein neues Computerspiel im Internet. Er bekommt daraufhin einen Film geliefert.
2. Emre kauft einen Regenschirm. Beim ersten Kontakt mit Wasser weicht der Stoff des Schirms auf und schützt nicht mehr vor dem Regen.
3. Vroni bekommt ein Wohnzimmerregal angeliefert. Dieses baut sie selbst auf. Sie ist der Meinung, dass Anleitungen überflüssig sind und wirft keinen Blick in die Anleitung. Aufgrund eines Montagefehlers stürzt das Regal zwei Tage später ein.
4. Christina erwirbt eine Digitalkamera. Nach drei Monaten geht die Kamera nicht mehr an.
5. Maja kauft einen Express-Milchaufschäumer, welcher heiße und geschäumte Milch innerhalb von 10 Sekunden verspricht. Beim Ausprobieren stellt sie fest, dass der Milchaufschäumer mindestens zwei Minuten benötigt.
6. Mariella kauft ein gebrauchtes Handy bei einem Elektrohändler. Laut Beschreibung hat das Handy keine Gebrauchsspuren. Als es ankommt stellt Mariella massive Gebrauchsspuren fest.

**Lösungsvorschlag:**

1. Mangel in der Art, § 434 III BGB
2. Mangel in der Beschaffenheit – eignet sich nicht für die gewöhnliche Verwendung, § 434 I 2 Nr. 2 BGB
3. Kein Sachmangel, da Selbstverschulden
4. Mangel in der Beschaffenheit – eine gewöhnliche Verwendung ist nicht möglich, § 434 I 2 Nr. 2 BGB
5. Mangel in der Beschaffenheit – entspricht nicht der Werbeaussage, § 434 I 3 BGB
6. Mangel in der Beschaffenheit – entspricht nicht der vertraglichen Beschaffenheit, § 434 I 1 BGB

**Übungsaufgabe 2:**

Geben Sie für die folgenden Sachverhalte jeweils an, ob es sich um einen offenen, versteckten oder arglistig verschwiegenen Mangel handelt. Geben Sie zudem die Art des Handelskaufs sowie die Rügefrist an.

1. Pia verkauft ihrer Schwester eine gebrauchte Uhr. Die Batterie ist leer, weshalb die Uhr nicht läuft.
2. Tanja kauft im Elektrofachmarkt einen Staubsauger. Bei einer Nutzung von 10 Minuten überhitzt der Staubsauger und geht aus.
3. Die Klar & Weg GmbH kauft vom Autohaus Bremer ein neues Auto. Im Lack des Wagens ist eine riesige Beule.
4. Antonella kauft ein mangelfreies Auto bei einem Gebrauchtwagenhändler. Der Händler verschweigt ihr einen Schaden im Getriebe des Wagens.
5. Christos kauft bei einem Internethändler einen Wohnzimmertisch (1,00 m x 1,00 m). Ihm wird ein wesentlich kleinerer Tisch geliefert.

**Lösungsvorschlag:**

1. Kein Handelskauf, da beide Parteien Verbraucher im Sinne des § 13 BGB. Ein Sachmangel liegt ebenfalls nicht vor.
2. Einseitiger Handelskauf – versteckter Mangel – zwei Jahre nach Lieferung
3. Zweiseitiger Handelskauf – offener Mangel – unverzüglich
4. Einseitiger Handelskauf – arglistig verschwiegener Mangel – innerhalb von drei Jahren, beginnend mit dem Schluss des Jahres, in welchem der Mangel entdeckt wurde
5. Einseitiger Handelskauf – offener Mangel – innerhalb von zwei Jahren nach Lieferung

**Übungsfall 1:**

Die volljährige Patrizia kauft beim PC-Händler „Compufit" ein Notebook. Noch am Abend desselben Tages stellt Patrizia enttäuscht fest, dass der Akku schwach ist. Trotz vollständiger Ladung hält das Gerät nur wenige Minuten ohne Stromanschluss aus. Patrizia erklärt am nächsten Tag, dass sie sofort ein neues Gerät wolle.

Muss Patrizia dem PC-Händler Gelegenheit zur Reparatur einräumen?

**Lösungsvorschlag:**

Im vorliegenden Fall liegt beim Notebook ein Beschaffenheitsmangel gem. § 434 I 2 Nr. 2 BGB vor, da sich das Gerät nicht für die gewöhnliche Verwendung eignet. Gem. § 437 Nr. 1 BGB i.V.m. § 439 I BGB. kann Patrizia vorrangig Nacherfüllung verlangen. Dabei kann sie wahlweise die Beseitigung des Mangels oder die Lieferung einer mangelfreien Sache verlangen. Allerdings kann der PC-Händler die gewählte Art der Nacherfüllung verweigern, wenn diese unverhältnismäßig ist § 439 III BGB. Patrizia muss dem PC-Händler also die Gelegenheit zur Reparatur einräumen, wenn diese im Vergleich zur Lieferung einer mangelfreien Sache wesentlich kostengünstiger für den Händler ist.

**Übungsfall 2:**

Am 20.12.2020 kauft RAin Koller für die Kanzlei ein neues Auto. Am 09.05.20201 fällt die Klimaanlage plötzlich während der Fahrt aus. Das Kanzleiauto wird wegen dieses gravierenden Mangels umgehend zweimal zur Reparatur in die Werkstatt des Autohändlers gebracht. Leider funktioniert die Klimaanlage immer noch nicht.

Welche Art des Mangels liegt hier vor?

Welche Rechte kann die Kanzlei nun geltend machen?

**Lösungsvorschlag:**

1. Es handelt sich um einen Sachmangel in der Beschaffenheit, da die Klimaanlage nicht gewöhnlich verwendet werden kann, § 434 I 2 Nr. 2 BGB.

2. Die Kanzlei kann nun die nachrangigen Rechte geltend machen, da zwei Nacherfüllungsversuche erfolglos blieben, § 440 S. 2 BGB. Die Nachrangigen Rechte sind der Rücktritt vom Kaufvertrag, die Minderung des Kaufpreises, Schadensersatz statt Leistung und der Ersatz der vergeblichen Aufwendungen, § 437 Nr. 2, Nr. 3 BGB.

**Übungsfall 3:**

Nadine kauft sich ein Kleid für die Hochzeit einer Freundin in einem Bekleidungsgeschäft. Als sie das Kleid vier Wochen nach Kauf anziehen will, stellt sie fest, dass das Kleid auf der Rückseite einen großen Riss hat. Nadine meldet sich umgehend beim Bekleidungsgeschäft und möchte vom Kaufvertrag zurücktreten. Der Verkäufer verweigert dies, obwohl das Etikett noch am Kleid hängt.

1. Begründen Sie, ob es sich hier um einen Verbrauchsgüterkauf handelt.
2. Der Verkäufer bemängelt, dass Nadine sich zu spät bei ihm gemeldet habe und fordert einen Beweis, dass das Kleid schon bei Übergabe fehlerhaft war. Hat er Recht?
3. Um welchen Mangel handelt es sich im vorliegenden Fall?
4. Kann Nadine vom Kaufvertrag zurücktreten?

**Lösungsvorschlag:**

**1.** Da sich Nadine als Privatperson das Kleid kauft, handelt sie als Verbraucher im Sinne des § 13 BGB. Das Bekleidungsgeschäft ist ein Unternehmen im Sinne des § 14 BGB. Somit handelt es sich um einen Verbrauchsgüterkauf, da ein Kaufvertrag über eine bewegliche Sache zwischen Verbraucher und Unternehmer vorliegt, § 474 I 1 BGB.

**2.** Da es sich um einen einseitigen Handelskauf handelt, kann Nadine den Schaden innerhalb von zwei Jahren nach Lieferung reklamieren, § 438 I Nr. 3 BGB. Sie ist nach vier Wochen also nicht zu spät. Gem. § 477 BGB gilt die Beweislastumkehr zudem erst sechs Monate nach Gefahrenübergang. Nadine muss demnach keinen Beweis vorlegen.

**3.** Es handelt sich um einen Sachmangel (Beschaffenheitsmangel), da sich das Kleid nicht für die gewöhnliche Verwendung eignet und keine Beschaffenheit aufweist, die bei Sachen der gleichen Art üblich ist und die der Käufer nach der Art der Sache erwarten kann, § 434 I 2 Nr. 2 BGB.

**4.** Nadine müsste dem Bekleidungsgeschäft zunächst die Möglichkeit zur Nacherfüllung gewähren und eine angemessene Frist setzen, § 437 Nr. 1 BGB i.V.m. § 439 I BGB. Erst wenn diese erfolglos verstreicht, kann Nadine den Rücktritt vom Kaufvertrag verlangen, § 437 Nr. 2 BGB i.V.m. § 440 BGB.

**Übungsfall 4:**

Das Fahrradfachgeschäft Finke bestellt beim Großhändler Brino fünf Mountainbikes der Marke „Speedy". Die Räder werden am 05.12 geliefert. Aufgrund des stressigen Weihnachtsgeschäftes werden die Räder erst am 20.12 geprüft. Dabei wird festgestellt, dass es sich um Mountainbikes der Marke „MIRA" handelt. Die Räder der Marke „MIRA" sind um einiges günstiger als die bestellten und bezahlten Räder der Marke „Speedy". Herr Finke meldet sich umgehend bei dem Großhändler und verlangt einen Austausch der Räder. Der Großhändler verweigert dies.

1. Handelt es sich um einen Verbrauchsgüterkauf?
2. Welche Art des Mangels liegt vor?
3. Kann der Großhändler Brino den Austausch der Räder verweigern?

**Lösungsvorschlag:**

**1.** Es handelt sich nicht um einen Verbrauchsgüterkauf nach § 474 I 1 BGB, da das Fahrradgeschäft als auch der Großhändler Unternehmer im Sinne des § 14 BGB sind. Es liegt demnach ein zweiseitiger Handelskauf vor.

**2.** Es liegt ein Sachmangel, genauer ein Mangel in der Art, vor, da die falschen Räder geliefert wurden, § 434 III BGB.

**3.** Da es sich um einen zweiseitigen Handelskauf handelt, muss der Käufer die Ware unverzüglich prüfen und den Mangel anzeigen, § 377 I HGB. Da der Mangel offen zu erkennen ist und nicht unverzüglich angezeigt wurde, gilt er als vom Käufer genehmigt, § 377 II HGB. Demnach könnte der Großhändler Brino die Nacherfüllung verweigern.

**Übungsfall 5:**

Cheyenne kauft in einem Elektrofachmarkt eine neue Waschmaschine am 11.10.2021. Nach drei Monaten der Benutzung kann mit der Maschine kein Waschprogramm mehr gestartet werden. Sie meldet sich umgehend bei dem Elektrofachmarkt und bemängelt den Fehler. Der Elektrofachmarkt verspricht ihr Nacherfüllung.

**1.** Welche Art von Mangel liegt vor?
**2.** Welche Möglichkeiten sind bei der Nacherfüllung denkbar und wer bestimmt die Art der Nacherfüllung?
**3.** Wann verjähren die Ansprüche aus dem Mangel?

**Lösungsvorschlag:**

**1.** Es liegt ein Sachmangel in der Beschaffenheit vor, da sich die Waschmaschine nicht mehr benutzen lässt und sich somit nicht mehr für die gewöhnliche Verwendung eignet, § 434 I 2 Nr. 2 BGB.

**2.** Im vorliegenden Fall bedeutet Nacherfüllung, dass der vorhandene Schaden repariert oder eine neue Waschmaschine geliefert wird, § 439 I BGB. Der Käufer bzw. Cheyenne kann gem. § 439 I BGB die Art der Nacherfüllung bestimmen. Nach § 439 IV 1 BGB könnte der Verkäufer die gewählte Art der Nacherfüllung verweigern, wenn sie unverhältnismäßige Kosten verursachen würde.

**3.** Es handelt sich um einen versteckten Mangel aus einem einseitigen Handelskauf. Der Mängelanspruch verjährt somit innerhalb von zwei Jahren, § 438 I Nr. 3 BGB. Die Verjährung beginnt gem. § 438 II BGB mit der Lieferung der Waschmaschine – dem 11.10.2021 um 24:00 Uhr. Die Verjährung tritt demnach am 11.10.2023 um 24:00 Uhr ein.

**Hinweis**: Weitere Informationen finden Sie im Kapitel Verjährung.

**Übungsfall 6:**

Jaromir kauft einen Garderobenschrank bei einem kleinen Möbelhändler. Der Schrank muss selbst zusammengebaut werden. Trotz genauer Lektüre der Montageanleitung, bleiben Jaromir Fragen offen. In Folge dessen setzt er einige Bohrlöcher auf der falschen Seite, die später am Schrank unschön aussehen. Es stellt sich heraus, dass die Anleitung fehlerhaft war. Jaromir würde den Schrank gerne behalten und einen Rabatt aushandeln.

**1.** Welche Art des Mangels liegt vor?
**2.** Kann Jaromirs Wunsch durchgesetzt werden?

**Lösungsvorschlag:**

**1.** Jaromir setzt die Bohrlöcher aufgrund einer fehlerhaften Anleitung falsch. Es handelt sich also um einen Sachmangel in Form einer fehlerhaften Montageanleitung, § 434 II BGB.

**2.** Jaromir muss dem Möbelhändler zunächst die Möglichkeit zur Nacherfüllung einräumen, § 437 Nr. 1 BGB i.V.m. § 439 I BGB. Die Nacherfüllung könnte eine Neulieferung oder die Reparatur der Bohrlöcher sein. Der Wunsch, einen Rabatt zu erhalten bzw. den Kaufpreis zu mindern, gehört zu den nachrangigen Rechten und kann erst nach dem vorrangigen Recht der Nacherfüllung durchgesetzt werden, § 437 Nr. 2 BGB i.V.m. § 441 BGB.

**Übungsfall 7:**

Diana hat einen Saugroboter bei einem Onlinehändler gekauft. Schon beim ersten Gebrauch muss sie feststellen, dass der Roboter nicht richtig saugt. Sie meldet sich umgehend beim Onlinehändler und wünscht sich einen Austausch des Geräts. Der Onlinehändler bietet ihr allerdings nur eine Reparatur an. Diana schickt den Roboter ein und erhält ihn nach fünf Wochen zurück. Leider funktioniert der Roboter immer noch nicht.

1. Welche Art des Mangels liegt vor?
2. Hätte der Onlinehändler Dianas Wunsch der Neulieferung sofort erfüllen müssen?
3. Sind die Voraussetzungen erfüllt, so dass Diana nachrangige Rechte geltend machen kann?

**Lösungsvorschlag:**

**1.** Es liegt ein Sachmangel vor, da die Beschaffenheit des Roboters eine gewöhnliche Verwendung nicht ermöglicht, § 434 I 2 Nr. 2 BGB.

**2.** Die Art der Nacherfüllung kann grundsätzlich durch den Käufer bestimmt werden, § 439 I BGB. Allerdings kann der Verkäufer die gewählte Art der Nacherfüllung verweigern, wenn diese unverhältnismäßige Kosten verursachen würde, § 439 IV 1 BGB. Falls dies der Fall ist, musste der Onlinehändler nicht auf Dianas Wunsch eingehen.

**3.** Damit Diana die nachrangigen Rechte geltend machen könnte, müsste sie zunächst eine Frist zur Nacherfüllung setzen. Der Verkäufer müsste daraufhin die Nacherfüllung verweigern oder es müssten zwei Nacherfüllungsversuche fehlschlagen, § 440 BGB. Da keine Frist gesetzt wurde und bisher nur ein Nacherfüllungsversuch erfolglos war, kann Diana noch keine nachrangigen Rechte geltend machen.

# 13. Lieferverzug

**Fallbeispiel:** Die 18-jährige Susanne zieht aus ihrem Elternhaus zum 01.09. aus. Für ihre kleine 1-Zimmer-Wohnung hat sie sich eine Küche in einem Küchenstudio planen lassen und bestellt. Die Lieferung und die Montage der Küche sollen laut Studio am 02.09 erfolgen. Am 02.09. wartet Susanne den ganzen Tag in ihrer Wohnung, jedoch wird die Küche leider aufgrund einer Überlastung wegen vieler Aufträge des Küchenstudios nicht angeliefert. Sie fragt sich, ob sie die Küche noch angeliefert bekommt, und ob sie mit einer Entschädigung rechnen kann.

**Grundsatz:** Der Verkäufer verpflichtet sich, beim Kaufvertrag die Kaufsache zu übergeben und das Eigentum an der Sache zu verschaffen, § 433 I 1 BGB. Er muss die Sache also „liefern". Wenn eine bestellte Ware des Verkäufers nicht rechtzeitig geliefert wird, kann der Verkäufer in Lieferverzug nach § 286 BGB geraten. Aus einem Lieferverzug ergeben sich für den Käufer verschiedene Rechte.

## 13.1 Voraussetzungen für den Lieferverzug

Für den Lieferverzug müssen bestimmte Voraussetzungen erfüllt sein, damit dieser als Lieferverzug gilt und der Käufer Rechte geltend machen kann. Es reicht nicht aus, wenn die Lieferung nicht umgehend erfolgt.

| **Voraussetzung für den Lieferverzug nach § 286 BGB** | |
|---|---|
| 1. Voraussetzung = **Fälligkeit** der Leistung | Die Lieferung ist<br>• **sofort** fällig, falls kein genauer Liefertermin vereinbart wurde (§ 271 I BGB) oder<br>• spätestens zum **vereinbarten Termin** fällig (§ 271 II BGB). |
| 2. Voraussetzung = **Mahnung** | Der Gläubiger (Käufer) muss mahnen, um den Schuldner (Verkäufer) in Verzug zu setzen, § 286 I 1 BGB.<br>Die Mahnung ist nach § 286 II BGB entbehrlich, wenn:<br>• die Lieferung nach dem Kalender bestimmt ist (z.B. Lieferung am 12.08.),<br>• der Liefertermin nach dem Kalender berechnet werden kann (z.B. Lieferung 14 Tage nach Zahlung),<br>• der Verkäufer die Lieferung endgültig und ernsthaft verweigert, oder<br>• besondere Gründe vorliegen (z.B. der Verkäufer kündigt die Lieferung selbst an) |
| 3. Voraussetzung = **Verschulden** des Verkäufers | Der Schuldner (Verkäufer) muss den Verzug durch Vorsatz (z.B. absichtliches Unterlassen der Lieferung) oder Fahrlässigkeit (z.B. Vergessen der Lieferung) verschulden. Verspätet sich die Lieferung aus Gründen, die der Verkäufer nicht zu verantworten hat (z.B. Schneesturm), so gerät er nicht in Verzug, § 286 IV BGB. |
| Nur wenn alle Voraussetzungen erfüllt sind, befindet sich der Verkäufer in Lieferverzug! | |

## 13.2 Rechte des Käufers

| Rechte des Käufers bei Lieferverzug | | | |
|---|---|---|---|
| Lieferung | Ohne Frist | Lieferung verlangen<br>+ Schadensersatz wegen Verzögerung der Lieferung,<br>§ 280 I 1 BGB | Der Käufer kann weiterhin auf Lieferung der Ware bestehen und zusätzlich Schadensersatz wegen Verzögerung der Leistung (§ 280 I BGB) verlangen.<br>Der Verzögerungsschaden umfasst alle Kosten, die dem Käufer durch die verspätete Lieferung entstehen (z.B. Miete für Lagerplatz, Produktionsausfall etc.) |
| Keine Lieferung | Fristsetzung rforderlich | Schadensersatz statt der Leistung,<br>§ 281 I 1 BGB | Hier wird der Leistungsanspruch des Käufers in einen Schadensersatzanspruch umgewandelt. Statt der Lieferung fordert der Käufer nun Schadensersatz in Form einer Geldzahlung. |
| | | Rücktritt wegen nicht erbrachter Leistung,<br>§ 323 BGB | Der Käufer kann auch vom Kaufvertrag zurücktreten. Damit erlischt für beide Vertragspartner die jeweilige Leistungspflicht.<br>Ein Verschulden des Lieferers muss im Gegensatz zum Schadensersatz hierfür nicht vorliegen. |

**Prüfungstipp:** Prüfen Sie zunächst immer, ob die Voraussetzungen für den Lieferverzug gem. § 286 BGB erfüllt sind und gehen Sie erst dann auf die Rechte des Käufers ein. Falls die Voraussetzungen des § 286 BGB nicht erfüllt sind, kann der Käufer auch keine Rechte geltend machen.

**Zurück zum Fallbeispiel:** Durch den Kaufvertrag zwischen Susanne und dem Küchenstudio wird das Küchenstudio zu Lieferung verpflichtet, § 433 I 1 BGB. Da die Lieferung für den 02.09. vereinbart war, ist die Lieferung ab diesem Tag fällig, § 271 II BGB. Aufgrund des vereinbarten Liefertermins ist auch die Mahnung nicht erforderlich, § 286 II Nr. 1 BGB. Dazu hat das Küchenstudio den Verzug zu verantworten, da zu viele Aufträge angenommen wurden, § 286 IV BGB.

Susanne könnte nun auf die Lieferung bestehen und zusätzlich Schadensersatz fordern, falls ihr ein Schaden entstanden ist, § 281 I BGB.

**Übungsfall 1:**

Sabrina hat ihrer Arbeitskollegin Mila ihren Kleinwagen für 4.000,00 € verkauft. Sabrina ist jedoch aufgrund eines privaten Streites über Mila verärgert und wartet deshalb mit der Übergabe ab. Da Mila den Wagen dringend für eine Geschäftsreise benötigt, mietet sie sich kurzerhand für 100,00 € ein Ersatzfahrzeug. Als sie von der Geschäftsreise zurückkehrt, verlangt sie von Sabrina endlich die Lieferung des Wagens und den Ersatz der 100,00 €.

Muss Sabrina der Aufforderung von Mila nachkommen?

**Lösungsvorschlag:**

Aufgrund eines wirksamen Kaufvertrages hat Mila das Recht auf die Lieferung des Wagens, § 433 I 1 BGB. Da kein Termin für die Übergabe vereinbart wurde, ist die Lieferung sofort fällig, § 271 I BGB. Sabrina hat den Verzug außerdem verschuldet, da sie den Wagen vorsätzlich nicht liefert, § 286 IV BGB. Allerdings hat Mila nicht gem. § 286 I 1 BGB gemahnt. Somit liegt kein Lieferverzug vor und Sabrina muss die 100,00 € nicht ersetzen. Die Pflicht zur Lieferung des Wagens besteht weiterhin.

**Übungsfall 2:**

Am 20.10. verkauft Anton eine gebrauchte Waschmaschine an Felix. Sie vereinbaren, dass Anton die Waschmaschine zehn Tage nach Zahlung liefert. Felix zahlt gleich bei Abschluss des Kauvertrages. Als die Lieferung am 02.11. noch nicht erfolgt ist, mahnt Felix diese bei Anton an.

Befindet sich Anton in Lieferverzug?

**Lösungsvorschlag:**

Nach § 433 I 1 BGB ist Anton zur Lieferung der Waschmaschine verpflichtet. Da Felix gleich am 20.10. gezahlt hat, lässt sich als spätester Liefertermin der 03.11. bestimmen. Die Lieferung kann gem. § 271 II BGB nicht im Voraus verlangt werden. Somit ist die Lieferung noch nicht fällig und es liegt kein Lieferverzug gem. § 286 BGB vor.

**Übungsfall 3:**

Doreen kauft am 03.03. über eine Verkaufsplattform im Internet ein personalisiertes Küchenbrett. Auf dem Brett wird ihr Name eingraviert. Die Lieferung soll innerhalb von 14 Tagen nach Kauf erfolgen. Die Verkäuferin Irmgard vergisst den Auftrag. Am 25.03 ist immer noch keine Lieferung erfolgt, so dass Doreen sich verärgert bei der Verkäuferin meldet und ihren sofortigen Rücktritt erklärt.

**1.** Liegt ein Lieferverzug vor?
**2.** Kann Doreen am 25.03. mit sofortiger Wirkung zurücktreten?

**Lösungsvorschlag:**

**1.** Zwischen Doreen und Irmgard liegt ein Kaufvertrag vor, welcher Irmgard zur Lieferung verpflichtet, § 433 I 1 BGB. Am 25.03. ist die Lieferung fällig, da die 14 Tage bereits am 17.03. abgelaufen sind, § 286 I 1 BGB. Zudem ist eine Mahnung gem. § 286 II Nr. 2 BGB nicht erforderlich, da sich die Leistung nach dem Kalender berechnen lässt. Irmgard hat den Verzug aufgrund von Fahrlässigkeit zu verschulden, da sie den Auftrag vergessen hat, § 286 IV BGB. Somit liegt ein Lieferverzug gem. § 286 BGB vor.

**2.** Damit Doreen vom Kaufvertrag zurücktreten kann, muss sie zunächst eine angemessene Frist zur Nacherfüllung setzen, § 323 I BGB. Dies ist noch nicht erfolgt, weshalb Doreen nicht mit sofortiger Wirkung zurücktreten kann.

**Übungsfall 4:**

Nicholas kauft am 01.04. bei einem Autohaus ein neues Auto. Das Auto soll ihm laut Kaufvertrag am 30.06 angeliefert werden. Am 30.06. gerät der anliefernde LKW schuldlos in einen Unfall. Ein andere LKW fährt dem Autolaster mit 80 km/h ins Heck. Nicholas Auto erleidet dadurch einen Totalschaden. Das Autohaus meldet sich bei Nicholas und erklärt ihm, dass sich die Lieferung um drei Monate verzögert, da ein neues Auto geliefert werden muss.

Liegt ein Lieferverzug vor?

**Lösungsvorschlag:**

Durch den Kaufvertrag zwischen Nicholas und dem Autohaus, wird das Autohaus zur Lieferung verpflichtet, § 433 I 1 BGB. Die Lieferung ist am 30.06. fällig und bedarf deshalb keiner Mahnung, § 286 I, II Nr.1 BGB. Allerdings hat der Verkäufer die Ursache des Verzugs nicht zu verantworten, da bei dem Unfall weder Vorsatz noch Fahrlässigkeit vorliegen. Aus diesem Grund kommt das Autohaus nicht in Lieferverzug, § 286 IV BGB.

**Übungsfall 5:**

Paul ordert bei einem Caterer ein reichhaltiges Buffet für seine Hochzeit. Die Lieferung des Buffets soll laut Kaufvertrag am 14.08.21 um 18:00 Uhr fix erfolgen. Aufgrund eines Fehlers im Büro des Caterers wird die Lieferung vergessen. Am 14.08.21 um 23:00 Uhr erklärt Paul den Rücktritt vom Kaufvertrag. Der Caterer behauptet am Morgen des 15.08., dass Paul eine Nachfrist setzen müsste und kündigt die Lieferung des Buffets für den 16.08.21 um 14:00 Uhr an.

**1.** Liegt ein Lieferverzug vor?
**2.** Hat der Caterer Recht und muss Paul das Buffet am 16.08.21 noch abnehmen?

**Lösungsvorschlag:**

**1.** Durch den Kaufvertrag zwischen dem Caterer und Paul wird der Caterer zur Lieferung verpflichtet, § 433 I 1 BGB. Durch die Vereinbarung eines Liefertermins ist die Fälligkeit am Abend des 14.08.21 gegeben, § 286 I 1 BGB. Eine Mahnung wird nicht benötigt, da die Lieferung nach dem Kalender bestimmt ist, § 286 II Nr. 1 BGB. Auch ein Verschulden des Caterers ist aufgrund des Fehlers gegeben, § 286 IV BGB. Demnach liegt ein Lieferverzug vor.

**2.** Gem. § 323 BGB kann der Käufer bei Lieferverzug vom Vertrag zurücktreten. Allerdings muss hierfür eine angemessene Nachfrist gesetzt werden, damit der Verkäufer seine Pflichten noch erfüllen kann, § 323 I BGB. Die Fristsetzung entfällt allerdings, wenn ein Termin bestimmt ist und die Lieferung zu diesem Zeitpunkt für den Käufer wesentlich ist, § 323 II Nr. 2 BGB. Dies ist bei einem Hochzeitsbuffet erfüllt, da die Lieferung am 16.08.21 keinen Sinn mehr macht. Somit muss Paul das Buffet am 16.08. nicht mehr abnehmen.

# 14. Zahlungsverzug

**Fallbeispiel:** Die 18-jährige Susanne zieht aus ihrem Elternhaus zum 01.09. aus. Für ihre kleine 1-Zimmer-Wohnung hat sie sich eine Küche in einem Küchenstudio planen lassen und bestellt. Den Kaufpreis über 5.000,00 € soll sie laut Rechnung bis zum 31.08. begleichen. Über den Umzugsstress vergisst Susanne die Überweisung. Am 03.09. hat Susanne eine Mahnung mit Mahngebühren von 8,50 € im Briefkasten. Außerdem kündigt das Küchenstudio weitere rechtliche Schritte gegen sie an. Susanne ist extrem verunsichert und überweist die 5.000,00 € sofort. Bei den 8,50 € ist sie verunsichert.

Muss Susanne die Gebühren auch zahlen, wenn sie sofort überwiesen hat?

**Grundsatz:** Durch den Kaufvertrag verpflichtet sich der Käufer zur Abnahme der Sache sowie zur Zahlung des vereinbarten Preises, § 433 II BGB. Zahlt der Käufer nicht, liegt eine Pflichtverletzung vor und er kann unter bestimmten Voraussetzungen in Zahlungsverzug nach § 286 BGB geraten.

## 14.1 Voraussetzungen für den Zahlungsverzug

Ähnlich wie beim Lieferverzug müssen für den Zahlungsverzug bestimmte Voraussetzungen erfüllt sein, damit der Gläubiger der Leistung Rechte geltend machen kann. Beim Zahlungsverzug ist der Gläubiger der Verkäufer und der Schuldner der Leistung (Zahlung) ist der Käufer.

| Voraussetzung für den Zahlungsverzug nach § 286 BGB | |
|---|---|
| 1. Voraussetzung = **Fälligkeit** der Leistung | Die Zahlung ist<br>sofort fällig, falls kein genauer Termin vereinbart wurde (§ 271 I BGB) oder<br>spätestens zum **vereinbarten Termin** fällig (§ 271 II BGB). |
| 2. Voraussetzung = **Mahnung** | Der Gläubiger (Verkäufer) muss mahnen, um den Schuldner (Käufer) in Verzug zu setzen, § 286 I 1 BGB.<br>Die Mahnung ist nach § 286 II BGB entbehrlich, wenn:<br>die Zahlung nach dem Kalender bestimmt ist (z.B. Zahlung bis zum 12.08.),<br>der Zahlungstermin nach dem Kalender berechnet werden kann (z.B. Zahlung 14 Tage nach Lieferung),<br>der Käufer die Zahlung endgültig und ernsthaft verweigert, oder<br>besondere Gründe vorliegen (z.B. Käufer verspricht die Zahlung innerhalb eines Monats)<br>Bei Geldforderungen tritt der Verzug aber unabhängig von einer Mahnung **spätestens 30 Tage nach Fälligkeit** und Zugang einer Rechnung ein. Ist der Schuldner jedoch ein Verbraucher, so gilt diese Regelung nur, wenn er in der Rechnung auf diese Folgen besonders hingewiesen wurde, § 286 III BGB. |
| 3. Voraussetzung = **Verschulden** des Verkäufers: Bei Geldschulden liegt regelmäßig ein Verschulden aufgrund von Vorsatz oder Fahrlässigkeit vor! | |
| Nur wenn alle Voraussetzungen erfüllt sind, befindet sich der Verkäufer in Zahlungsverzug! | |

## 14.2 Rechte des Verkäufers beim Zahlungsverzug

| Rechte des Verkäufers beim Zahlungsverzug | | | |
|---|---|---|---|
| **Zahlung verlangen** | Ohne Frist | Zahlung verlangen<br>+ Schadensersatz wegen Verzögerung der Zahlung,<br>§ 280 I 1 BGB | Der Verkäufer kann weiterhin auf Bezahlung des Kaufpreises bestehen und zusätzlich Schadensersatz wegen Verzögerung der Leistung (§ 280 I BGB) verlangen.<br>Verzögerungsschäden sind Kosten, die dem Käufer durch die Verzögerung der Zahlung ab dem Verzugseintritt entstehen (§ 280 II BGB).<br>**Beispiele für Verzögerungsschäden:**<br>• Kosten wie Mahngebühren, Bearbeitungspauschalen, Porto, Honorarrechnungen von Rechtsanwälten etc.<br>**UND**<br>• Gesetzliche Verzugszinsen (§ 288 BGB): Verbrauchsgüterkauf: **5 %-Punkte** über dem Basiszinssatz (§ 247 BGB). Zweiseitiger Handelskauf: **9 %-Punkte** über dem Basiszinssatz (§ 247 BGB) und Zahlung einer Pauschale i. H. v. 40,00 €.<br>**ODER**<br>• Vertraglich vereinbarte Verzugszinsen |
| **Zahlung ablehnen** | Fristsetzung erforderlich | Schadensersatz statt der Leistung,<br>§ 281 I 1 BGB | Gem. § 281 BGB kann der Verkäufer auch die Zahlung des Kaufpreises ablehnen und Schadensersatz statt der Leistung verlangen. Dadurch erlischt zwar der Anspruch des Verkäufers auf die Leistung der Zahlung, dafür kann er aber die Ware (das Geleistete) zurückfordern (§§ 281 V und 346 bis 348 BGB).<br>Als Alternative zu Schadensersatz statt der Leistung kann der Verkäufer auch den Ersatz vergeblicher Aufwendungen nach § 284 BGB vom Käufer einfordern (z.B. Vertragskosten). |
| | | Rücktritt wegen nicht erbrachter Leistung,<br>§ 323 BGB | Der Rücktritt (mit oder ohne Schadensersatz) ist für den Verkäufer insbesondere dann sinnvoll, wenn die Kaufsache noch vom Kunden zurückgefordert werden kann. Der Verkäufer hat gegenüber dem Käufer einen Anspruch, dass alle durch die Nutzung erlangten Gebrauchsvorteile und Wertminderungen ersetzt werden. |

**Prüfungstipp:** Prüfen Sie zunächst immer, ob die Voraussetzungen für den Zahlungsverzug gem. § 286 BGB erfüllt sind und gehen Sie erst dann auf die Rechte des Verkäufers ein. Beachten Sie auch, dass Mahngebühren und sonstige Verzögerungsschäden erst geltend gemacht werden können, wenn der Käufer bereits das erste Mal gemahnt wurde und mit der Mahnung in den Verzug gesetzt wurde. Die erste Mahnung entfällt, wenn die Voraussetzungen des § 286 II BGB erfüllt sind.

**Zurück zum Fallbeispiel:** Durch den Kaufvertrag zwischen Susanne und dem Küchenstudio wird Susanne zur Zahlung der 5.000,00 € verpflichtet, § 433 II BGB.

Für die Zahlung wurde vereinbart, dass diese bis zum 31.08 vorgenommen wird, § 271 II BGB. Somit ist die Zahlung fällig und die Mahnung entfällt aufgrund der Terminvereinbarung, § 286 I, II Nr. 1 BGB. Die Voraussetzungen für den Zahlungsverzug sind gem. 286 BGB erfüllt.

Dadurch ist das Küchenstudio berechtigt, Schadensersatz in Form von Mahngebühren zu verlangen, § 280 I, II BGB. Susanne muss die Gebühren bezahlen, obwohl sie die 5.000,00 € sofort überwiesen hat.

**Übungsfall 1:**

Schreiner Sepp repariert den Wintergarten des Herrn Ebert am 12.01.2022. Über den Zahlungstermin haben beide Vertragspartner nichts vereinbart. Am 15.01.2022 erhält Herr Ebert die Rechnung über 1.200,00 € mit dem Vermerk, sie sei sofort ohne Abzüge zahlbar. Herr Ebert, ein vielbeschäftigter Mann, vergisst die Rechnung. Er erhält am 29.01.2022 eine Mahnung mit dem Hinweis, die Rechnung unverzüglich zu begleichen. Als Herr Ebert am 20.03.2022 noch immer nicht bezahlt hat, erhält er eine zweite Mahnung mit der Aufforderung, nunmehr 5 % Zinsen zzgl. Basiszinssatz ab dem 12.01.2022 zu zahlen.

Ist die Forderung berechtigt?

**Lösungsvorschlag:**

Zunächst hat Herr Ebert gem. § 433 II BGB die Pflicht, die Kaufsumme i.H.v. 1.200,00 € zu zahlen. Die Zahlung war sofort mit Eingang der Rechnung fällig, was der gesetzlichen Regelung nach § 271 I BGB entspricht. Die Mahnung erfolgte am 29.01.2022, womit Herr Ebert in Zahlungsverzug gerät, § 286 I 1 BGB.

Herr Ebert ist daher verpflichtet, nach § 280 I, II BGB die Kaufpreisforderung zu begleichen sowie Schadensersatz wegen Verzugs zu leisten. Schreiner Sepp hat daher Anspruch auf Verzugszinsen in Höhe von 5 %-Punkten über dem Basiszinssatz gem. § 288 I 2 BGB i.V.m. § 247 BGB aus der Kaufsumme i.H.v. 1.200,00 € seit dem 29.01.2022. Die Forderung des Schreiner Sepps ist also nur teilweise berechtigt.

**Übungsfall 2:**

Die Baumaschinenfirma Mühl-GmbH in München verkauft am 03.08.2021 dem Bauunternehmen Klein KG in Straubing einen Bagger für 10.000,00 €. Die Rechnung geht mit dem Bagger am 07.08.2021 bei der Klein KG in Straubing ein. Am 30.09.2021 hat die Klein KG immer noch nicht gezahlt.

**1.** Liegt im vorliegenden Fall ein Zahlungsverzug vor?
**2.** Ist die Mühl-GmbH berechtigt, Verzugszinsen zu fordern? In welcher Höhe?
**3.** Wann würde die Kaufpreisforderung verjähren?

**Lösungsvorschlag:**

**1.** Die Mühl GmbH hat einen Anspruch auf die Bezahlung der 10.000,00 €, § 433 II BGB. Da für die Zahlung kein Termin vereinbart wurde, ist diese sofort mit dem Rechnungsdatum fällig, § 271 I BGB. Eine Mahnung durch die Mühl-GmbH wurde nicht getätigt. Die Mahnung ist allerdings gem. § 286 III BGB nicht erforderlich, da seit dem Zugang und der Fälligkeit der Rechnung bereits mehr als 30 Tage vergangen sind. Es handelt sich zudem um einen zweiseitigen Handelskauf, weshalb ein Zahlungsverzug gem. § 286 BGB vorliegt.

**2.** Da der Kaufvertrag zwischen zwei Unternehmern im Sinne des § 14 BGB geschlossen wurde, liegt ein zweiseitiger Handelskauf vor. Durch den Zahlungsverzug kann die Mühl-GmbH Schadensersatz in Form von Verzugszinsen geltend machen § 280 I, II BGB. Da ein zweiseitiger Handelskauf vorliegt, sind die Verzugszinsen mit 9 %-Punkten über dem Basiszinssatz anzusetzen § 288 II BGB i.V.m. § 247 BGB.

**3.** Die regelmäßige Verjährungsfrist tritt nach drei Jahren, beginnend mit dem Ablauf des Jahres indem der Anspruch entstanden ist, ein, § 195 BGB i.V.m. § 199 I BGB. Da der Zahlungsanspruch am 07.08.21 fällig ist, tritt die Verjährung am 31.12.2024 um 24:00 Uhr ein.

**Hinweis**: Weitere Informationen zur Berechnung einer Verjährungsfrist finden Sie im Kapitel Verjährung.

**Übungsfall 3**

Die Rechtsanwaltsfachangestellte Dani kauft am 13.03.2021 für 3.000,00 € neue Wohnzimmermöbel von der Möbel GmbH. Die Möbel werden am 24.03.2021 geliefert. Die Rechnung erhält Dani erst am 29.03.2021.

Am 11.04.2021 erhält Dani eine Mahnung wegen nicht geleisteter Zahlung.

**1.** Liegt ein Zahlungsverzug vor?
**2.** Ab welchem Zeitpunkt und in welcher Höhe kann die Müller GmbH Verzugszinsen verlangen?

**Lösungsvorschlag:**

**1.** Dani ist durch den Abschluss des Kaufvertrages verpflichtet, die 3.000,00 € an die Müller GmbH zu zahlen, § 433 II BGB. Die Zahlung ist Kraft Gesetz am 29.03.2021 sofort mit Zugang der Rechnung fällig, § 271 I BGB. Die Mahnung erfolgt nach § 286 I 1 BGB am 11.04.2021. Somit befindet sich Dani ab diesem Zeitpunkt im Zahlungsverzug gem. § 286 BGB.

**2.** Da es sich um einen einseitigen Handelskauf handelt, sind die Verzugszinsen mit 5 %-Punkten über dem Basiszinssatz anzusetzen, § 288 I 2 BGB i.V.m. § 247 BGB. Die Verzugszinsen können während des Verzugs verlangt werden, also ab dem 11.04.2021, § 288 I 1 BGB.

**Übungsfall 4:**

Anna-Lena kauft sich am 10.04.2021 einen Kühlschrank in einem Küchenfachgeschäft. Den Kühlschrank nimmt Anna-Lena gleich mit. Die Rechnung über 800,00 € erhält sie am 12.04.2021. Ein Zahlungstermin ist nicht aufgeführt. Am 04.05.2021 erhält Anna-Lena eine Mahnung inklusive Mahngebühren in Höhe von 30,00 €. Anna-Lena überweist den Rechnungsbetrag ohne die Mahngebühren umgehend.

**1.** Sind die Voraussetzungen für einen Zahlungsverzug erfüllt?
**2.** Ist Anna-Lena verpflichtet, die Mahngebühren zu bezahlen?

**Lösungsvorschlag:**

**1.** Anna-Lena wird durch den geschlossenen Kaufvertrag zur Zahlung der 800,00 € verpflichtet, § 433 II BGB. Da kein Zahlungstermin vereinbart wurde, ist die Zahlung sofort mit dem Erhalt der Rechnung fällig, § 271 I BGB. Nach § 286 I 1 BGB ist zudem eine Mahnung notwendig, damit der Zahlungsverzug eintritt. Das Mahnschreiben geht bei Anna-Lena am 04.05.2021 ein. Ab diesem Zeitpunkt befindet sie sich demnach in Zahlungsverzug nach § 286 BGB.

**2.** Verzögerungsschäden wie Mahngebühren oder Bearbeitungsgebühren gem. § 280 I, II BGB können gefordert werden, wenn die Voraussetzungen des § 286 BGB erfüllt sind. Anna-Lena wird jedoch erst mit der Mahnung in den Zahlungsverzug gesetzt, womit noch kein Schadensersatz für die 1. Mahnung geltend gemacht werden kann. Somit muss Anna-Lena die Mahnung nicht bezahlen.

**Übungsfall 5:**

Dunja kauft einen Hometrainer für 900,00 € im Internet. Die Rechnung erhält sie am 20.10.2021. Sie enthält kein Zahlungsdatum oder andere Angaben zur Fälligkeit der Zahlung. Am 25.11.2021 informiert sie der Verkäufer, die Sportladen GmbH, dass sich Dunja seit dem 19.11.2021 im Zahlungsverzug befindet, da gem. § 286 III BGB 30 Tage vergangen seien. Er fordert ab dem 19.11.2021 Verzugszinsen in Höhe von 5 %-Punkten über dem Basiszinssatz.

Hat die Sportladen GmbH mit ihrer Behauptung Recht?

**Lösungsvorschlag:**

Dunja ist durch den Kaufvertrag verpflichtet, den Kaufpreis zu bezahlen, § 433 II BGB. Die Rechnung ist sofort mit Zugang am 20.10.2021 fällig, § 271 I BGB. Nach § 286 III BGB wird ein Käufer spätestens nach 30 Tagen nach Rechnungseingang und Fälligkeit auch ohne Mahnung in Zahlungsverzug gesetzt. Allerdings muss ein Verbraucher gesondert auf diese Regelung hingewiesen werden. Dies ist im vorliegenden Fall nicht erfolgt, so dass diese Regelung hier nicht greift. Somit würde Dunja frühestens mit dem Zugang einer Mahnung in Zahlungsverzug geraten. Die Sportladen GmbH liegt demnach falsch.

# 15.
# Annahmeverzug

**Fallbeispiel:** Die 18-jährige Susanne zieht aus ihrem Elternhaus zum 01.09 aus. Für ihre kleine 1-Zimmer-Wohnung hat sie sich eine Küche für 5.000,00 € in einem Küchenstudio planen lassen und bestellt. Die Küche soll laut Verkäufer am 02.09. zwischen 14:00 und 16:00 Uhr geliefert werden. Susanne vergisst über den Umzugsstress den Liefertermin und ist zu der Lieferzeit nicht zu Hause. Da Susanne die Küche nicht annimmt, wird die Küche an einen zufällig anwesenden Nachbarn verkauft. Gleich am nächsten Tag hat sie eine Rechnung für die vergebliche Anlieferung über 250,00 € im Briefkasten. Außerdem sei die Küche bereits an einen Nachbarn für 4.250,00 € weiterverkauft worden. Susanne soll nun auch den Differenzbetrag von 750,00 € bezahlen.

Ist das Küchenstudio zu diesem Vorgehen berechtigt?

**Grundsatz:** Durch den Kaufvertrag verpflichtet sich der Käufer zur Abnahme der Sache sowie zur Zahlung des vereinbarten Preises, § 433 II BGB. Nimmt der Käufer die Ware nicht an, liegt eine Pflichtverletzung vor und er kann unter bestimmten Voraussetzungen in Annahmeverzug nach § 293 BGB geraten. Der Käufer ist beim Annahmeverzug der Gläubiger der Lieferung. Deshalb spricht man auch vom Gläubigerverzug.

## 15.1 Voraussetzungen für den Annahmeverzug

Ähnlich wie beim Lieferverzug und dem Zahlungsverzug müssen für den Annahmeverzug bestimmte Voraussetzungen erfüllt sein, damit der Verkäufer verschiedene Rechte geltend machen kann.

| **Voraussetzung für den Annahmeverzug nach § 293 BGB** | |
|---|---|
| 1. Voraussetzung = **Fällige** Lieferung wird **nicht angenommen** | In Annahmeverzug gerät der Käufer, wenn er die fällige und die vom Verkäufer zur rechten Zeit, am rechten Ort in der richtigen Art und Weise angebotene Leistung nicht annimmt.<br><br>Die Lieferung ist<br>• sofort fällig, falls kein genauer Termin vereinbart wurde (§ 271 I BGB) oder<br>• spätestens zum vereinbarten Termin fällig (§ 271 II BGB).<br>Falls die Lieferung vor dem vereinbarten Termin erfolgt und der Käufer diese ablehnt, gerät der Käufer noch nicht in Annahmeverzug. |
| 2. Voraussetzung = **Tatsächliches Angebot,** § 294 BGB | Die Lieferung muss dem Käufer tatsächlich angeboten werden. Es tritt demnach kein Annahmeverzug ein, wenn der Verkäufer keinen Lieferungsversuch unternimmt. |

| | |
|---|---|
| | Bei den folgenden Ausnahmen nach § 295 BGB genügt ein wörtliches Angebot:<br>• Der Käufer erklärt vor der Lieferung, dass er diese nicht annehmen werde.<br>• Der Käufer holt die Ware bei einer Selbstabholung nicht ab. |

## 15.2 Rechte des Verkäufers beim Annahmeverzug

Falls ein Annahmeverzug vorliegt, bewirkt dieser gleich die Änderung der **Haftungsbestimmungen**. Gem. § 300 I BGB haftet der Verkäufer nur noch bei Vorsatz und grober Fahrlässigkeit. Die **Gefahr** eines unverschuldeten Transportschadens geht mit dem Eintritt des Annahmeverzugs auf den Käufer über, § 300 II BGB.

| Rechte des Verkäufers beim Annahmeverzug | | |
|---|---|---|
| Annahme verlangen | Hinterlegung der Ware , §§ 372 ff. BGB | Nimmt der Kunde die ordnungsgemäß gelieferte Ware nicht an, kann der Verkäufer kostbare Ware in einem öffentlichen Lagerhaus oder sonst in einer sicheren Weise (Spedition) einlagern. Die Einlagerung geschieht auf Kosten und Gefahr des Käufers. Die Hinterlegungsstelle (Bsp.: öffentliches Lagerhaus) ist dem Käufer unverzüglich anzuzeigen. Der Verkäufer wird dann versuchen, den Käufer außergerichtlich oder gerichtlich zur Abnahme der Ware zu bringen. |
| Annahme verlangen | Klage auf Abnahme | Der Verkäufer kann auch auf die Abnahme der Sache klagen. Dies ist insbesondere dann sinnvoll, wenn die Ware nicht oder nur mit Verlust<br>verkauft werden kann (z.B. Sonderanfertigung). |
| Annahme ablehnen | Selbsthilfe- & Notverkauf, §§ 383 ff. BGB | Der Verkäufer kann die Ware vor Ort verkaufen, wenn diese nicht eingelagert werden kann. Er muss den Verkauf dem Käufer vorher androhen und Zeit und Ort des Verkaufs mitteilen **(Selbsthilfeverkauf).**<br>Eine Ausnahmemöglichkeit besteht nur bei sogenannten verderblichen Waren (z.B. Lebensmittel). Hier kann der Verkauf ohne vorherige Mitteilung erfolgen**(Notverkauf).**<br>Der Verkauf muss in Form einer öffentlichen Versteigerung durch einen amtlichen Versteigerer oder zum Börsen- oder Marktpreis über einen öffentlich ermächtigten Handelsmakler erfolgen. |
| Annahme ablehnen | Rücktritt vom Kaufvertrag | Falls Käufer und Verkäufer sich einig sind, wäre eine weitere Möglichkeit der Rücktritt vom Kaufvertrag. Dies ist nur bei ausdrücklicher Zustimmung des Käufers möglich. |
| + Ersatz von Mehraufwendungen, § 304 BGB | | Der Verkäufer kann unabhängig davon, ob er vom Kaufvertrag zurücktritt, die Ware hinterlegt oder weiterverkauft wird, einen Ersatz für die Mehraufwendungen verlangen. Mehraufwendungen sind Kosten, die ihm durch den Annahmeverzug entstanden sind. (Bsp.: zusätzliche Transportkosten, Kosten für die Einlagerung der Ware in einem Lagerhaus). |

**Prüfungstipp:** In ihrer Prüfung sollten Sie beachten, dass ein sogenannter Selbsthilfeverkauf nur durchgeführt wird, wenn eine Einlagerung der Ware nach §§ 372 ff. BGB nicht möglich ist. Viel wichtiger als die Rechte des Verkäufers ist, dass Sie bestimmen können, ob ein Annahmeverzug vorliegt.

**Zurück zum Fallbeispiel:** Durch den Kaufvertrag zwischen Susanne und dem Küchenstudio wird Susanne zur Annahme der Küche verpflichtet, § 433 II BGB. Die Küche wurde zum vereinbarten Termin geliefert und Susanne auch tatsächlich angeboten, § 294 BGB. Da sie die Küche nicht angenommen hat, liegt ein Annahmeverzug gem. § 293 BGB vor.

Durch den Annahmeverzug ist das Küchenstudio berechtigt, Mehraufwendungen wie einen möglichen Weitertransport in Rechnung stellen, § 304 BGB. Ein Selbsthilfeverkauf nach § 383 I 1 BGB kann nur in Form einer öffentlichen Versteigerung getätigt werden, § 383 III 1 BGB. Außerdem hätte Susanne über den Verkauf informiert werden müssen, da es sich nicht um verderbliche Ware handelt, § 384 I BGB. Das Vorgehen des Küchenstudios im Fall des Verkaufs ist somit nicht berechtigt.

**Übungsfall 1:**

Ezgi kauft in einem Elektronikgeschäft einen neuen Herd für 500,00 €. Die Lieferung wird für den 23.09.2021 vereinbart. Als am 23.09.2021 der Lieferwagen bei ihr vorfährt, verweigert Ezgi die Annahme. Sie erklärt, dass sie den Herd bei einem anderen Geschäft für nur 350,00 € gekauft habe. Verärgert bringt der Anlieferer den Herd zurück zum Elektronikgeschäft.

Ist Ezgi zur Annahme verpflichtet und liegt ein Annahmeverzug vor?

**Lösungsvorschlag:**

Ezgi und das Elektronikgeschäft haben einen Kaufvertrag gem. § 433 BGB geschlossen. Daraus ergibt sich für Ezgi die Pflicht zur Annahme des Herds, § 433 II BGB. Die Pflicht zur Annahme bleibt unabhängig von einem weiteren Kaufvertrag mit einem anderen Anbieter bestehen.

Da Ezgi die Annahme der angebotenen Lieferung am vereinbarten Termin verweigert, liegt ein Annahmeverzug vor, §§ 293 f. BGB.

**Übungsfall 2:**

Der Autohersteller ELX AG bestellt bei dem Unternehmen SIMSA GmbH 2.000 Autositze für die Produktion des neusten Modells. Die Lieferung wird für den 26.06.2021 vereinbart. Bereits am 20.06.2021 fährt ein LKW der SIMSA GmbH bei der ELX AG vor. Die ELX AG verweigert die Annahme, da aktuell kein Platz im Lager ist. Am 22.06.2021 erhält die ELX AG eine Rechnung über 600,00 € für die Einlagerung der Autositze.

**1.** Sind die Voraussetzungen für den Annahmeverzug erfüllt?
**2.** Muss die ELX AG die 600,00 € Lagerungskosten bezahlen?

**Lösungsvorschlag:**

**1.** Die ELX AG ist aufgrund des Kaufvertrages zur Annahme der Lieferung verpflichtet, § 433 II BGB. Die Lieferung erfolgte allerdings einige Tage vor dem vereinbarten Termin, womit die ELX AG noch nicht in den Annahmeverzug nach § 293 BGB gerät.

**2.** Da kein Annahmeverzug vorliegt, muss die ELX AG die Mehraufwendungen von 600,00 € nach § 304 BGB nicht bezahlen. Demnach bleibt die SIMSA GmbH auf den Einlagerungskosten sitzen.

**Übungsfall 3**

Der Autozubehörshop „drive-in“ in München bestellt beim Hersteller Peters 300 mobile Navigationsgeräte, die laut vertraglicher Vereinbarung bis Mitte Mai geliefert werden sollen. Am 15. Mai werden die Geräte ordnungsgemäß durch den Hersteller Peters angeliefert.

Der Autozubehörshop nimmt jedoch die Lieferung nicht an, da in der Nacht zum 15. Mai die Lagerhalle abbrannte und eine Lagerung der Navigationsgeräte deshalb nicht möglich ist. Die Geräte werden daraufhin vom Fahrer der Firma Peters in der nächsten öffentlichen Lagerhalle eingelagert.

1. Befindet sich der Autozubehörshop in Annahmeverzug?
2. Wer trägt die Transportkosten zur Lagerhalle und die Kosten der Einlagerung?
3. Beim Abladen im Lagerhaus werden einige Navigationsgeräte leicht beschädigt. Der Fahrer, verärgert über die Mehrarbeit, wirft die Kartons mit den Geräten vom Lieferwagen ins Lager. Wer trägt den Schaden?
4. Nach erfolgloser Anmahnung zur Abnahme sollen die Geräte im Wege des Selbsthilfeverkaufs veräußert werden. In welcher Form kann dies geschehen?
5. Die Geräte werden nur zu einem Drittel ihres tatsächlichen Wertes versteigert. Wer trägt die Differenz zum vereinbarten Kaufpreis und die Kosten der Versteigerung?

**Lösungsvorschlag:**

**1.** Der Autozubehörshop befindet sich in Annahmeverzug gem. § 293 BGB, da zum einen die Navigationsgeräte zum vereinbarten Termin geliefert wurden und die Ware auch tatsächlich angeboten wurde, § 294 BGB. Zum anderen hat der Autozubehörshop die Annahme verweigert.

**2.** Mehraufwendungen, die aufgrund des Annahmeverzugs entstehen, sind durch den Käufer zu ersetzen, § 304 BGB. Dazu gehören auch die Transportkosten zum Lager sowie die Kosten der Einlagerung. Somit muss der Autozubehörshop die Kosten tragen.

**3.** Nach § 300 II BGB geht die Gefahr der Vernichtung oder Beschädigung der Ware beim Annahmeverzug auf den Käufer über. Allerdings gilt dies nicht bei vorsätzlichem oder grob fahrlässigem Handeln des Verkäufers, § 300 I BGB. Das Werfen der Kartons ist grob fahrlässig, womit die Firma Peters den Schaden zu tragen hat.

**4.** Ein Selbsthilfeverkauf kann gem. § 383 III 1 BGB durch eine öffentliche Versteigerung oder durch einen freien Verkauf zum Marktpreis gem. § 385 BGB vorgenommen werden.

**5.** Die Differenz sowie die Kosten der Versteigerung hat der Käufer gem. § 386 BGB zu tragen.

**Übungsfall 4:**

Klara kauft bei einem Warenhaus in der Innenstadt einen neuen Fernseher. Aufgrund der Größe des Geräts vereinbaren Klara und das Warenhaus eine Lieferung am 12.02.2021. Am Tag der Lieferung wird Klara nicht zu Hause angetroffen. Auf dem Rückweg zum Lager gerät der eingesetzte Transporter schuldlos in einen Unfall. Durch den Unfall wird der Fernseher stark beschädigt.

1. Befindet sich Klara in Annahmeverzug?
2. Wer muss für den Schaden am Fernseher haften?

**Lösungsvorschlag:**

**1.** Durch den Kaufvertrag wird Klara zur Annahme des Fernsehers verpflichtet, § 433 II BGB. Der Fernseher wird zum vereinbarten Termin angeliefert, aber durch Klara nicht angenommen. Somit wurde die Ware tatsächlich angeboten und die Voraussetzungen für den Annahmeverzug sind erfüllt, §§ 293 f. BGB.

**2.** Mit dem Eintritt des Annahmeverzugs geht die Gefahr der Beschädigung auf den Käufer über, § 300 II BGB. Da auch keine vorsätzliche oder grob fahrlässige Handlung des Verkäufers gem. § 300 I BGB vorliegt, haftet Klara für den entstandenen Schaden am Fernseher.

# 16. Europäisches Mahnverfahren

**Fallbeispiel:** Die Huber GmbH aus Landshut vertreibt PC-Zubehör in der gesamten EU. Das PC-Unternehmen Paulus aus Rom hat bei der Huber GmbH PC-Zubehör im Wert von 3.000,00 € bestellt, jedoch die Rechnungen trotz mehrfacher Mahnungen nicht beglichen. Paulus hat bei Vertragsabschluss ausdrücklich die AGB der Huber GmbH aus Landshut akzeptiert, die die Anwendbarkeit des deutschen Rechts unter Ausschluss des UN-Kaufrechts sowie Landshut als ausschließlichen Gerichtsstand vorgesehen haben.

Welche Möglichkeiten der Anspruchsdurchsetzung durch die Huber GmbH können in Frage kommen?

**„Europäischen Mahnverfahren" – was ist das überhaupt?** Das europäische Mahnverfahren führt zur Vereinfachung und Beschleunigung grenzüberschreitender Verfahren im Zusammenhang mit **unbestrittenen Geldforderungen** und zur Verringerung der Verfahrenskosten. Der diesem Mahnverfahren zugrunde liegende Mahnbescheid wird als **europäischer Zahlungsbefehl** bezeichnet und wird in allen EU-Mitgliedstaaten mit Ausnahme Dänemarks anerkannt und vollstreckt, ohne dass es einer Vollstreckbarerklärung bedarf.

Das europäische Mahnverfahren ist anwendbar in grenzüberschreitenden Zivil- und Handelssachen, wenn mindestens eine der Parteien ihren Wohnsitz oder gewöhnlichen Aufenthalt in einem anderen Mitgliedstaat als dem des befassten Gerichts hat. Bei diesem Verfahren beantragt man keinen Mahnbescheid, sondern den Erlass eines europäischen Zahlungsbefehls. Dabei ist darauf zu achten, dass der Antrag auf Erlass eines europäischen Zahlungsbefehls in dem Mitgliedstaat einzureichen ist, in dem der **Antragsgegner seinen Sitz/Wohnsitz** hat. Aus diesem Grund muss wie beim grenzüberschreitenden Mahnverfahren die internationale Zuständigkeit geprüft werden. Lässt sich eine deutsch-internationale Zuständigkeit feststellen (z.B. durch eine Gerichtsstandvereinbarung oder über den Erfüllungsort), so ist in Deutschland allein das Amtsgericht Berlin-Wedding als europäisches Mahngericht in Deutschland zuständig.

Das mit einem Antrag auf Erlass eines europäischen Zahlungsbefehls befasste Gericht prüft, ob die entsprechenden Zulässigkeitsvoraussetzungen erfüllt sind und ob die Geldforderung begründet erscheint. Werden diese Voraussetzungen bejaht, so erlässt das Gericht einen europäischen Zahlungsbefehl, der dem Antragsgegner zugestellt wird. Er kann dann die Forderung bezahlen oder innerhalb einer Frist von 30 Tagen **Einspruch** einlegen mit der Folge, dass es dann zu einem herkömmlichen Gerichtsverfahren nach dem nationalen Zivilprozessrecht des entsprechenden Landes kommen würde. Legt jedoch der Antragsgegner keinen Einspruch ein, wird der europäische Zahlungsbefehl automatisch für vollstreckbar erklärt. Er entspricht damit dem deutschen Vollstreckungsbescheid.

Die Vollstreckung erfolgt dann nach dem Recht des jeweiligen EU-Mitgliedstaates, in dem die Vollstreckung betrieben werden soll. In Deutschland ist das Amtsgericht für die Vollstreckung zuständig, in dessen Bezirk der Schuldner seinen Sitz/Wohnsitz hat.

**Übrigens:** Die Zuständigkeit des Gerichtes lässt sich mit Hilfe der Online-Datenbank des Europäischen Gerichtsatlasses für Zivilsachen ermitteln. Es gibt die Möglichkeit, bewegliches Vermögen (z.B. Forderungen des Schuldners gegen Dritte wie z.B. der Lohn) und unbewegliches Vermögen (z.B. Grundstücke) zu pfänden.

**Und was hat es mit dem „Europäischen Verfahren für geringfügige Forderungen" auf sich?**

Für Forderungen bis **maximal 2.000,00 €** bietet sich in der EU als Alternative zum europäischen Mahnverfahren das europäische Verfahren für geringfügige Forderungen an. Es findet Anwendung bei grenzüberschreitenden Streitigkeiten in Zivil- und Handelssachen in allen EU-Mitgliedstaaten mit Ausnahme Dänemarks. Ein im Rahmen dieses besonderen Verfahrens ergangenes Urteil wird in den anderen EU-Mitgliedstaaten anerkannt und vollstreckt, **ohne** dass es einer **Vollstreckbarerklärung** bedarf. Damit macht dieses **standardisierte Verfahren** die Durchsetzung von Forderungen im EU-Raum deutlich einfacher, effizienter und vor allem kostengünstiger.

Dieses Verfahren gibt Gläubigern die Möglichkeit, grenzüberschreitend in einem streitigen Verfahren Forderungen bist 2.000,00 € **im Wege des Klageverfahrens** geltend zu machen, wenn mindestens eine Partei ihren Wohnsitz oder gewöhnlichen Aufenthalt in einem anderen Mitgliedstaat als dem angerufenen Gericht hat. Zuständig ist in der Regel das Gericht am Wohnsitz der beklagten Partei.

Der Kläger leitet das Verfahren direkt beim zuständigen Gericht ein. Nach Eingang des ausgefüllten Klageformblattes füllt das Gericht seinerseits ein an den Beklagten gerichtetes Antwortformblatt aus. Dieses Formblatt ist dem Beklagten innerhalb von 14 Tagen zuzustellen. Der Beklagte hat innerhalb einer Frist von 30 Tagen zu antworten. Innerhalb von 30 Tagen, nachdem die Antworten des Beklagten oder des Klägers (z.B. im Falle einer Widerklage) eingegangen sind, hat das Gericht ein **Urteil** zu erlassen. Das Gericht kann jedoch die Parteien zu weiteren Stellungnahmen auffordern, auch eine Beweisaufnahme in die Wege leiten oder die Parteien zu einer mündlichen Verhandlung vorladen.

Die Vollstreckung des Urteils erfolgt gemäß den verfahrensrechtlichen Bestimmungen des Vollstreckungsmitgliedstaates.

**Zurück zum Fallbeispiel:**

**1. Möglichkeit:**

Als Gerichtsstand wurde Deutschland vereinbart, daher kann die Huber GmbH einen deutschen Mahnbescheid beim zuständigen, zentralen Mahngericht beantragen. Sofern es seitens des PC-Unternehmens Paulus aus Rom keinen Widerspruch gibt, kann anschließend seitens der Huber GmbH ein Vollstreckungsbescheid beantragt werden. Der Vollstreckungsbescheid muss dann in Italien für vollstreckbar erklärt werden, um auch dort vollstreckt werden zu können.

**2. Möglichkeit:**

Die Huber GmbH kann ebenfalls einen Antrag auf einen europäischen Zahlungsbefehl stellen. Die Vereinbarung des Gerichtsstandes Landshut führt dabei auch zur internationalen Zuständigkeit der deutschen Gerichte.

**3. Möglichkeit:**

Die Huber GmbH kann erklären, dass im Falle eines Einspruchs ein streitiges Verfahren nicht stattfinden soll. Da jedoch im vorliegenden Fall der Anspruch zweifelsfrei besteht, ist von einer solchen Erklärung abzuraten. Sofern durch das Unternehmen Paulus kein fristgerechter Einspruch erfolgt, wird der Zahlungsbefehl ohne Weiteres für vollstreckbar erklärt und die Huber GmbH braucht keinen zusätzlichen „Vollstreckungsbescheid" zu beantragen.

**Übungsaufgabe 1:**

Nennen Sie jeweils mindestens zwei Vor- und Nachteile des Europäischen Mahnverfahrens!

**Lösungsvorschlag:**

**Vorteile:**

- zusätzliche Möglichkeit, seine Forderungen gegen Schuldner in einem anderen EU-Mitgliedstaat durchzusetzen
- läuft schneller ab als ein herkömmliches grenzüberschreitendes Verfahren: statt zweier Schritte (Erlass eines Mahnbescheids mit sich anschließendem Erlass eines Vollstreckungsbescheids) reicht ein Schritt
- der europäische Zahlungsbefehl greift ohne weitere Formalitäten in allen EU-Mitgliedstaaten (mit Ausnahme Dänemarks)
- nur eine Zustellung notwendig

**Nachteile:**

- Höhere formale Anforderungen als bei einem Mahnbescheid
- Angabe des der Forderung zugrundeliegenden Sachverhalts und der Beweismittel

# 17. Verbraucherschutzregelungen im BGB

## 17.1 Verbrauchsgüterkauf

**Wichtiger Hinweis:** Zum 01.01.2022 gibt es Änderungen im Kaufvertragsrecht, die Auswirkungen auf den Sachmangel und den Verbrauchsgüterkauf haben. Wir haben uns bewusst dazu entschieden, in dieser Auflage beim "alten Recht" zu bleiben: zum einen, weil es nach wie vor Gültigkeit hat für alle Kaufverträge, die bis zum 31.12.2021 abgeschlossen wurden. Zum anderen ist davon auszugehen, dass den Aufgabenausschüssen der Rechtsanwaltskammern bewusst ist, dass die kommenden Prüflinge ausschließlich die bisherigen Regelungen gelernt haben und daher davon absehen, das neue Kaufvertragsrecht zu prüfen.

**Fallbeispiel:** Tanja kauft in einem Elektrofachmarkt einen neuen Laptop zur privaten Nutzung. Der Verkäufer bietet ihr einen besonderen „Deal" an: Bei vertraglicher Verkürzung der Gewährleistung auf ein Jahr erhält Tanja den Laptop 200,00 € günstiger. Tanja willigt ein. 1,5 Jahre später geht der Laptop kaputt.

Tanja fragt sich, ob sie noch Gewährleistungsansprüche geltend machen kann.

**Grundsatz:** Ein Verbraucher ist nach § 13 BGB eine natürliche Person, welche Dinge zu nicht beruflichen Zwecken konsumiert. Diese Personen werden durch das Gesetz aufgrund ihrer schwächeren Position im Vergleich zu Unternehmen besonders geschützt. Dies liegt insbesondere darin, dass die Unternehmen vielfach über einen größeren Informations- und Erfahrungsvorsprung verfügen. Deshalb gelten für den sogenannten Verbrauchsgüterkauf gem. § 474 BGB zusätzliche Regelungen (§§ 474 – 479 BGB) zum regulären Kaufvertrag.

**Definition:** Gem. § 474 I BGB sind Verbrauchsgüterkäufe Verträge, bei denen ein privater Verbraucher eine bewegliche Sache von einem Unternehmer erwirbt. Dies gilt auch bei der Erbringung von Dienstleistungen für den Verbraucher.

### Welche Besonderheiten gelten für den Verbrauchsgüterkauf?

Beim Verbrauchsgüterkauf wird die **Vertragsfreiheit zu Gunsten des Verbrauchers teilweise eingeschränkt**. Die Details eines Kaufvertrages dürfen nur zu Gunsten und nicht zum Nachteil des Verbrauchers geändert werden. Zu den Regelungen des Verbrauchgüterkaufs gehören u.a.:

- Der **Gefahrenübergang** tritt beim sog. Versendungskauf entgegen § 447 BGB erst zum Zeitpunkt der Übergabe der Kaufsache an den Verbraucher ein, § 475 II BGB. Falls der Verbraucher den Transport selbst organisiert und zum Beispiel einen Spediteur bestimmt, gilt § 447 BGB.

- Nach § 476 BGB sind Vereinbarungen, die für den Fall der Mangelhaftigkeit der Kaufsache zum Nachteil des Verbrauchers dessen Rechte auf **Gewährleistung, Nacherfüllung, Rücktritt oder Minderung** vor Mitteilung eines Mangels an den Unternehmer beschränken, unwirksam.
- Falls in den ersten sechs Monaten nach Gefahrenübergang ein **Mangel** an der Kaufsache festgestellt wird, gilt die **Beweislastumkehr**, § 477 BGB. Der Verbraucher muss hier nicht beweisen, dass die Sache bereits zum Gefahrenübergang mangelhaft war.
- **Garantien** müssen im Fall eines Verbrauchgüterkaufs einfach und verständlich formuliert sein sowie verschiedene Angaben enthalten, § 479 BGB.

**Achtung:** Die Garantie entspricht nicht, wie oft vermutet, der gesetzlichen Gewährleistung. Die Gewährleistung ist gesetzlich vorgeschrieben und beträgt zwei Jahre bei neuen Sachen. Bei gebrauchten Sachen kann diese auf ein Jahr verkürzt werden. Die Garantie ist hingegen eine freiwillige Leistung des Unternehmers. Hierfür gelten also keine Vorschriften über die Dauer.

**Zurück zum Fallbeispiel:** Beim Kauf des Laptops handelt es sich um einen Verbrauchsgüterkauf nach § 474 BGB, da Tanja Verbraucherin und der Elektrofachmarkt Unternehmer ist. Gem. § 476 II BGB darf die gesetzliche Gewährleistungsfrist nicht vertraglich verkürzt werden. Demnach hat Tanja noch einen Anspruch auf Gewährleistung. Sie muss nach § 477 BGB allerdings beweisen, dass der Mangel schon zum Zeitpunkt des Gefahrenübergangs bestand.

**Hinweis**: Hier wird nicht geprüft, welche Rechte Tanja genau in Bezug auf den Mangel hat. Hierzu finden Sie weitere Informationen im Kapitel Sachmangel.

## 17.2 Fernabsatzvertrag

**Fallbeispiel:** Oma Monika bekommt am Telefon die Verlängerung ihres Handyvertrages unter neuen Bedingungen angeboten. Überrumpelt von dem Gespräch willigt sie ein. Eine Stunde später stellt sie fest, dass ihr neuer Vertrag überteuert ist und andere Mobilfunkanbieter bei einer vergleichbaren Leistung günstiger sind.

Ist Oma Monika an den Vertrag gebunden?

**Grundsatz:** Ein Fernabsatzvertrag gehört zu den Verbraucherverträgen und kann zum Beispiel ein Kaufvertrag oder auch Dienstvertrag sein. Es handelt sich also nicht um eine eigene Vertragsart, sondern um eine Unterform. Ein Fernabsatzvertrag wird ebenso wie der Verbrauchsgüterkauf zwischen einem Unternehmer und einem Verbraucher geschlossen.

**Definition:** Der Fernabsatzvertrag wird nach § 312c BGB ausschließlich durch Fernkommunikationsmittel von einem Unternehmer und einem Verbraucher geschlossen. Fernkommunikationsmittel können zum Beispiel Portale im Internet, E-Mails, Telefongespräche oder auch Briefe sein.

**Aber Achtung:** Es kann auch sein, dass ein Vertrag nicht als Fernabsatzvertrag gilt, auch wenn er durch die Nutzung von Fernkommunikationsmitteln zustande gekommen ist. Unter § 312 BGB finden Sie zahlreiche Ausnahmen wie den Pauschalreisevertrag (§ 312 VII BGB) sowie den Mietvertrag für Wohnraum (§ 312 IV BGB).

Außerdem gilt ein Vertrag nicht als Fernabsatzvertrag, wenn der Vertragsschluss nicht im Rahmen eines für den Fernabsatz organisierten Vertriebs- oder Dienstleistungssystems erfolgt, § 312c I BGB. Wird ein Vertrag also nur ausnahmsweise über ein Fernkommunikationsmedium abgeschlossen, so gilt dieser nicht als Fernabsatzvertrag.

**Welche Besonderheit gilt für Fernabsatzverträge?**

Dem Verbraucher steht ein **Widerrufsrecht** zu, § 312g BGB i.V.m. § 355 I 1 BGB. Somit kann der Verbraucher **ohne Begründung** seine Willenserklärung widerrufen, § 355 I 4 BGB. Für einen erfolgreichen Widerruf muss der Verbraucher die Erklärung gegenüber dem Unternehmer abgeben, § 355 I 2 BGB, und eine **Frist von 14 Tagen** einhalten, § 355 II BGB. Für den Beginn der Widerrufsfrist ist entscheidend, *was*, *wann* und *wie* genau der Händler liefert, § 356 II BGB. Das bedeutet, dass der Händler den Verbraucher ganz korrekt über den Beginn der Widerrufsfrist informieren muss. So beginnt z.B. bei Bestellung von Waren die Widerrufsfrist mit Erhalt der Ware.

Wird die Widerrufsbelehrung vergessen oder ist diese fehlerhaft, verlängert sich die Widerrufsfrist auf maximal 12 Monate nach Ablauf der eigentlichen Widerrufsfrist, § 356 III BGB.

Als **Folge des Widerrufs** sind die empfangenen Leistungen gem. § 357 I BGB spätestens nach 14 Tagen zurück zu gewähren. Die Frist beginnt für Verbraucher mit der Abgabe der Widerrufserklärung. Für den Unternehmer beginnt die Frist mit Zugang der Widerrufserklärung. Der Unternehmer muss dem Verbraucher auch die gezahlten Lieferkosten erstatten, außer es sind auf Wunsch des Verbrauchers zusätzliche Kosten entstanden, § 357 II BGB. Dafür muss der Verbraucher jedoch die Kosten der Rücksendung tragen, § 357 VI BGB.

**Zurück zum Fallbeispiel:** Da der Handyvertrag zwischen Monika als Verbraucherin und dem Telekommunikationsunternehmen über das Telefon abgeschlossen wurde, handelt es sich um einen Fernabsatzvertrag im Sinne des § 312c BGB. Somit hat Monika 14 Tage Zeit, den Vertrag zu widerrufen, § 355 II 1 BGB. Im Falle des Widerrufs ist sie nicht mehr an den Vertrag gebunden und kann sich für einen anderen Vertrag entscheiden.

## 17.3 Allgemeine Geschäftsbedingungen

**Fallbeispiel:** Sophia lässt sich durch eine Schneiderei ein Dirndl für das bevorstehende Oktoberfest anfertigen. Als sie das Kleidungsstück abholt, erhält sie auch eine schriftliche Rechnung. Auf der Rückseite der Rechnung sind die AGB festgehalten. Hierin findet Sophia eine ungewöhnliche Klausel: Der Gebrauch des Dirndls ist ausschließlich Sophia als Käuferin erlaubt. Ein Verleih oder Weiterverkauf sei ihr nicht gestattet.

Gelten die AGB für Sophia?

**Grundsatz:** Durch die allgemeinen Geschäftsbedingungen (AGB) oder auch das „Kleingedruckte“ kann ein Unternehmer gesetzliche Regelungen ausschließen oder abändern. Er macht somit von der Vertragsfreiheit Gebrauch und erspart sich Zeit und Geld, indem er einmal formulierte Bedingungen immer wieder anwendet.

**Definition:** Die AGB sind gem. § 305 I 1 BGB vorformulierte Vertragsbedingungen, die auf eine Vielzahl von Verträgen angewendet werden können.

Die AGB werden gem. § 305 II BGB nur Bestandteil eines Einzelvertrages, wenn der Käufer vor Vertragsabschluss

- ausdrücklich auf die AGB aufmerksam gemacht oder durch deutlich sichtbaren Aushang auf sie hingewiesen worden ist;
- sie zur Kenntnis nehmen konnte und
- sie schließlich – evtl. auch stillschweigend – akzeptiert hat.

Der Verbraucher ist auch im Fall der Anwendung von AGB durch das Gesetz geschützt. So werden die AGB nicht Vertragsbestandteil und sind unwirksam, wenn

- der Unternehmer überraschende oder mehrdeutige Klauseln verwendet (§ 305c BGB),
- sie den Verbraucher unangemessen benachteiligen (§ 307 BGB) oder
- Klauseln nach §§ 308 f. BGB enthalten.

Beispiele für die Klauseln nach §§ 308 f. BGB sind eine unangemessen lange Annahme- oder Leistungsfrist, die Beschränkung der Nacherfüllung oder kurzfristige Preiserhöhungen.

Wenn AGB ganz oder teilweise unwirksam sind, bleibt der geschlossene Vertrag allerdings wirksam. Dafür ergänzen die gesetzlichen Regelungen die unwirksamen Vereinbarungen, § 306 I, II BGB.

**Zurück zum Fallbeispiel:** Sophia ist nicht vor Vertragsschluss ausdrücklich auf die AGB hingewiesen worden, da sie die AGB erst mit der Rechnung erhält. Nach § 305 II Nr. 1 BGB muss der Hinweis auf die AGB vor Vertragsschluss erfolgen, damit diese für den Vertrag gelten. Im Fall von Sophia sind die AGB nicht gültig, sondern lediglich die gesetzlichen Bestimmungen, § 306 II BGB.

**Übungsaufgabe 1:**

Geben Sie für die folgenden Fälle an, ob es sich um ein Rechtsgeschäft zwischen Unternehmer und Verbraucher handelt oder nicht.

1. Oliver schließt eine KFZ-Vollkaskoversicherung ab.
2. Martina tätigt den Wocheneinkauf im Supermarkt.
3. Jan kauft einer Freundin einen gebrauchten Couchtisch ab.
4. Die Computer & Co. GmbH verkauft Elektroartikel an die Markt AG.
5. Chiara kauft einen Gebrauchtwagen von einem Händler in der Nähe.

**Lösungsvorschlag:**

1. Oliver schließt eine KFZ-Vollkaskoversicherung ab. – *Unternehmer + Verbraucher*
2. Martina tätigt den Wocheneinkauf im Supermarkt. – *Unternehmer + Verbraucher*
3. Jan kauft einer Freundin einen gebrauchten Couchtisch ab.
   – *Verbraucher + Verbraucher*
4. Die Computer & Co. GmbH verkauft Elektroartikel an die Markt AG.
   – *Unternehmer + Unternehmer*
5. Chiara kauft einen Gebrauchtwagen von einem Händler in der Nähe.
   – *Unternehmer + Verbraucher*

**Übungsfall 1:**

Der Rechtsanwalt Björn Blume beabsichtigt den Kauf einer Computeranlage für private Zwecke. Im Internet findet er ein interessantes Angebot eines PC-Händlers. Dieser bietet ein Komplettpaket (PC, Monitor und Drucker) für 1.200,00 € an. Der Händler weist im Internet auf seine Allgemeinen Geschäftsbedingungen hin (eingeblendet unter der Adresse: www.pc-paulus/agb.de.) Darin wird im Besonderen darauf hingewiesen, dass bei Waren wegen etwaiger Mängel keine Gewährleistung übernommen wird. Trotz gewisser Bedenken bestellt Björn per E-Mail das Komplettpaket. Noch am gleichen Tag erhält er die Auftragsbestätigung – ebenfalls per E-Mail.

1. Ist der Gewährleistungsausschluss wirksam?
2. Gelten die restlichen AGB mit Ausnahme des Gewährleistungsausschlusses für den Kaufvertrag?

**Lösungsvorschlag:**

**1.** Bei dem Kaufvertrag liegt ein Verbrauchsgüterkauf gem. § 474 BGB vor, da Björn Blume das Paket für seinen privaten Gebrauch kauft. Nach § 475 II BGB ist eine vertragliche Verkürzung der üblichen Gewährleistung nicht möglich. Auch in den AGB darf gem. § 309 Nr. 8b aa BGB kein kompletter Ausschluss der Gewährleistung vorgenommen werden. Bezüglich der Gewährleistung gelten die gesetzlichen Bestimmungen und der Kaufvertrag an sich bleibt wirksam, § 306 I, II BGB.

**2.** Beim Geschäftsverkehr mit Verbrauchern ist zwingende Voraussetzung für die Einbeziehung von AGB ein ausdrücklicher Hinweis auf die AGB sowie die Möglichkeit der Kenntnisnahme, § 305 II BGB. Durch die Tatsache, dass der Händler einen deutlichen Hinweis auf die Möglichkeit der Einblendung der AGB im Internet gegeben hat, werden die AGB wirksamer Vertragsbestandteil.

**Übungsfall 2:**

Franzi sieht auf einem Teleshoppingkanal eine Sendung über Küchenmesser. Nach kurzem Hin und Her ruft Franzi beim Sender an und schließt einen Kaufvertrag für die Produktserie „Exklusiv" ab. Die Lieferung soll nach Senderangaben sehr zügig erfolgen. Nach vier Wochen – die Produktserie „Exklusiv" ist immer noch nicht angekommen – schreibt Franzi an den Sender und teilt ihm mit, er könne seine Messer behalten, sie wolle von dem abgeschlossenen Kaufvertrag nichts mehr wissen.

Ist Franzi an den Kaufvertrag gebunden?

**Lösungsvorschlag:**

Der geschlossene Kaufvertrag ist ein Fernabsatzvertrag gem. § 312c BGB, da Telekommunikationsmittel zum Einsatz kamen und Franzi Verbraucherin ist. Dadurch hat Franzi die Möglichkeit, den Vertrag innerhalb von 14 Tagen zu widerrufen, § 312g I BGB i.V.m. § 355 BGB. Die Widerrufsfrist beginnt, sobald der Verbraucher die Waren erhält, § 356 II Nr. 1a BGB. Somit erfolgt die Widerrufserklärung durch Franzi fristgemäß und sie ist nicht an den Vertrag gebunden.

**Übungsfall 3:**

Benjamin kauft bei einer Zoohandlung ein großes Aquarium für sein Wohnzimmer. Die Zoohandlung legt ihm bei Kauf die AGB vor, welche Benjamin schriftlich akzeptiert. Sechs Monate später stellt er fest, dass die AGB einen Wartungsvertrag für das Aquarium beinhalten. Die Wartung soll alle sechs Monate erfolgen und jeweils 50,00 € kosten.

Benjamin ist empört und möchte die 50,00 € nicht bezahlen, die Zoohandlung besteht allerdings auf Bezahlung.

Wer hat Recht?

**Lösungsvorschlag:**

Bei dem Kauf des Aquariums handelt es sich um einen Verbrauchsgüterkauf gem. § 474 BGB, da Benjamin Verbraucher ist. Durch den Hinweis auf die AGB und die Zustimmung von Benjamin werden die AGB wirksam, § 305 I, II BGB.

Mit einem versteckten Wartungsvertrag rechnet man in den AGB allerdings nicht. Deshalb zählt eine solche Bedingung zu überraschenden Klauseln nach § 305c I BGB. Somit ist der Wartungsvertrag nicht Bestandteil des Kaufvertrages.

**Übungsfall 4:**

Die Rechtsanwaltsgesellschaft Berger mbH kauft neue Möbel beim Büroausstatter Franke für die neue Niederlassung in Hamburg. Der Käufer wird bei Abschluss des Vertrages nicht ausdrücklich auf die geltenden AGB hingewiesen. Auf der Webseite des Büroausstatters Franke sind die AGB allerdings einsehbar. Mit der Anlieferung der Möbel erhält die Rechtsanwaltsgesellschaft Berger mbH auch die AGB.

Herr Berger ist mit einigen Regelungen der AGB nicht einverstanden und ist der Meinung, dass die AGB nicht gültig seien.

**Lösungsvorschlag:**

Sowohl die Rechtsanwaltsgesellschaft als auch der Büroausstatter sind keine Verbraucher im Sinne des § 13 BGB, sondern Unternehmer. Nach § 310 I 1 BGB findet die Regelung, dass der Verbraucher auf die AGB hingewiesen werden muss, keine Anwendung auf Unternehmer. Somit sind die AGB gültig und werden Vertragsbestandteil.

**Übungsfall 5:**

Davide kauft sich auf der Seite eines Onlinehändlers Bluetooth-Kopfhörer für 150,00 €. Um den Kauf auf der Webseite abzuschließen, muss er die AGB durchlesen und bestätigen. Dies macht Davide ohne die AGB tatsächlich zu lesen. Vier Wochen später sind die Kopfhörer noch nicht geliefert worden. Verärgert fragt Davide bei dem Onlinehändler nach. Dieser tritt umgehend vom Vertrag zurück. Er weist außerdem auf die AGB hin, die ihm als Händler ein Rücktrittsrecht von acht Wochen einräumen.

**1.** Sind die AGB Vertragsbestandteil und kann der der Händler einfach zurücktreten?
**2.** Wäre es möglich ein Rücktrittsrecht in einer individuellen Vereinbarung zu beschließen?

**Lösungsvorschlag:**

**1.** Bei Davide handelt es sich um einen Verbraucher und bei dem Onlinehändler um einen Unternehmer. Somit muss der Unternehmer Davide ausdrücklich auf die AGB hinweisen und Davide muss Kenntnis von diesen erlangen können, § 305 II BGB. Dies ist durch die Einblendung auf der Webseite vor Vertragsschluss geschehen. Außerdem hat Davide die AGB akzeptiert. Somit sind die AGB Vertragsbestandteil nach § 305 I BGB geworden.

Allerdings ist die Vereinbarung eines Rücktrittvorbehalts des Unternehmers nach § 308 Nr. 3 BGB in den AGB nicht gestattet. Somit ist diese Regelung nicht Vertragsbestandteil geworden, der Vertrag bleibt weiterhin bestehen, § 306 I, II BGB.

**2.** Nach § 305b BGB haben individuelle Abmachungen vor den AGB Vorrang. Das Verbot des Rücktrittvorbehaltes gem. § 308 Nr. 3 BGB gilt für die AGB und nicht für Verbraucherverträge im Allgemeinen. Somit wäre eine individuelle Vereinbarung über den Rücktritt des Unternehmers möglich und gültig.

**Übungsfall 6:**

Jasmin kauft online einen neuen Esstisch für ihre Wohnung bei einem Möbelhaus. Als der Tisch ankommt ist sie enttäuscht, da der Tisch viel kleiner ist als sie angenommen hatte.

Drei Wochen später erzählt ein Freund Jasmin, dass sie ja ein Widerrufsrecht bei solchen Geschäften habe. Sie schaut umgehend in die Vertragsunterlagen und findet keine Widerrufsbelehrung. Daraufhin erklärt Jasmin ihren Widerruf schriftlich gegenüber dem Möbelhaus. Das Möbelhaus lehnt den Widerruf ab, da dieser zu spät erfolgt sei.

Hat das Möbelhaus Recht?

**Lösungsvorschlag:**

Bei dem Kaufvertrag zwischen Jasmin und dem Möbelhaus handelt es sich um einen Fernabsatzvertrag im Sinne des § 312c BGB, da der Vertrag online geschlossen wurde. Bei Fernabsatzverträgen ergibt sich für den Verbraucher eine 14-tägige Widerrufsfrist § 312g I BGB i.V.m. § 355 BGB. Jasmins Widerruf erfolgte nicht innerhalb der 14 Tage, sondern nach drei Wochen. Allerdings wurde Jasmin nicht über ihre Widerrufsrechte aufgeklärt, weshalb sich die Widerrufsfrist um ein Jahr verlängert, § 356 III BGB. Somit erfolgte die Widerrufserklärung von Jasmin rechtzeitig und beide Vertragsparteien müssen die erhaltenen Leistungen (Tisch und Kaufpreis) zurückerstatten, § 357 I BGB.

**Übungsfall 7:**

Der Privatkunde Herr Kühnert kauft bei einem Autohändler einen gebrauchten VW-Golf, wobei unter anderem ein einwandfreier Zustand der Karosserie vereinbart wird. Nach zwei Monaten entdeckt Herr Kühnert eine leichte Verformung des hinteren linken Kotflügels, die – wie ein Gutachter feststellt – auf eine „seitliche Krafteinführung – also einen Verkehrsunfall " zurückzuführen ist. Die Verformung wurde durch eine geschickte Lackierung verdeckt.

Wer ist für den aufgetretenen Mangel beweispflichtig?

**Lösungsvorschlag:**

Bei dem Kaufvertrag handelt es sich um einen Verbrauchsgüterkauf gem. § 474 BGB, da der Händler Unternehmer ist und Herr Kühnert das Auto als Privatperson gekauft hat. Laut § 477 BGB liegt die Beweislast innerhalb der ersten sechs Monate bei dem Verkäufer. Der Händler müsste demnach beweisen, dass die Verformung zum Zeitpunkt des Kaufs noch nicht vorlag.

**Hinweis**: Näheres zu den Rechten beim Sachmangel finden Sie im Kapitel Sachmangel.

# 18. Besitz und Eigentum

## 18.1 Grundlagen der Eigentumsübertragung

**Fallbeispiel:** Simon hat sich von seinem Nachbarn Timo ein Rennrad ausgeliehen, um am Wochenende eine erste Tour mit seinen Kumpels zu unternehmen. Simon, der zuvor noch nie Rennrad gefahren ist, kommt begeistert von seiner Tour zurück und fragt Timo, ob er ihm das Rennrad für 700,00 € abkaufen kann. Da das Rennrad bei Timo die letzten Jahre nur ungenutzt im Schuppen stand, ist Timo mit dem Kauf einverstanden. Er nimmt das Geld und wünscht seinem Nachbarn viel Freude mit dem Rad.

Wer ist Eigentümer und wer ist Besitzer des Rennrads?

**Folgende Übersicht** beinhaltet erste, wesentliche sachenrechtliche Grundbegriffe, die Sie zur Fallbearbeitung benötigen:

| | |
|---|---|
| **Besitz** | Der Besitzer hat die tatsächliche Herrschaft über eine Sache, § 854 I BGB.<br>**Beispiel**: Simone hat sich einen Roman aus der Stadtbibliothek ausgeliehen; sie ist derzeit im Besitz des Buches. |
| **Eigentum** | Der Eigentümer hat die rechtliche Herrschaft über eine Sache, § 903 BGB, und kann mit dieser nach Belieben verfahren.<br>**Beispiel**: Die Stadtbibliothek ist Eigentümerin der Bücher, die sie verleiht. |
| **unmittelbarer Besitz** | Der unmittelbare Besitzer hat einen direkten Bezug zur Sache.<br>**Beispiel**: Simone ist unmittelbare Besitzerin des Romans. Als ein Mitschüler Simone den Roman klaut, wird dieser unmittelbarer Besitzer. |
| **mittelbarer Besitz** | Der mittelbare Besitzer hat keinen direkten Bezug zur Sache, da zwischen ihn und die Sache noch eine weitere Person geschaltet ist, § 868 BGB.<br>**Beispiel**: Die Stadtbibliothek ist mittelbarer Besitzer der verliehenen Bücher. |
| **rechtmäßiger Besitz** | Der Besitzer kann die Sache rechtmäßig erlangt haben.<br>**Beispiel**: Simone war rechtmäßige Besitzerin des Buches (hier: Leihvertrag) |
| **unrechtmäßiger Besitz** | Der Besitzer kann die Sache unrechtmäßig erlangt haben.<br>**Beispiel**: Simones Mitschüler ist unrechtmäßiger Besitzer des Buches (hier: Diebstahl) |
| **Erwerber** | Derjenige, der nach rechtmäßiger Eigentumsübertragung Eigentümer wird. |

**Aber wie kommt es zur rechtmäßigen Übertragung des Eigentums?**

Grundsätzlich erfolgt die Eigentumsübertragung durch die Einigung der Parteien und die anschließende Übergabe der Sache, § 929 S. 1 BGB – kurz gesprochen durch **Einigung** und **Übergabe**. Die Übergabe kann aber auch wegfallen, wenn der Erwerber bereits im Besitz der Sache ist, § 929 S. 2 BGB. Auch kann die Übergabe durch die Vereinbarung eines sogenannten Besitzkonstituts gem. § 930 BGB ersetzt werden – in diesem Fall bleibt der ursprüngliche Eigentümer (zunächst) im Besitz der Sache und schließt mit dem Erwerber z.B. einen Leihvertrag, um die Sache auch nach der Eigentumsübertragung weiter nutzen zu können. Ist ein Dritter im unmittelbaren Besitz der zu übertragenden Sache, kann auch die Abtretung des Herausgabeanspruches gem. § 931 BGB die Übergabe ersetzen – der Erwerber hat nun also statt des ursprünglichen Eigentümers das Recht, die Herausgabe der Sache von dem Dritten zu verlangen, z.B. nach Ablauf des Mietvertrages.

Das BGB unterscheidet also zwischen **vier möglichen Grundkonstellationen**:

| Die Eigentumsübertragung erfolgt durch ... | | | |
|---|---|---|---|
| **Einigung und Übergabe** | **Einigung** | **Einigung und Vereinbarung eines Besitzkonstituts** | **Abtretung des Herausgabeanspruchs** |
| § 929 S. 1 BGB | § 929 S. 2 BGB | § 930 BGB | § 931 BGB |

**Prüfungstipp:** Halten Sie zunächst fest, wer bislang Eigentümer und wer ggf. (mittelbarer/unmittelbarer) Besitzer war. Prüfen Sie anschließend, ob eine Eigentumsübertragung auf einem dieser vier möglichen Wege wirksam zustande gekommen ist. Halten Sie das Ergebnis in einem abschließenden Satz fest („ ... ist rechtmäßiger Eigentümer geworden durch ...“, „Eigentum ist nicht wirksam übertragen worden, weil ...“).

**Zurück zum Fallbeispiel:** Timo war zunächst Eigentümer und mittelbarer Besitzer des Rennrades gem. §§ 903, 868 BGB, sein Nachbar Simon war durch den Verleih rechtmäßiger unmittelbarer Besitzer gem. § 854 I BGB. Beide schließen einen Kaufvertrag nach § 433 BGB, wonach Simon das Rennrad für einen Kaufpreis von 700,00 € erwirbt. Die Eigentumsübertragung erfolgt grundsätzlich durch Einigung und Übergabe nach § 929 S. 1 BGB. Da Simon bereits im Besitz des Rennrades ist, genügt für die Eigentumsübertragung die Einigung darüber, dass das Eigentum auf Simon übergehen soll gem. § 929 S. 2 BGB.

**Übungsfall 1:**

Der Pianist Wolfgang hat große finanzielle Probleme. Sein Freund Sinan will ihm helfen und kauft seinen Steinway-Flügel. Da Wolfgang seinen Flügel aber dringend für seine nächsten Konzerte benötigt, schließen die beiden einen Mietvertrag ab.

Wie ist die Rechtslage?

**Lösungsvorschlag:**

Wolfgang war zunächst Eigentümer gem. § 903 BGB. Durch den Kaufvertrag zwischen Wolfgang und Sinan verpflichtet sich Wolfgang gem. § 433 BGB dazu, Sinan das Eigentum an dem Flügel zu verschaffen. Die Eigentumsübertragung erfolgt durch Einigung und Übergabe gem. § 929 S. 1 BGB. Die Übergabe des Flügels wird jedoch ersetzt durch die Vereinbarung eines Besitzkonstituts gem. § 930 BGB (hier: Besitzüberlassung in Form eines Mietvertrages). Somit geht das Eigentum an dem Flügel rechtmäßig auf Sinan (Erwerber) über. Sinan wird mittelbarer Besitzer gem. § 868 BGB, Wolfgang bleibt unmittelbarer Besitzer.

**Übungsfall 2:**

Der Hobbyfotograf Helge hat sich von einem Bekannten eine nagelneue Digitalkamera geborgt. Da er besonderen Gefallen an den tollen Aufnahmen dieser Kamera gefunden hat, kauft er sie nun von seinem Bekannten.

Wie ist die Rechtslage?

**Lösungsvorschlag:**

Helges Bekannter war zunächst Eigentümer gem. § 903 BGB. Durch den Leihvertrag wurde Helge unmittelbarer Besitzer gem. § 854 I BGB und sein Bekannter mittelbarer Besitzer gem. § 868 BGB. Für eine wirksame Eigentumsübertragung reicht hier die bloße Einigung gem. § 929 S. 2 BGB, da Helge schon im Besitz der Kamera ist.

**Übungsfall 3:**

Fridolin, Eigentümer eines Sportwagens, hat seinem Angestellten Moritz für eine Spritztour seinen Wagen vermietet. Während Moritz fleißig seine Runden dreht, nimmt Fridolin eine günstige Gelegenheit wahr, den Flitzer an die Interessentin Ivana zu verkaufen.

Wie ist die Rechtslage?

**Lösungsvorschlag:**

Fridolin ist Eigentümer gem. § 903 BGB. Durch den Leihvertrag wird Fridolin mittelbarer Besitzer gem. § 868 BGB, sein Angestellter Moritz unmittelbarer Besitzer gem. 854 I BGB. Fridolin schließt als Eigentümer mit der Interessentin Ivana einen Kaufvertrag gem. § 433 BGB. Da Fridolin zum Zeitpunkt des Kaufvertrags nicht im Besitz des Autos ist, wird die Übergabe der Sache durch Abtretung des Herausgabeanspruchs gem. § 931 BGB ersetzt. Ivana ist somit rechtmäßige Eigentümerin des Sportwagens geworden und hat einen Herausgabeanspruch gegenüber dem unmittelbaren Besitzer Moritz nach Ablauf der Leihfrist.

**Übungsfall 4:**

Bianca möchte ihrer Mitschülerin Livia zwei Konzertkarten abkaufen, die sie kürzlich auf dem Schwarzmarkt erworben hat. Livia ist einverstanden und schlägt vor, die Karten in der kommenden Woche zur Berufsschule mitzubringen. Als Bianca eine Woche später in der Pause zu Livias Platz geht, ist diese gerade zum Kiosk gegangen. Bianca sieht aber die Konzertkarten auf Livias Tisch und steckt sie freudestrahlend ein.

Wie ist die Rechtslage?

**Lösungsvorschlag:**

Livia ist Eigentümerin der Karten gem. § 903 BGB. Eine Eigentumsübertragung kommt gem. § 929 S. 1 BGB durch Einigung und Übergabe zustande. Zwar haben sich die beiden Berufsschülerinnen geeinigt, dass das Eigentum an den Karten übergehen soll, jedoch hat keine Übergabe stattgefunden, da Bianca sich die Karten einfach genommen hat. Somit hat keine Eigentumsübertragung stattgefunden; Bianca wird nicht Eigentümerin nach § 929 BGB.

## 18.2 Schutzrechte des Besitzers

**Fallbeispiel:** Ihr Mandant, Thomas Winkler, ruft aufgebracht bei Ihnen in der Kanzlei an. Der Nachbar seines Garagenstellplatzes, Herr Nolte, droht damit, eigenmächtig das Schloss zum Garagentor auszutauschen, sollte Herr Winkler nicht umgehend dafür sorgen, dass der Zuweg ordnungsgemäß vom Laub befreit wird. Herr Winkler möchte nun wissen, ob er den Austausch des Schlosses – notfalls auch mit Gewalt – verhindern darf.

Wie ist dir Rechtslage?

**Grundsatz:** Wird dem Besitzer gegen seinen Willen der Besitz entzogen (= Besitzentziehung) oder der Besitzer in der Ausübung seines Besitzes gestört (= Besitzstörung), spricht das BGB von verbotener Eigenmacht, § 858 BGB. Der Besitzer hat im Falle der verbotenen Eigenmacht das Recht auf Besitzwehr bzw. Besitzkehr.

**Was heißt das?** Dem Besitzer steht zum einen ein Selbsthilferecht zu: Er darf sich – ggf. mit Gewalt – gegen die verbotene Eigenmacht wehren, § 859 BGB. Unabhängig vom Selbsthilferecht hat der Besitzer prozessuale Rechte: er kann die Wiedereinräumung des entzogenen Besitzes gem. § 861 BGB bzw. die Beseitigung der Störung gem. § 862 BGB verlangen.

**Prüfungstipp:** Sie müssen bei der Fallbearbeitung zunächst erkennen, ob es sich bei der verbotenen Eigenmacht um **Besitz*entziehung*** oder um **Besitz*störung*** handelt und nach folgendem Schema vorgehen:

| **Voraussetzung:** Es liegt **verbotene Eigenmacht** vor nach § 858 I BGB, und zwar: | **Ergebnis:** | **1. Rechtsfolge:** **Selbsthilferecht** des Besitzers nach § 859 BGB, und zwar: | **2. Rechtsfolge:** **Prozessuale Rechte** des Besitzers |
|---|---|---|---|
| **Besitzentziehung** ⇨ | Der durch verbotene Eigenmacht erlangte **Besitz ist fehlerhaft** § 858 II BGB. ⇨ | **Besitzwehr und Besitzkehr** (§ 859 I, II BGB): Der entzogene Besitz kann mit Gewalt verteidigt und zurückgeholt werden. ⇨ | § 861 BGB: Der Besitzer hat einen Anspruch auf **Wiedereinräumung** des Besitzes. |
| **Besitzstörung** ⇨ | ⇨ | **Besitzwehr** (§ 859 I BGB): Der gestörte Besitz kann mit Gewalt verteidigt werden. ⇨ | § 862 BGB: Der Besitzer hat einen Anspruch auf **Beseitigung und Unterlassung** der Störung. |

**Zurück zum Fallbeispiel:** Thomas Winkler ist Besitzer des Garagenstellplatzes. Sollte Herr Nolte eigenmächtig das Schloss zu diesem Stellplatz austauschen, entzöge er Herrn Winkler den unmittelbaren Besitz und beginge damit verbotene Eigenmacht gem. § 858 I BGB. Der so erlangte Besitz wäre fehlerhaft gem. § 858 II BGB. Herr Winkler hätte daher zum einen das Recht auf Besitzwehr gem. § 859 I BGB, d.h. er dürfte sich – notfalls mit Gewalt – gegen den Austausch des Schlosses wehren. Er dürfte außerdem versuchen, das Garagenschloss wiederzubekommen und gem. § 859 II BGB von seinem Recht auf Besitzkehr Gebrauch machen. Neben diesem Selbsthilferecht stünde ihm auch noch das prozessuale Recht auf Wiedereinräumung des Besitzes nach § 861 BGB zu.

**Übungsfall 1:**

Anton und Brigitte sind enge Freunde. Beide bereiten sich gemeinsam auf die bevorstehende Rechtsfachwirtprüfung vor. Gelegentlich besuchen sie ihre Mitschülerin Aylin. Anton ist besorgt über seine stofflichen Lücken und leiht sich an einem Abend von Aylin ein Prüfungsvorbereitungsbuch. Brigitte fühlt sich hintergangen und lässt Aylins neues RVG heimlich in ihrer Tasche verschwinden.

**1.** Welche Besitzansprüche kann Aylin gegen Brigitte geltend machen, wenn sie das Fehlen ihres RVGs erst am Folgetag bemerkt?

**2.** Angenommen, Aylin hätte den Diebstahl bemerkt. Welches Recht hätte sie dann gegen Brigitte geltend machen können?

**Lösungsvorschlag:**

**1.** Brigitte hat Aylin gegen ihren Willen den unmittelbaren Besitz entzogen und damit verbotene Eigenmacht begangen, § 858 I BGB. § 858 II BGB bestimmt, dass der durch verbotene Eigenmacht entzogene Besitz fehlerhaft ist. Aylin kann folglich im Rahmen der Besitzklage nach § 861 BGB von Brigitte die Wiedereinräumung des Besitzes – also die Herausgabe des entwendeten RVGs – verlangen.

**2.** § 859 I BGB bestimmt, dass sich der Besitzer verbotener Eigenmacht mit Gewalt erwehren darf. Aylin könnte daher ihr Recht auf Besitzwehr (Selbstverteidigungsrecht) gegen Brigitte geltend machen. Neben dem Recht, den Besitz zu verteidigen, wird dem Besitzer auch das Recht gewährt, sich den Besitz seiner Sache wiederzuholen (Besitzkehr). Aylin könnte sich also ihr RVG wieder zurückholen. **Aber:** *Dieses Recht auf Besitzkehr ist zeitlich begrenzt. Es darf nur ausgeübt werden bei Begehung der Tat oder unmittelbar danach* (§ 859 II BGB).

## 18.3 Herausgabeanspruch des Eigentümers

In vielen Prüfungsfällen stellt sich am Ende die Frage, ob der Eigentümer einer Sache eventuell einen Herausgabeanspruch geltend machen kann. Das BGB hat diese Frage wie folgt geregelt:

***„§ 985 BGB Herausgabeanspruch***

*Der* **Eigentümer** *kann* **von dem Besitzer** *die* **Herausgabe der Sache** *verlangen."*

***„§ 986 BGB Einwendungen des Besitzers***

*(1) Der* **Besitzer** *kann die* **Herausgabe der Sache verweigern,** *wenn er oder der mittelbare Besitzer, von dem er sein Recht zum Besitz ableitet,* **dem Eigentümer gegenüber zum Besitz berechtigt ist.** (...)"

**Wir merken uns daher:** Der Herausgabeanspruch nach § 985 BGB besteht nur dann, wenn

- der Anspruchsberechtigte auch wirklich *Eigentümer* ist,
- der Anspruchsgegner *Besitzer* ist,
- der Besitzer *nicht nach § 986 BGB dem Eigentümer gegenüber zum Besitz berechtigt ist* und
- es sich um eine *Sache* handelt.

**Übungsfall 1:**

Sandra vermisst seit einer Woche ihr Skateboard, welches sie zuletzt vor der Wohnung ihrer besten Freundin hinter einem Gebüsch für ein paar Minuten abgestellt hatte. Als sie sich erneut zu ihrer Freundin auf den Weg macht, sieht sie kurz vor ihrer Ankunft den Nachbarsjungen auf der Straße auf ihrem Skateboard fahren. Wie ist die Rechtslage?

**Lösungsvorschlag:**

Sandra hat als Eigentümerin des Skateboards nach § 985 BGB einen Herausgabeanspruch; sie kann sich also das Skateboard vom Nachbarsjungen wiederholen, der offensichtlich nicht zum Besitz berechtigt ist gem. § 986 I BGB.

**Übungsfall 2:**

Der Schüler Sebastian bittet seine Schwester Yvonne, ihm vorläufig ihren Laptop zu leihen, da er dringend an seiner Hausarbeit arbeiten muss und über kein eigenes Gerät verfügt. Yvonne ist einverstanden – bis zum Ende des Schuljahres darf Sebastian ihren Laptop benutzen, schließlich arbeitet sie ausschließlich mit einem anderen Gerät, welches ihr Arbeitgeber ihr unbefristet zur Verfügung gestellt hat. Als Yvonne zwei Wochen später ihren Dienstlaptop kurzfristig zur Reparatur abgeben muss, da sie sich einen Virus eingefangen hat, verlangt sie von ihrem Bruder umgehend ihr altes Gerät zurück.

**1.** Wer ist Eigentümer, wer ist Besitzer des Laptops?
**2.** Begründen Sie, ob Yvonne von Sebastian die Herausgabe des Laptops verlangen kann!

**Lösungsvorschlag:**

**1.** Sebastian ist gem. § 854 I BGB (unmittelbarer) Besitzer des Laptops, da er die tatsächliche Gewalt über die Sache hat. Yvonne ist Eigentümerin des Laptops, da sie gem. § 903 BGB die rechtliche Gewalt über die Sache hat.

**2.** Yvonne kann als Eigentümerin grundsätzlich die Herausgabe des Laptops gem. § 985 BGB verlangen. Gem. § 986 I 1 BGB kann Sebastian jedoch die Herausgabe verweigern, da er durch die Leihe bis zum Schuljahresende zum Besitz berechtigt ist.

## 18.4 Gutgläubiger Erwerb vom Nichtberechtigten

**Fallbeispiel:** Flora besucht am Wochenende ihre Patentante Brunhilde. Als diese in der Küche das Essen vorbereitet, steckt Flora unauffällig einen herumliegenden 50,00 €-Schein sowie eine Armbanduhr in ihre Hosentasche. Von dem Geld kauft Flora sich eine Woche später ein schickes Kleid in einem Second-Hand-Laden, die Armbanduhr verkauft sie für 150,00 € an ihre beste Freundin Sybille.

Prüfen Sie, ob

**1.** Sybille Eigentümerin der Armbanduhr geworden ist und
**2.** der Second-Hand-Laden Eigentümer des Geldes geworden ist.

**Zur Ausgangslage:** Zur Erleichterung des Wirtschaftsgeschehens wird grundsätzlich vermutet, dass der Besitzer einer beweglichen Sache auch Eigentümer der Sache ist, § 1006 BGB.

**Was folgt daraus?** Die möglichen Rechtsfolgen ergeben sich insbesondere aus den §§ 932 und 935 BGB, die sich – wenn man sie mit ihren Ausnahmen und Einschränkungen auseinanderdröselt – wie folgt zusammenfassen lassen:

Eine bewegliche Sache kann vom Nichtberechtigten erworben werden, wenn:

- der Erwerber in gutem Glauben war (§ 932 I BGB) **und (!)**
- die Sache dem Eigentümer nicht gestohlen wurde, verloren gegangen oder sonst abhanden gekommen war (§ 935 I BGB) (**Ausnahme:** diese Vorschriften gelten nicht bei Geld, Inhaberpapieren oder Sachen, die im Wege öffentlicher Versteigerungen veräußert werden (§ 935 II BGB)).

**Aufgepasst:** liegt (mindestens eine) dieser Voraussetzungen *nicht* vor (z.B. wenn der Erwerber hätte wissen müssen, dass die Sache nicht dem Veräußerer gehört gem. § 932 II BGB), ist ein gutgläubiger Erwerb folglich nicht möglich! (Umkehrschluss)

**Wir merken uns:** Bei freiwilliger Besitzaufgabe (z.B. Leihe, Miete) schützt das BGB den gutgläubigen Erwerber, d.h. der „alte" Eigentümer trägt das Risiko. Der gutgläubige Erwerber kann sich hier also auf die Eigentumsvermutung des § 1006 BGB berufen, wenn nicht irgendwelche Zweifel dagegenstehen. Bei unfreiwilliger Besitzaufgabe (z.B. Diebstahl) schützt das BGB aus Gerechtigkeitsgründen den „alten" Eigentümer, § 935 I BGB. Eine Ausnahme ist dort eingeräumt, wo der Eigentumsnachweis sehr schwer oder gar nicht möglich ist, z.B. bei Geld.

**Hoppla:** Beim gutgläubigen oder nicht gutgläubigen Erwerb vom Nichtberechtigten gibt es bis hier hin noch immer Ungerechtigkeit – entweder hat der ursprüngliche Eigentümer sein Eigentum durch gutgläubigen Erwerb verloren, oder der Erwerber konnte nicht gutgläubig erwerben und wird daher gar nicht Eigentümer. **Und nun?** Hier helfen die gesetzlichen schuldrechtlichen Ansprüche wie der Herausgabeanspruch gem. § 985 BGB, der Herausgabeanspruch bei ungerechtfertigter Bereicherung gem. § 812 I BGB sowie die Schadensersatzpflicht bei unerlaubter Handlung gem. § 823 I BGB bei der abschließenden Falllösung weiter!

**Zurück zum Fallbeispiel:**

**1.** Sybille war in gutem Glauben gem. § 932 I BGB, und hätte daher grundsätzlich von der nichtberechtigten Flora die Armbanduhr erwerben können. Dies gilt jedoch nicht bei gestohlenen Sachen gem. § 935 I 1 BGB. Daher ist Sybille keine Eigentümerin der Armbanduhr geworden.

**2.** Grundsätzlich ist kein gutgläubiger Erwerb möglich, wenn es sich um gestohlene Sachen handelt §§ 932 I, 935 I 1 BGB. Allerdings gilt diese Regelung nicht für Geld, so dass auch hier bei Gutgläubigkeit Eigentum erworben werden kann § 935 II BGB. Der Second-Hand-Laden ist also Eigentümer des Geldes geworden.

**Übungsfall 1:**

Die 20-jährige RA-Fachangestellte Martina kauft von ihrem Bekannten Bernd dessen geländegängiges Mountainbike für 1.000,00 €. Nach einigen Wochen verkauft und übergibt sie es für 800,00 € an Herrn Kern. Bei einer polizeilichen Verkehrskontrolle wird festgestellt, dass das Fahrrad bei einem Einbruch in ein Fahrradgeschäft entwendet wurde. Es wird von der Polizei beschlagnahmt. Weder Bernd noch Herr Kern ahnten etwas von dem Diebstahl.

1. Ist Herr Kern Eigentümer des Fahrrades geworden?
2. Wie würde sich die Rechtslage darstellen, wenn Herr Kern das Fahrrad im Wege einer öffentlichen Versteigerung erworben hätte?

**Lösungsvorschlag:**

**1.** Nein, Herr Kern ist kein Eigentümer geworden, da es grundsätzlich keinen gutgläubigen Erwerb von gestohlenen Gegenständen gibt, §§ 932 I, 935 I 1 BGB.

**2.** Ja, Herr Kern wäre Eigentümer geworden. Denn bei Sachen, die im Wege einer öffentlichen Versteigerung erworben werden, ist ein gutgläubiger Erwerb möglich, § 935 II BGB.

**Übungsfall 2:**

Frederike hat ihrer Kollegin Bernadette ihr Fahrrad geliehen. Diese hat es jedoch aus akuter Geldnot noch am selben Tag an ihre Freundin Paula verkauft. Paula ist davon ausgegangen, dass das Fahrrad Bernadette gehörte.

1. Kann Frederike das Fahrrad von Paula zurückverlangen?
2. Kann Frederike gegenüber ihrer Kollegin Bernadette gesetzliche Schadensersatzansprüche geltend machen?

**Lösungsvorschlag:**

**1.** Paula war bei dem Kauf des Fahrrades in gutem Glauben gem. § 932 I BGB. Daher ist Paula rechtmäßige Eigentümerin des Rades geworden; Frederike kann das Fahrrad nicht zurückverlangen.

**2.** Frederike hat zwar ihr Eigentum an dem Fahrrad verloren, sie hat jedoch einen Schadensersatzanspruch aus unerlaubter Handlung gem. § 823 I BGB gegenüber Bernadette. Denn diese hat vorsätzlich das Eigentum von Frederike verletzt.

## 18.5 Eigentumserwerb durch Fund

**Fallbeispiel:** Eva Sommer entdeckt auf dem Weg zur U-Bahn einen kostbar aussehenden Ring auf dem Gehweg. Sie steckt ihn ein und fragt sich, wie sie weiter zu verfahren hat.

1. Begründen Sie, ob der Ring im Fundbüro abgegeben werden muss!
2. Berechnen Sie einen etwaigen Finderlohn, sollte der Ring einen Wert von 600,00 € haben.
3. Könnte Eva rechtswirksam Eigentümerin dieses Ringes werden?

**Fund oder Aneignung?** Diese Frage ist zunächst zu klären! Während es sich bei der Aneignung um eine bewegliche *herrenlose* Sache gem. § 958 BGB handelt, spricht der Gesetzgeber bei *verloren* Sachen von Fund gem. § 965 BGB. Sachen, deren Eigentum bspw. bewusst aufgegeben wurde (z.B. eine zurück gelassene Zeitschrift in der U-Bahn) können direkt in Eigenbesitz genommen werden. Aber wie geht es bei verloren gegangenen Sachen weiter?

| | | | |
|---|---|---|---|
| **Pflichten des Finders** | Anzeigepflicht<br>§ 965 BGB | Verwahrungspflicht<br>§ 966 BGB | Ablieferungspflicht<br>§ 967 |
| **Rechte des Finders** | Aufwandsersatz<br>§ 970 BGB | Finderlohn<br>§ 971 BGB | Eigentumserwerb<br>§ 973 BGB |

**Aber aufgepasst:** Die prozentuale Höhe des Finderlohns ist gestaffelt und von dem Wert und der Art der verlorenen Sache abhängig, § 971 I BGB. Außerdem sind die Besonderheiten bei Fund in Geschäftsräumen oder Beförderungsmitteln einer öffentlichen Behörde oder Verkehrsanstalt nach § 978 BGB zu beachten!

**Zurück zum Fallbeispiel:**

**1.** Da Eva der Eigentümer bzw. Verlierer des Rings nicht bekannt ist, kann sie ihm selbst den Fund nicht anzeigen gem. § 965 I BGB; sie ist daher verpflichtet, den Ring im Fundbüro abzugeben und die relevanten Umstände des Fundes (genauer Ort, Zeitpunkt) mitzuteilen gem. § 965 II BGB.

**2.** Sie hätte gem. § 971 I 1 BGB einen Anspruch auf Finderlohn. Dieser beträgt bei einem Wert von 600,00 € insgesamt 28,00 € gem. § 971 I 2 BGB (25,00 € für die ersten 500,00 € und zusätzlich 3,00 € für die weiteren 100,00 €).

**3.** Eva könnte nach Ablauf von sechs Monaten nach Anzeige des Funds Eigentümerin an dem Ring werden, sollte der Ring nicht von dem ursprünglichen Eigentümer abgeholt werden gem. § 973 I BGB.

**Übungsfall 1:**

In der S-Bahn ist eine Sporttasche liegengeblieben, die Lovina als letzter Fahrgast in ihrem Abteil vor dem Aussteigen an sich nimmt. Zu Hause entdeckt sie, dass sich neben den Sportklamotten noch eine wertvolle Armbanduhr in der Tasche befindet.

Mit welchem Finderlohn kann Lovina rechnen, wenn der Fund einen Gesamtwert von 350,00 € hat?

**Lösungsvorschlag:**

Gem. § 971 I 2 BGB beträgt der Finderlohn bei einem Wert von 350,00 € grundsätzlich 17,50 € (350,00 € x 0,05). Da Lovina den Fund jedoch in einer Verkehrsanstalt (S-Bahn) gemacht hat, beträgt der Finderlohn gem. § 978 II 2 die Hälfte des in § 971 BGB genannten regulären Finderlohns, also 8,75 €.

**Übungsfall 2:**

Patrick Leube findet beim Joggen am 10. Oktober einen Stoffbeutel mit 2.000,00 € Bargeld. Er gibt seinen Fund am nächsten Tag im Fundbüro ab.

**1.** Wie hoch ist der Finderlohn?

**2.** Ab wann könnte Patrick Eigentümer des Fundes werden?

**Lösungsvorschlag:**

**1.** Gem. § 971 I 2 BGB berechnet sich der Finderlohn für 2.000,00 € Fund wie folgt:

5 % von 500,00 € = 25,00 €, 3 % von 1.500,00 € = 45,00 €, in der Summe also 25,00 € + 45,00 € = 70,00 €.

**2.** Patrick hat die Tasche mit dem Geld am 11.Oktober im Fundbüro abgegeben. Gem. § 973 I 1 BGB würde er sechs Monate nach der Anzeige Eigentümer werden, also ab dem 11. April des Folgejahres.

# 19. Pfandrecht an beweglichen Sachen und andere Kreditsicherheiten

## 19.1 Pfandrecht

**Fallbeispiel:** Sonja braucht dringend Geld für die Reparatur ihres Autos. Sie bittet daher ihre beste Freundin Corinna, ihr die benötigten 600,00 € für drei Monate zu leihen – dann, so ist sie sich sicher, kann sie mit dem Weihnachtsgeld ihre Schulden begleichen. Corinna ist einverstanden, möchte sich aber gerne absichern, sollte Sonja das Geld nicht wie versprochen zurückzahlen können. Die zwei Freundinnen einigen sich darauf, dass Corinna zur Sicherheit Sonjas Schmuck bekommt, der insgesamt einen Wert von 700,00 € hat.

**1.** Welche Kreditsicherheit bietet sich in diesem Fall für die zwei Freundinnen an?

**2.** Welche weiteren Schritte sind nötig, damit die Kreditsicherheit auch wirklich greift?

**Pfandrecht – was ist das?** Das nach dem Gesetz ursprünglichste Sicherungsrecht an beweglichen Sachen ist das Pfandrecht nach § 1204 BGB. Es entsteht durch **Einigung** zwischen Eigentümer und Pfandgläubiger über die Entstehung des Pfandrechts und der **Übergabe der Pfandsache** an den Pfandgläubiger, §§ 1205 f. BGB. **Übrigens:** Auch der gutgläubige Erwerb des Pfandrechts vom Nichteigentümer ist möglich, § 1207 BGB.

Das Pfandrecht ist ein sogenanntes dingliches Verwertungsrecht – es gibt dem Pfandgläubiger (Kreditgeber) das Recht, sich bei Eintritt der **Pfandreife** aus der Sache zu befriedigen, § 1204 I BGB. Pfandreife liegt dann vor, wenn die mit dem Pfandrecht gesicherte Forderung fällig ist und nicht entsprechend der vertraglichen Vereinbarung gezahlt wird, § 1228 II BGB.

Das Pfandrecht steht in unlösbarer Beziehung zu einer Forderung, die durch das Pfandrecht gesichert werden soll, § 1252 BGB; ohne Forderung kann also kein Pfandrecht bestehen.

**Wichtig:** Diese Abhängigkeit wird mit dem Fachbegriff **Akzessorietät** bezeichnet. Mit dem Erlöschen des Pfandrechts ist die Pfandsache vom Pfandgläubiger zurückzugeben, § 1223 BGB.

**Gut zu wissen:** Neben dem vertraglichen Pfandrecht können Pfandrechte auch *von Gesetzes wegen* entstehen. So räumt das BGB u.a. dem Vermieter für Forderungen aus dem Mietverhältnis ein gesetzliches Pfandrecht ein. Neben dem gesetzlichen Pfandrecht stellt noch das sog. *Pfändungspfandrecht* eine Besonderheit dar. Diese Art des Pfandrechts entsteht, wenn im Rahmen der Zwangsvollstreckung Gegenstände gepfändet werden.

**Zurück zum Fallbeispiel:**

**1.** In diesem Fall bietet sich das Pfandrecht nach § 1204 BGB an, da hier eine bewegliche Sache (Schmuck) zur Sicherung einer Forderung (600,00 €-Kredit) in der Weise belastet werden kann, dass der Gläubiger (Corinna) berechtigt ist, Befriedigung aus der Sache (Schmuck)zu ziehen, sie also zu verkaufen, § 1228 I BGB.

**2.** Nach § 1205 I BGB ist es zur Bestellung des Pfandrechtes neben der Einigung erforderlich, dass der Eigentümer (Sonja) die Sache (Schmuck) dem Gläubiger (Corinna) übergibt.

**Übungsfall 1:**

Die Rechtsfachwirtin Barbara bittet ihre Kollegin Betül, ihr 500,00 € zu leihen. Betül will ihr die verlangte Summe geben, fordert aber als Sicherheit Barbaras Armbanduhr, die einen Schätzwert von mindestens 800,00 € hat. Barbara ist bereit, als Kreditsicherheit ihre Armbanduhr zu verpfänden.

**1.** Auf welche Art und Weise kann Barbara Betül ihre wertvolle Armbanduhr als Kreditsicherheit geben? Begründen Sie kurz Ihre Antwort.

**2.** Bei dieser Form der Kreditsicherheit handelt es sich um ein akzessorisches dingliches Recht.
Erklären Sie kurz diesen juristischen Fachbegriff!

**3.** Angenommen, Barbara zahlt zum vereinbarten Termin nur 300,00 € an Betül zurück. Ist Betül berechtigt, die Armbanduhr von Barbara noch am gleichen Tag zu veräußern?

**Lösungsvorschlag:**

**1.** Gem. § 1204 I BGB kann Betüls Forderung durch die Belastung von Barbaras Armbanduhr mit einem Pfandrecht zugunsten von Betül gesichert werden. Die Armbanduhr muss dazu von Barbara an Betül übergeben werden. Zusätzlich müssen sich beide Vertragspartner darüber einig sein, dass Betül an der Uhr ein Pfandrecht erwerben soll, § 1205 BGB. Diese Art der Pfandbestellung bezeichnet man als vertragliches Pfandrecht.

**2.** Der Fachbegriff „akzessorisches dingliches Recht" bedeutet, dass das Pfandrecht von dem Bestehen einer Forderung abhängig ist. Ohne bestehende Forderung gibt es kein Pfandrecht (§§ 1250, 1252 BGB).

**Hinweis:** Bei **abstrakten** Kreditsicherheiten ist die Sicherheit losgelöst von der Forderung und ist daher von dem Bestehen einer Forderung unabhängig!

**3.** Der Pfandgläubiger – im Beispiel Betül – kann nur dann ein Pfand verwerten, wenn folgende Voraussetzungen gegeben sind:

- Die Forderung muss ganz oder teilweise fällig sein, § 1228 II BGB; diese Voraussetzung wäre – bezogen auf unseren Fall – erfüllt.
- Vor dem Pfandverkauf muss der Pfandgläubiger dem Eigentümer die Veräußerung androhen und den Geldbetrag beziffern, wegen dem der Verkauf erfolgen soll, § 1234 I BGB.
- Die Verwertung der Pfandsache darf nicht vor dem Ablauf einer einmonatigen Wartefrist nach der Androhung erfolgen, § 1234 II BGB.

Da die beiden letzten Voraussetzungen (noch) nicht erfüllt sind, darf Betül die Pfandsache nicht veräußern.

## 19.2 Sicherungsübereignung

**Fallbeispiel:** Karen Block hat sich ein neues Auto im Wert von 11.000,00 € gekauft. Da sie selbst über keine ausreichenden Ersparnisse verfügt, hat sie den Autokauf über ihre Hausbank finanziert. Diese hatte ihr ein günstiges Finanzierungsangebot unterbreitet und als Kreditsicherheit die Sicherungsübereignung des neu gekauften Autos vorgeschlagen.

**1.** Grenzen Sie kurz das Pfandrecht von der Sicherungsübereignung ab!

**2.** Begründen Sie, weshalb sich diese Art der Sicherheit in der Praxis besonders gut bewährt hat!

**Sicherungsübereignung – was ist das?** Im Wirtschaftsleben hat die sogenannte Sicherungsübereignung als Kreditsicherheit eine sehr viel größere Bedeutung als das Pfandrecht, auch wenn sie im BGB nicht ausdrücklich geregelt ist. Man versteht darunter die Übereignung einer beweglichen Sache zu Sicherungszwecken durch **Einigung** und **Besitzkonstitut** (vgl. §§ 929, 930 BGB) – der Kreditnehmer bleibt hier also **unmittelbarer Besitzer**, während der Kreditgeber (z.B. die Bank) **Eigentümer** der Sache wird.

**Wichtig:** Die Sicherungsübereignung ist losgelöst von der zugrunde liegenden Forderung – sie ist also **abstrakt**!

**Zurück zum Fallbeispiel:**

**1.** Während im Rahmen des Pfandrechts der Gläubiger das Faustpfand in seinen unmittelbaren Besitz nimmt, bleibt der Schuldner Eigentümer der Pfandsache. Bei der Sicherungsübereignung dagegen wird das **Eigentum** auf den Gläubiger übertragen, während der Schuldner im **unmittelbaren Besitz** der Sache bleibt.

Dieser sachenrechtliche Teil wird zumeist in Form eines sogenannten **Besitzkonstituts** gem. § 930 BGB abgewickelt. Dazu wird beispielsweise ein Miet-, Leih- oder Verwahrungsvertrag zwischen den Vertragspartnern geschlossen.

**2.** Ein großer Vorteil ist, dass der Schuldner die als Kreditsicherheit übereignete Sache weiter nutzen kann. So kann auch im obigen Beispiel Karen Block das an die Bank übereignete Auto selbst nutzen. Aber auch für den Kreditgeber (z.B. die Bank) hat die Sicherungsübereignung den Vorteil, dass die übereignete Sache nicht aufwendig verwahrt werden muss.

## 19.3 Eigentumsvorbehalt

**Fallbeispiel:** Die Holzhandlung „Blauberg GmbH“ beliefert viele der umliegenden Schreinereien der Region mit Holz. Als die Schreinerei „Gerber & Söhne KG“, spezialisiert auf die Anfertigung von Gartenmöbeln, zum wiederholten Mal nicht rechtzeitig ihre Rechnung für die Holzlieferung begleicht, fragt sich der Geschäftsführer der „Blauberg GmbH“, wie er künftig seine Lieferantenkredite sinnvoll und kostengünstig absichern kann.

Begründen Sie, welche Form der Kreditsicherheit sich hier anbietet!

**Eigentumsvorbehalt – was ist das?** Es ist ein unkompliziertes und im Wirtschaftsleben weit verbreitetes Sicherungsmittel von **Lieferantenkrediten**. Der Verkäufer behält sich im Rahmen des Verkaufs und der Lieferung einer beweglichen Sache das Eigentum an dieser vor, solange der Kaufpreis noch nicht vollständig bezahlt ist (vgl. §§ 449 I BGB i.V.m 158 I BGB).

**Wir unterscheiden drei Grundformen:**

| Eigentumsvorbehalt § 449 I BGB | | |
|---|---|---|
| **einfacher Eigentumsvorbehalt** | **verlängerter Eigentumsvorbehalt** | **erweiterter Eigentumsvorbehalt** |
| Der Verkäufer bleibt Eigentümer der Ware, bis diese vom Käufer vollständig bezahlt wird. | Der verlängerte Eigentumsvorbehalt erstreckt sich auf den **Weiterverkauf** oder die **Weiterverarbeitung** der Ware. | Verkäufer und Käufer vereinbaren, dass das Eigentum an einer Ware erst dann an den Käufer übergeht, wenn **sämtliche Forderungen** zwischen den Parteien **beglichen** sind. |

**Zurück zum Fallbeispiel:** Hier würde sich für die „Blauberg GmbH“ der **verlängerte Eigentumsvorbehalt** anbieten, der sich zusätzlich auf die Weiterverarbeitung der Ware erstreckt. Auf diese Weise wäre der Lieferantenkredit für die Holzlieferung auch dann noch abgesichert, wenn die Schreinerei das Holz zwar noch nicht (vollständig) bezahlt, aber bereits (z.B. zu Gartenmöbeln) weiterberarbeitet hat.

**Übungsaufgabe 1:**

Welche Aussagen zum Eigentumsvorbehalt sind richtig?

1. Der Verkäufer bleibt Besitzer einer Ware, bis der Kaufpreis vom Käufer vollständig bezahlt wird.
2. Der Käufer kann vom Vertrag zurücktreten, wenn die Bedingungen zur Kaufpreiszahlung nicht erfüllt sind.
3. Der einfache Eigentumsvorbehalt erlischt durch Verkauf an einen gutgläubigen Dritten.
4. Das Eigentum an der Ware geht erst dann auf den Käufer über, wenn dieser die Ware vollständig bezahlt hat.
5. Der Käufer ist bis zur vollständigen Bezahlung nur Eigentümer der Ware.

**Lösungsvorschlag:**
**3., 4.**

**Übungsaufgabe 2:**
Weshalb ist es für den Verkäufer vorteilhaft, mit dem Käufer einen Eigentumsvorbehalt zu vereinbaren?
**1.** Weil der Verkäufer damit das Recht erhält, jederzeit vom Kaufvertrag zurückzutreten.
**2.** Weil der Verkäufer damit die Kaufpreisforderung absichern will.
**3.** Weil der Verkäufer in diesem Fall Besitzer der Ware bleibt.
**4.** Weil der Verkäufer damit einen Weiterverkauf durch den Kunden unterbinden kann.
**5.** Weil der Käufer damit die Zusicherung erhält, Eigentümer zu werden.

**Lösungsvorschlag:**
**2.**

## 19.4 Bürgschaft

**Fallbeispiel:** Sabine Maier hat vor zwei Jahren eine selbstschuldnerische Bürgschaft für ihre Tochter Annemarie übernommen, die wegen eines anstehenden Umzugs dringend Geld brauchte und sich von ihrer Hausbank hierfür 5.000,00 € geliehen hatte.

Vor acht Monaten hat Annemarie jedoch ihren Job verloren und kann seitdem die monatlichen Kreditraten nicht mehr aufbringen – ihre Hausbank hat ihr daraufhin den Kredit gekündigt und sofort fällig gestellt. Die Hausbank verlangt nun von Sabine Maier, den noch offenen Kreditbetrag in Höhe von 4.000,00 € zzgl. Verzugszinsen umgehend zu begleichen. Zu Recht?

**Bürgschaft – was ist das?** Bei einer Bürgschaft handelt es sich um eine **Personensicherheit** („verstärkter Personalkredit") in Form eines *einseitig verpflichtenden (Bürgschafts-)Vertrags*, der ohne Mitwirkung des Hauptschuldners zwischen dem Bürgen und dem Gläubiger in schriftlicher Form (Ausnahme: Kaufleute) abgeschlossen wird (§§ 765 f. BGB). Der Bürge erklärt darin, dass er für die Rückzahlung des Kredits haftet, sollte der Hauptschuldner hierzu nicht (mehr) in der Lage sein. Die Bürgschaft besteht in Höhe der Hauptverbindlichkeit (§ 767 I 1 BGB) und ist somit **akzessorisch.**

In der Prüfungspraxis sollten Sie zwischen zwei Bürgschaftsarten unterscheiden können:

| **Ausfallbürgschaft**<br>(„Grundfall") | **Selbstschuldnerische Bürgschaft**<br>(„Bankenpraxis") |
|---|---|
| Der Bürge kann hier die **„Einrede der Vorausklage"** geltend machen, d.h. er muss erst zahlen, wenn beim Schuldner, für den er bürgt, eine Zwangsvollstreckung erfolglos durchgeführt wurde, § 771 BGB. | Hierbei **verzichtet** der Bürge vertraglich auf die **„Einrede der Vorausklage"**. Dem Gläubiger steht dadurch das Recht zu, bei Nichtleistung durch den Schuldner die Zahlung direkt vom Bürgen zu verlangen, und zwar ohne vorher gerichtlich gegen den Schuldner vorgehen zu müssen, § 773 I Nr. 1 BGB. |

**Zurück zum Fallbeispiel:** Frau Maier bürgt für ihre Tochter Annemarie gegenüber der Hausbank **selbstschuldnerisch**, d.h. sie kann die Einrede der Vorausklage nicht geltend machend machen gem. § 773 I Nr.1. BGB und muss den Betrag der noch bestehenden Hauptforderung zzgl. entstandener Verzugszinsen (§§ 765 I, 767 I 1, 2 BGB) begleichen.

**Übungsaufgabe 1:**

Welche Aussage über die Bürgschaft ist richtig?

**1.** Die Bürgschaft ist ein Vertrag zwischen Forderungsgläubiger und Forderungsschuldner.
**2.** Die Bürgschaft ist ein Vertrag zwischen dem Schuldner und dem Bürgen.
**3.** Bürgschaftsverträge müssen notariell beglaubigt werden.
**4.** Der Bürgschaftsvertrag ist ein Vertrag zwischen dem Gläubiger und dem Bürgen.
**5.** Die Bürgschaft ist eine dingliche Kreditsicherheit.

**Lösungsvorschlag:**

**4.**

**Übungsaufgabe 2:**

Welche Aussagen über die Bürgschaft sind richtig?

**1.** Die Einrede der Vorausklage ist ein Recht des Bürgen, auf das er vertraglich verzichten kann.
**2.** Bei der Ausfallbürgschaft kann der Bürge problemloser zur Zahlung verpflichtet werden als bei der selbstschuldnerischen Bürgschaft.
**3.** Die Ausfallbürgschaft stellt für den Bürgen kaum Risiken dar, da er die Einrede der Vorausklage geltend machen kann.
**4.** Der Bürge haftet auch für entstandene Verzugszinsen.
**5.** Die Bürgschaft ist eine Kreditsicherheit, die losgelöst von der zugrundeliegenden Forderung besteht.

**Lösungsvorschlag:**

**1., 4.**

# 20. Grundbuch und Grundpfandrechte

## 20.1 Das Grundbuch

**Fallbeispiel:** Thorsten und Anke Müller haben nach langer Sucherei endlich ihr Traumhaus gefunden. Mit dem Verkäufer haben sie sich bereits auf den Kaufpreis geeinigt und können es kaum abwarten, endlich Eigentümer dieses Grundstücks zu werden. Eheleute Müller haben daher bereits gemeinsam mit dem Verkäufer einen Kaufvertrag aufgesetzt, der auch von beiden Parteien unterschrieben wurde. Sind Thorsten und Anke bereits Eigentümer an dem Grundstück geworden?

**Was genau ist ein Grundbuch?** Das Grundbuch ist das amtliche Verzeichnis der in einem bestimmten Gebiet gelegenen Grundstücke und der Rechtsverhältnisse, die an ihnen und in Bezug auf sie bestehen. Es wird von den Grundbuchämtern geführt, die zumeist einer Abteilung des zuständigen Amtsgerichts angehören.

Vorschriften über Zweck, Funktion und Führung des Grundbuches sind teils im BGB (materielles Recht), teils in der **Grundbuchordnung** (**GBO** = formelles Recht) geregelt.

Grundbucheintragungen werden i.d.R. vom Rechtspfleger vorgenommen. Alle Eintragungen müssen von ihm und vom Urkundsbeamten der Geschäftsstelle unterschrieben werden. Üblicherweise werden Eintragungen vom Notar beantragt, nachdem er die für die Eintragung erforderlichen Erklärungen beurkundet hat, §§ 15, 29 GBO.

Besonders wichtige Grundsätze sind die **Richtigkeitsvermutung** und der **öffentliche Glaube** des Grundbuches, §§ 891 f. BGB: Das Grundbuch genießt als öffentliches Register grundsätzlich öffentlichen Glauben, d.h. es gilt die gesetzliche Vermutung, dass ein im Grundbuch eingetragenes Recht dem dort bezeichneten Rechtsinhaber zusteht bzw. dass ein gelöschtes Recht nicht mehr besteht.

**Aber aufgepasst:** Der öffentliche Glaube gilt nicht, wenn der Erwerber bösgläubig ist, also die Unrichtigkeit des Grundbuches kennt, oder wenn ein Widerspruch gegen die Richtigkeit eingetragen ist, § 899 BGB. Wegen der erheblichen Gefahren, die die Richtigkeitsvermutung und der öffentliche Glaube für denjenigen mit sich bringen, dessen Recht fälschlicherweise nicht im Grundbuch eingetragen ist, gibt es durch § 894 BGB die Möglichkeit eines Grundbuchberichtigungsanspruchs.

**Und wie ist das Grundbuch aufgebaut?** Zu jedem Grundstück wird eine Grundakte geführt. Sie enthält sämtliche Vorgänge (Kaufverträge, Bewilligungen usw.), die Grundlagen von Eintragungen sind. Das Grundbuch ist nach der Aufschrift in ein Bestandsverzeichnis und drei Abteilungen gegliedert:

| | |
|---|---|
| **Aufschrift** | Sie enthält das zuständige Amtsgericht, Grundbuchbezeichnung, Band und Blatt. |
| **Bestandsverzeichnis** | Es enthält die laufende Nummer des Grundstücks, die Angabe über die katastermäßige Erfassung (Gemarkung, Flur, Flurstück), die Größe, die Lage und die Wirtschaftsart des Grundstücks, § 6 GBV. |
| **Abteilung I** | Sie bezeichnet den Eigentümer des Grundstücks sowie Datum und Grund des Eigentumserwerbs, § 9 GBV. |
| **Abteilung II** | Sie enthält die „Lasten und Beschränkungen" des Grundstücks, also Nutzungsrechte am Grundstück (z.B. Dienstbarkeiten, Nießbrauch u.a.), Vormerkungen, Widersprüche gegen die Richtigkeit des Grundbuches usw., § 10 GBV. |
| **Abteilung III** | Hier werden Grundstücksbelastungen in Form von Hypotheken, Grund- und Rentenschulden dokumentiert, § 11 GBV. |

**Hinweis:** Jeder, der ein berechtigtes Interesse nachweisen kann, darf in das Grundbuch Einsicht nehmen. Dies trifft insbesondere zu auf Eigentümer und Personen, die ein Recht am Grundstück haben oder erwerben wollen (z.B. Wegerecht), sowie Banken und Notare.

**Und wie kann Eigentum an einem Grundstück erworben werden?** Nach § 873 BGB sind für die Eigentumsübertragung sowohl die **Einigung** des Eigentümers und des Erwerbers als auch die **Eintragung** der Rechtsänderung in das Grundbuch erforderlich. Die dingliche Einigung zwischen Käufer und Verkäufer über die Übereignung des Grundstücks wird als **Auflassung** bezeichnet und in § 925 BGB genauer geregelt – so muss die Eigentumsübertragung von Grundstücken vor einer zuständigen Stelle (i.d.R. einem Notar) stattfinden.

**Zurück zum Fallbeispiel:** Die Eigentumsübertragung an Grundstücken erfolgt gem. § 873 I BGB durch Einigung und Eintragung ins Grundbuch. Eine Eintragung ins Grundbuch ist hier (noch) nicht erfolgt, so dass Eheleute Müller noch keine Eigentümer geworden sein können.

Ein Vertrag, durch den sich der eine Teil verpflichtet, das Eigentum an einem Grundstück zu übertragen oder zu erwerben, bedarf gem. § 311b I BGB der notariellen Beurkundung und ist gem. § 925 BGB bei gleichzeitiger Anwesenheit beider Teile vor einer zuständigen Stelle (z.B. Notar) zu erklären. Es genügt für eine Einigung also nicht, dass Käufer und Verkäufer einen (schriftlichen) Vertrag schließen.

Eheleute Müller sind daher noch keine Eigentümer an ihrem Traumhaus geworden.

**Übungsaufgabe 1:**

Was bedeutet der Begriff „Auflassung" bei Grundstückskäufen?

**1.** Das Aufsetzen eines Grundstückskaufvertrags von einem Notar.
**2.** Die Eintragung des Eigentümerwechsels im Grundbuch.
**3.** Die Einigung des Erwerbers und des Veräußerers über den Eigentumsübergang an dem Grundstück.
**4.** Die Übertragung des Besitzes an dem Grundstück.
**5.** Die notarielle Beurkundung des Grundstückskaufvertrags.

**Lösungsvorschlag:**

**3.**

**Übungsaufgabe 2:**

Welche Angaben finden sich nicht in Abteilung II des Grundbuches?

**1.** Dauerwohnrecht
**2.** Nießbrauch
**3.** Auflassungsvormerkung
**4.** Grundstücksgröße
**5.** Grundschuld

**Lösungsvorschlag:**

**4., 5.**

**Übungsfall 1:**

Durch den Fehler eines Grundbuchbeamten wird Ernst Schmidt als Eigentümer eines fremden Grundstücks im Grundbuch eingetragen. Als er davon erfährt, nimmt er bei seiner Bank ein hypothekarisch gesichertes Darlehen auf und sucht nach Eintragung der Hypothek die Ferne.

Ist die Bank Inhaber der Hypothek geworden?

**Lösungsvorschlag:**

Die gutgläubige Bank konnte sich hier auf die Richtigkeit des Grundbuchinhaltes verlassen. Sie hat demnach gutgläubig gem. §§ 891 I, 892 I BGB die Hypothek erworben.

## 20.2 Grundschuld und Hypothek

Grundstücke sind als Kreditsicherheit vor allem deshalb interessant, weil sie wertbeständig sind und vom Schuldner nicht – wie z.B. bei beweglichen Sachen – beiseitegeschafft werden können.

Die bekanntesten und wichtigsten Grundpfandrechte sind die **Hypothek** (§§ 1113 ff. BGB) und die **Grundschuld** (§§ 1191 ff. BGB), die dem Gläubiger bei Fälligkeit einen Anspruch gegen den Grundstückseigentümer auf Duldung der Zwangsvollstreckung (insbesondere Zwangsversteigerung) in das belastete Grundstück geben.

**Und worin unterscheiden sich die beiden Grundpfandrechte?**

| Grundschuld | Hypothek |
|---|---|
| Das Bestehen einer Forderung ist nicht erforderlich, sie ist also **abstrakt**. | Sie setzt das Bestehen einer Forderung voraus, ist also **akzessorisch**. |
| Die Grundschuld **erlischt nicht** automatisch, sobald der Kredit zurückgezahlt ist. | Die Hypothek **erlischt**, sobald der Kredit zurückgezahlt ist; sie verwandelt sich in eine **Eigentümergrundschuld**. |
| Dem Gläubiger haftet nur das Grundstück (**dingliche Haftung**). | Dem Gläubiger haftet das Grundstück (**dingliche Haftung**) sowie der Schuldner mit seinem ganzen Vermögen (**persönliche Haftung**). |

**Übungsaufgabe 1:**

Welche Aussagen zu den Grundpfandrechten sind richtig?

**1.** Die Grundschuld ist anders als die Hypothek ein abstraktes Grundpfandrecht.
**2.** Die Hypothek steht dem Gläubiger nur in Höhe der zugrundeliegenden Forderung zu.
**3.** Nur bei der Hypothek besteht für den Gläubiger ein dinglicher Anspruch an dem Grundstück.
**4.** Grundschulden und Hypotheken werden in Abteilung II im Grundbuch eingetragen.
**5.** Die Hypothek erlischt nach vollständiger Tilgung und wandelt sich in eine Eigentümergrundschuld, sofern ihre Löschung nicht beantragt wird.

**Lösungsvorschlag:**

**1., 2., 5.**

# 21. Verwandtschaft/Schwägerschaft

Das Familienrecht ist im vierten Buch des BGB (§§ 1297 bis 1921 BGB) geregelt und wesentlicher Bestandteil des „Lernfeld 13: In familien- und erbrechtlichen Angelegenheiten tätig werden". Die folgenden Einlassungen und Übungsfälle bilden nur einen Teil der damit einhergehenden Lerninhalte zum Familienrecht ab, die wir jedoch im Hinblick auf Ihre Kammerprüfung für besonders bedeutsam erachten.

Max ist mit Gudrun verwandt, aber nur in der Seitenlinie dritten Grades. Wer also ist Gudrun für Max?

| Stammbaum | | | | | |
|---|---|---|---|---|---|
| | **Verwandtschaft § 1589 BGB** (= Abstammung) | | | **Schwägerschaft § 1590 BGB** (= durch Eheschließung) | |
| | **gerade Linie** (= direkte Abstammung) | **ungerade Linie / Seitenlinie** (= gemeinsame Verwandte) | | **grade Linie** | **ungerade Linie / Seitenlinie** |
| **1. Grades** | *Kinder, Eltern* | – | | *Stief-/Schwiegerkinder, Schwiegereltern* | – |
| **2. Grades** | *Großeltern, Enkel* | *Geschwister* | | *Großeltern, Enkel des Ehepartners* | *Geschwister des Ehepartners* |
| **3. Grades** | *Urgroßeltern, Urenkel* | *Onkel, Tante bzw. Neffe, Nichte* | | *Urgroßeltern, Urenkel des Ehepartners* | *z.B. Onkel / Tante des Ehepartners* |
| **4. Grades** | *Ururgroßeltern, Ururenkel* | *Cousin, Cousine bzw. Großneffe, Großnichte* | | *Ururgroßeltern, Ururenkel des Ehepartners* | *z.B. Cousin / Cousine des Ehepartners* |

**Zwei einfache Regeln:** 1. Der Grad der Verwandtschaft bestimmt sich nach der Zahl der sie vermittelnden Geburten (§ 1589 I 3 BGB). 2. Linie und Grad der Schwägerschaft richten sich nach der Linie und dem Grad der Verwandtschaft des Ehepartners mit der Person.

| **Übungsfall 1:**<br>Ludwig Baumann, Witwer, ist plötzlich verstorben. Er hinterlässt seinen Sohn Fridolin und seine Schwiegertochter Marlene, seine Enkeltochter Leonie, seinen Bruder Leopold und dessen Frau Dorothee, sowie deren Tochter Sophie.<br>Geben Sie an, wie die folgenden Personen in gerader oder ungerader Linie (g/u) und welchen Grades (1/2/3 ...) miteinander verwandt oder verschwägert (V/S) sind! | |
|---|---|
| **Lösungsvorschlag:** | |
| Sohn Fridolin | V-g-1 |
| Schwiegertochter Marlene | S-g-1 |
| Enkeltochter Leonie | V-g-2 |
| Bruder Leopold | V-u-2 |
| Leopolds Ehefrau Dorothee | S-u-2 |
| Nichte Sophie | V-u-3 |

# 22. Eherecht

## 22.1 Rechte und Pflichten der Ehe

**Fallbeispiel:** Simone ist außer sich – ihr Ehemann Stefan hat ohne ihr Einverständnis eine neue Espressomaschine, einen elektrischen Milchaufschäumer sowie zwölf Espressotassen bei einem Online-Versandhandel bestellt. Simone ist der Meinung, dass ihre alte herkömmliche Kaffeemaschine gut genug sei, und es weder Milchschaum noch Extrageschirr bräuchte. Als die Rechnung bei den Eheleuten eintrudelt, weigert sich Simone, diese zu bezahlen. Schließlich sei sie derzeit Alleinverdienerin und hätte zudem gar nichts bestellt. Liegt Simone richtig?

Aus dem Grundprinzip der Ehe als einer auf Dauer angelegten Lebensgemeinschaft, in der beide Ehepartner gleichberechtigt sind, werden bestimmte Rechte und Pflichten für die Partner abgeleitet, die für den täglichen Umgang miteinander von besonderer Bedeutung sind. Dazu zählen u.a.:

| Haushaltsführung | Erwerbstätigkeit | Geschäfte zur Deckung des täglichen Bedarfs | Verpflichtung zum Familienunterhalt |
|---|---|---|---|
| § 1356 I BGB | § 1356 II BGB | § 1357 I BGB | § 1360 BGB |

**Zurück zum Fallbeispiel:** Simone kann die Zahlung nicht verweigern. Jeder Ehegatte ist gem. § 1357 I BGB dazu berechtigt, Geschäfte des täglichen Bedarfs – und dazu gehört eben auch der Kauf einer Espressomaschine sowie vermeintlich überflüssiges Zubehör – mit Wirkung für und gegen den anderen Ehegatten zu tätigen.

**Übungsfall 1:**

Die 20-jährige berufstätige Ileana heiratet den Steuerfachangestellten Tom. Sie einigen sich hinsichtlich der Haushaltsführung in der Weise, dass Ileana während der Wochentage den Haushalt einschließlich Einkauf führt. Am Wochenende ist Tom zuständig. Gem. § 1356 BGB regeln die Ehegatten die Haushaltsführung im gegenseitigen Einvernehmen. Erläutern Sie kurz diese Aussage!

**Lösungsvorschlag:**

Nach § 1356 I BGB regeln die Ehegatten die Arbeitsteilung im Haushalt, die Haushaltsführung, in gegenseitigem Einvernehmen. Ist z.B. die Haushaltsführung einem der Ehegatten überlassen, dann leitet dieser den Haushalt in eigener Verantwortung. In unserem Beispiel hat Ileana u.a. die Aufgabe, für den Einkauf der Lebensmittel zu sorgen, die Wohnung sauber zu halten, das Essen zu kochen und das Geschirr abzuwaschen. Am Wochenende übernimmt diese Aufgaben dann Tom.

**Hinweis**: Nach § 1356 II BGB sind beide Ehegatten berechtigt, erwerbstätig zu sein. Allerdings müssen beide bei der Wahl und der Ausübung die gebotene Rücksicht nehmen.

**Übungsfall 2:**

Peter kauft eine bunte Stehlampe für das Wohnzimmer zum Preis von 250,00 € ein. Heike findet die Lampe wegen der „unmöglichen" Farbe nicht besonders schön und meint, Peter müsse die Lampe selbst bezahlen, sie wolle dafür nicht aufkommen.

**1.** Muss Peter den Lampenkauf tatsächlich „auf seine Kappe" nehmen?

**2.** Angenommen, Peter hätte bei einer Bank ein Darlehen von 15.000,00 € aufgenommen und damit eine Schlafzimmereinrichtung gekauft. Haftet für dieses Darlehen auch seine Ehefrau Heike?

**3.** Heike kauft für ihre Familie Geschenke und erwähnt beim Einkauf, dass sie diese Geschenke mit ihrem Taschengeld kaufe. Sie leistet lediglich eine Anzahlung. Könnte für den Rest der Zahlung auch Peter verpflichtet werden?

**Lösungsvorschlag:**

**1.**

Beide Ehegatten werden durch ein solches Geschäft zur Deckung des Lebensbedarfes nach § 1357 I BGB verpflichtet als auch berechtigt. Heike kann sich daher nicht ausschließen.

**2.**

Hier würden die Grenzen des § 1357 BGB überschritten – Geschäfte „zur angemessenen Deckung des Lebensbedarfs" sind solche, die den häuslichen Aufwand der Eheleute betreffen. Größere und nicht alltägliche Geschäfte, wie z.B. Darlehensaufnahme oder Kauf einer ganzen Schlafzimmereinrichtung, fallen nicht darunter – Peter haftet somit alleine.

**Hinweis**: Die Grenzen des § 1357 BGB hängen immer auch von der sozialen Stellung der Eheleute ab.

**3.**
Hier ist Heike selbst Vertragspartnerin, da ihr Wille, für sich selbst zu handeln, nach außen in Erscheinung getreten ist. Wo dieser Wille deutlich erkennbar ist, entfällt § 1357 BGB, und nicht beide, sondern nur der hervorgetretene Geschäftspartner wird aus diesem Geschäft verpflichtet.

## 22.2 Güterstände

**Fallbeispiel:** Klaus und Martina sind seit drei Jahren verheiratet und haben keinen Ehevertrag geschlossen. Klaus hat keine nennenswerten Vermögensgegenstände in die Ehe eingebracht, während Martina über 25.000,00 € Sparvermögen, einen kleinen VW-Polo im Wert von 8.000,00 € sowie eine Eigentumswohnung im Wert von 360.000,00 € verfügt.

**1.** In welchem Güterstand leben Klaus und Martina?
**2.** Kann Martina über ihr eingebrachtes Vermögen auch nach Eheschließung frei verfügen?

Sofern die Eheleute nicht durch notariellen Ehevertrag eine andere Vereinbarung treffen, gilt der gesetzliche Güterstand der Zugewinngemeinschaft, § 1363 I BGB.

| **Güterstände** | | |
|---|---|---|
| Gesetzlicher Güterstand<br>(= kein Ehevertrag) | Vertragliche Güterstände<br>(= notarieller Ehevertrag) | |
| **Zugewinngemeinschaft** | **Gütertrennung** | **Gütergemeinschaft** |
| §§ 1363 bis 1390 BGB | § 1414 BGB | §§ 1415 bis 1518 BGB |
| • Jeder behält sein bereits vorhandenes sowie während der Ehe erworbenes Vermögen und verwaltet dieses eigenverantwortlich<br>• **Achtung:** gilt nicht bei *„Verfügung über Vermögen im Ganzen“* (§ 1365 I BGB) sowie *„Verfügung über Haushaltsgegenstände“* (§ 1369 I BGB)<br>• Ausgleich des Zugewinns (Differenz zwischen Anfangs- und Endvermögen) bei Beendigung der Ehe (§ 1378 BGB) | • Jeder behält sein Vermögen<br>• Keine Verfügungsbeschränkungen<br>• Kein Zugewinnausgleich | • das Vermögen<br>• (= Gesamtgut) eines Ehegatten, das dieser vor oder während der Ehe erwirbt, gehört beiden gemeinschaftlich<br>• außerdem: Sondergut, Vorbehaltsgut (gehört jedem Ehegatten allein)<br>• In Praxis sehr selten! |

**Prüfungstipp:** Lesen Sie sich die §§ 1373 bis 1375 sowie § 1378 BGB gründlich durch, um gut auf mögliche Fälle zur Berechnung des Zugewinns vorbereitet zu sein. Keine Sorge – das Grundschema ist immer das gleiche *(siehe Übungsfälle!)*.

**Zurück zum Fallbeispiel:**

1. Klaus und Martina leben im gesetzlichen Güterstand, also der Zugewinngemeinschaft nach § 1363 I BGB, da sie keinen Ehevertrag geschlossen haben.
2. Martina kann über ihr in die Ehe eingebrachtes Vermögen grundsätzlich frei verfügen und verwaltet ihr Vermögen nach § 1364 BGB selbst. Für die Veräußerung oder wesentliche Belastung ihrer Eigentumswohnung bräuchte sie jedoch gem. § 1365 I BGB die Einwilligung von Klaus, da es sich hierbei um nahezu das gesamte Vermögen von Martina handelt.

**Übungsfall 1:**

Die Ehefrau Tamara hat zu Beginn der Ehe ein Anfangsvermögen von 0,00 €. Ihr Vermögen zum Zeitpunkt der Rechtshängigkeit des Scheidungsantrages beträgt 60.000,00 €. Ihr Ehemann Richard hat zu Beginn der Ehe Schulden i.H.v. 50.000,00 €. Sein Vermögen bei Rechtshängigkeit beträgt 100.000,00 €.

Errechnen Sie die Ausgleichsforderung der Ehegatten im Scheidungsfall (gesetzlicher Güterstand)!

**Lösungsvorschlag:**

| | Ehefrau | Ehemann |
|---|---|---|
| AV § 1374 BGB | 0,00 € | – 50.000,00 € (Schulden) |
| – EV § 1375 BGB | 60.000,00 € | 100.000,00 € |
| = Zugewinn § 1373 BGB | 60.000,00 € | 150.000,00 € |
| Differenz | 90.000,00 € | |

Ergebnis: nach § 1378 I BGB steht Tamara eine Ausgleichsforderung in Höhe der Hälfte des erzielten Zugewinnes zu. Richard muss ihr daher 45.000,00 € (90.000,00 € : 2) Zugewinnausgleich zahlen.

**Variante zu Übungsfall 1:**

Die Ehefrau Tamara hat zu Beginn der Ehe ein Anfangsvermögen von 0,00 €. Jedoch hat sie kurz nach Eheschließung 20.000,00 € von ihrer Mutter geerbt. Ihr Vermögen zum Zeitpunkt der Rechtshängigkeit des Scheidungsantrages beträgt 60.000,00 €. Ihr Ehemann Richard hat zu Beginn der Ehe Schulden i.H.v. 50.000,00 €. Sein Vermögen bei Rechtshängigkeit beträgt 100.000,00 €. Allerdings hat er kurz vor der Scheidung 10.000,00 € mutwillig verschwendet.

Errechnen Sie die Ausgleichsforderung der Ehegatten im Scheidungsfall (gesetzlicher Güterstand)!

**Lösungsvorschlag:**

| | Ehefrau | Ehemann |
|---|---|---|
| AV § 1374 BG<br>Zzgl. Erbschaft § 1374 II BGB | 0,00 €<br>+ 20.000,00 €<br>= 20.000,00 € | – 50.000,00 €<br>(Schulden) |
| – EV § 1375 BGB<br>Zzgl. Verschwendung § 1375 II Nr. 2 BGB | 60.000,00 € | 100.000,00 €<br>+ 10.000,00 €<br>= 110.000,00 € |
| = Zugewinn § 1373 BGB | 40.000,00 € | 160.000,00 € |
| Differenz | 120.000,00 € | |

Ergebnis: nach § 1378 I BGB steht Tamara eine Ausgleichsforderung in Höhe der Hälfte des erzielten Zugewinnes zu. Richard muss ihr daher 60.000,00 € (120.000,00 € : 2) Zugewinnausgleich zahlen.

**Übungsfall 2:**

Der Ehemann hatte bei der Eheschließung kein Vermögen, sondern Schulden in Höhe von 80.000,00 €. Sein Vermögen bei der Zustellung des Scheidungsantrages betrug 20.000,00 €. Die Ehefrau hatte sowohl bei der Eheschließung als auch bei der Scheidung kein eigenes Vermögen. Berechnen Sie den Zugewinnausgleich!

**Lösungsvorschlag:**

| | Ehefrau | Ehemann |
|---|---|---|
| AV § 1374 BG | 0,00 € | – 80.000,00 €<br>(Schulden) |
| – EV § 1375 BGB | 0,00 € | 20.000,00 € |
| = Zugewinn § 1373 BGB | 0,00 € | 100.000,00 € |
| Differenz | 100.000,00 € | |

Ergebnis: nach § 1378 I BGB stünde der Ehefrau eigentlich eine Ausgleichsforderung in Höhe der Hälfte des erzielten Zugewinnes zu, nämlich 50.000,00 €, zu. Nach § 1378 II 1 BGB wird diese Forderung jedoch auf die Höhe des Endvermögens des Ehemanns begrenzt, also 20.000,00 €. Die Ehefrau erhält somit lediglich 20.000,00 € als Zugewinnausgleich.

## 22.3 Scheidung

**Fallbeispiel:** Die Studenten Thorsten und Anke sind seit zwei Jahren verheiratet. Als Thorsten nach einem sechsmonatigen Auslandssemester aus Barcelona zurückkommt, erfährt er, dass Anke bereits kurz nach seinem Weggang die Scheidung eingereicht hatte mit der Begründung, die Ehe sei gescheitert. Thorsten ist verzweifelt und möchte weiterhin an der Ehe festhalten. Wie ist die Rechtslage?

**Grundsatz:** Im Eherecht gilt das sogenannte **Zerrüttungsprinzip** – eine Ehe kann geschieden werden, wenn sie gescheitert ist, § 1565 BGB. **Was bedeutet das?** Es kommt auf den gegenwärtigen Zustand der Ehe und auf die Prognose für die Zukunft an. Es ist unerheblich, wer für das Scheitern der ehelichen Lebensgemeinschaft verantwortlich ist.

**Scheidung einer Ehe**

**Scheidungsvoraussetzungen**
(„Zerrüttungsprinzip")
§§ 1565 ff. BGB

- Rückschau
  § 1565 I 2 BGB
- Prognose
  § 1565 I 2 BGB

Trennungszeit
vgl. § 1567 („Getrenntleben")

**Grundsatz:**

Mindestens 1 Jahr
§ 1566 I BGB

Mindestens 3 Jahre
§ 1566 II BGB

(**Voraussetzung**:
beide wollen die Scheidung)

**Ausnahme:**

Weniger als 1 Jahr
§ 1565 II BGB
(Härtefall)

**Scheidungsfolgen**

- Namensrecht § 1355 V BGB
- Versorgungsausgleich § 1587 BGB
- Zugewinnausgleich § 1372 BGB
- Unterhaltsansprüche §§ 1569 ff. BGB
- Verteilung von Wohnung und Haushaltsgegenstände §§ 1586a, b BGB
- Elterliche Sorge, Sorge- und Umgangsrecht §§ 1626 ff., 1671, 1684 BGB
- Erbrecht §§ 1372, 1933, 2077 BGB.

**Zurück zum Fallbeispiel:** Eine Ehe kann geschieden werden, wenn sie gescheitert ist gem. § 1565 I 1 BGB. Dies wäre der Fall, wenn die Lebensgemeinschaft der Eheleute nicht mehr besteht oder nicht erwartet werden kann, dass sie wiederhergestellt werden kann (§ 1565 I 2 BGB). Im Fall von Thorsten und Anke hat jedoch gar keine Trennung stattgefunden, so dass kein Scheitern der Ehe vorliegt und die Lebensgemeinschaft fortbesteht.

**Prüfungstipp:** Die Prüfungsfälle sind häufig so aufgebaut, dass zunächst zu klären ist, ob die Voraussetzungen für eine Scheidung überhaupt gegeben sind. In Ihrer Falllösung („Ja, Ehe kann geschieden werden..."/"Nein, Ehe kann nicht geschieden werden...") verweisen Sie daher immer auf § 1565 I 1 BGB („Ehe ist gescheitert") und – je nach Fall – auf § 1565 II BGB („Härtefall"), § 1566 I BGB („1 Jahr") oder § 1566 II BGB („3 Jahre"). Sofern die Scheidungsvoraussetzungen vorliegen, sollen im Weiteren mögliche Folgen der Scheidung rechtlich geprüft werden (z.B. Prüfung, ob Unterhalt zu leisten ist). Hierfür ist es hilfreich, wenn Sie sich zuvor die wesentlichen Regelungen in den jeweiligen Paragrafen markiert haben.

**Übungsfall 1:**

Die Eheleute Müller sind übereingekommen, sich scheiden zu lassen.

1. Wann ist die Ehescheidung frühestens möglich?
2. Nach der Ehescheidung hat ein Versorgungsausgleich stattzufinden. Was ist unter diesem Begriff zu verstehen?
3. Könnte die Ehefrau nach der Scheidung vom Ehemann Unterhalt beanspruchen (nennen Sie drei Möglichkeiten!)?

**Lösungsvorschlag:**

**1.** Die Ehe kann geschieden werden, wenn sie gescheitert ist gem. § 1565 I BGB. Sofern § 1565 II BGB (Härtefall) nicht zutrifft, ist die Scheidung der Ehe bei beiderseitigem Einvernehmen gem. § 1566 I BGB nach einjährigem Getrenntleben möglich, andernfalls nach drei Jahren § 1566 II BGB.

**2.** Unter dem Begriff „Versorgungsausgleich" versteht man den Ausgleich der während der Ehe erworbenen Anwartschaften oder Aussichten auf eine Versorgung zwischen den geschiedenen Ehegatten (§§ 1587 BGB). Hierzu zählen z.B. die Anrechte aus der gesetzlichen oder privaten Rentenversicherung.

**3.** Vom Grundsatz her soll jeder Ehegatte nach der Ehe für seinen Lebensunterhalt selbst sorgen (§ 1569 BGB). Die Paragrafen § 1570 ff. BGB beinhalten Gründe, die eine Unterhaltsberechtigung auslösen – so z.B. Unterhalt wegen Betreuung eines Kindes (§ 1570 BGB), Unterhalt wegen Alters (§ 1571 BGB) und Unterhalt wegen Krankheit und Gebrechen (§ 1572 BGB).

**Übungsfall 2:**

Paul Bleiwold möchte sich von seiner Ehefrau Jessica scheiden lassen. Jessica stimmt der Scheidung nach ein paar ausgiebigen Gesprächen mit ihren besten Freundinnen zu.

**1.** Wann ist die Ehescheidung frühestens in diesem Fall frühestens möglich?

**2.** Jessica hatte kurz nach ihrer Hochzeit mit Paul ihre Ausbildung zur Industriekauffrau abgebrochen, da sie sich ausschließlich um den gemeinsamen Haushalt kümmern wollte. Nun möchte sie die Ausbildung fortsetzen und erwartet von Paul, dass er ihr nach erfolgter Scheidung Unterhalt zahlt. Zu Recht?

**Lösungsvorschlag:**

**1.** Die Ehe kann geschieden werden, wenn sie gescheitert ist gem. § 1565 I BGB. Die Scheidung von Paul und Jessica wäre gem. § 1566 I BGB frühestens nach einjährigem Getrenntleben möglich, da Jessica der Scheidung zugestimmt hat.

**2.** Vom Grundsatz her soll jeder Ehegatte nach der Ehe für seinen Lebensunterhalt selbst sorgen (§ 1569 BGB). Eine Ausnahme bildet der Unterhaltsanspruch wegen Ausbildung gem. § 1575 BGB. Jessica hatte die Ausbildung wegen ihrer Ehe mit Paul abgebrochen. Falls sie die Ausbildung fortführt, muss Paul ihr für die Zeit ihrer Ausbildung Unterhalt zahlen, § 1575 I 1 BGB.

**Übungsfall 3:**

Die Eheleute Körner leben in Scheidung und streiten sich um das Kind; jeder Elternteil möchte gerne die Tochter für sich allein haben.

**1.** Wie sind Sorgerecht und Umgangsrecht im Gesetz geregelt?

**2.** Wer entscheidet über das Sorgerecht, wenn beide Elternteile sich nicht einigen können?

**3.** Das Sorgerecht wurde Herrn und Frau Körner gemeinsam zugesprochen. Die Tochter lebt jedoch überwiegend bei der Mutter, bei ihrem Vater verbringt sie jedes zweite Wochenende. Darf Frau Körner für ihre Tochter alleine eine Schulentschuldigung schreiben und entscheiden, dass die Tochter zukünftig ein katholisches Mädchengymnasium besucht?

**Lösungsvorschlag:**

**1.** Gem. § 1626 I BGB steht den Eltern die elterliche Sorge gemeinsam zu. Zum Wohle des Kindes gehört der Umgang mit beiden Elternteilen, § 1626 III BGB.

**2.** Falls sich die Eltern nicht auf eine gemeinsame Lösung einigen können, entscheidet das Familiengericht auf Antrag nach § 1671 BGB.

**3.** Der Elternteil, bei dem sich das Kind mit Einwilligung des anderen Elternteils oder aufgrund einer gerichtlichen Entscheidung gewöhnlich aufhält, hat die Befugnis zur alleinigen Entscheidung in Angelegenheiten des täglichen Lebens gem. § 1687 I 2, 3 BGB; dazu zählt die Schulentschuldigung. Entscheidungen in Angelegenheiten, die für das Kind jedoch von erheblicher Bedeutung sind, wie z.B. der Wechsel auf eine andere Schule, machen das gegenseitige Einvernehmen beider Eltern erforderlich (§ 1687 I 1 BGB).

**Übungsfall 4:**
Michael und Melanie sind seit zwanzig Jahren verheiratet, jedoch hat Melanie vor drei Jahren die Scheidung eingereicht und ist aus der ehelichen Wohnung ausgezogen, da sie sich in ihren Kollegen Raphael verliebt hat. Mit diesem lebt sie auch inzwischen zusammen. Michael ist nach wie vor mit der Scheidung nicht einverstanden. Seiner Meinung nach kann die Ehe auch noch gar nicht geschieden werden, da Melanie im zweiten Trennungsjahr noch einmal für vier Wochen zu ihm zurückgezogen war. Hat er recht?

**Lösungsvorschlag:**
Die Ehe kann geschieden werden, wenn sie gescheitert ist gem. § 1565 I BGB. Die Scheidung von Michael und Melanie wäre gem. § 1566 II BGB frühestens nach einer Trennungszeit von drei Jahren möglich, da Michael der Scheidung nach wie vor nicht zugestimmt hat. Das kurzfristige Zusammenleben über kürzere Zeit (hier: vier Wochen) unterbricht die Trennungszeit von Michael und Melanie nicht (§ 1567 II BGB). Michael ist daher im Unrecht – die Ehe kann geschieden werden nach § 1566 II BGB i.V.m. § 1565 I BGB.

# 23. Erbrechtliche Grundbegriffe

Das Erbrecht ist im fünften und letzten Buch des BGBs geregelt und beginnt mit **§ 1922 BGB**. Darin heißt es:

***„§ 1922 Gesamtrechtsnachfolge***

*(1) Mit dem Tode einer Person (Erbfall) geht deren Vermögen (Erbschaft) als Ganzes auf eine oder mehrere andere Personen (Erben) über.*

*(2) Auf den Anteil eines Miterben (Erbteil) finden die sich auf die Erbschaft beziehenden Vorschriften Anwendung."*

**Erbfall, Erbschaft, Erbteil** ... da kann man leicht mal ins Schleudern geraten, wenn es um die genaue begriffliche Abgrenzung geht. Diese (und ein paar andere) Begriffe brauchen Sie aber, da sie in den Gesetzestexten vorkommen und von Ihnen treffsicher auf die Prüfungsfälle angewendet werden müssen.

**Folgende Übersicht** soll Ihnen helfen, mit den erbrechtlichen Grundbegriffen (wieder) vertraut zu werden, sie zu verstehen und auseinanderzuhalten sowie sie bei den Übungsfällen sauber anwenden zu können.

**Beispiel:** Elfriede Sommer hinterlässt zwei erwachsene Töchter, Sonja und Anke. Ihr Sohn Albert ist bereits im Kindesalter verstorben. Weitere Verwandte gibt es nicht, ebenso hat die Verstorbene kein Testament verfasst. Elfriede Sommer hat ein Bankkonto mit 20.000,00 € Guthaben sowie Schmuck im Wert von 5.000,00 €; weitere Vermögenswerte gibt es nicht.

| | |
|---|---|
| **Erbfall** | ... ist der Tod einer Person; mit dem Tod von Elfriede Sommer ist also ein Erbfall eingetreten. |
| **Erblasser** | ... ist die verstorbene Person selbst; Elfriede Sommer ist daher Erblasserin. |
| **Erbe(n)** | ... ist die Person oder sind mehrere Personen, auf die das Vermögen des Verstorbenen übergeht; die beiden Töchter Sonja und Anke sind die zwei Erben von Elfriede Sommer. |
| **Erbfähigkeit** | ... ist die Fähigkeit, Erbe zu werden und setzt voraus, dass die Person lebt (§ 1923 I BGB) oder bereits gezeugt ist (§ 1923 II BGB); der bereits verstorbene Sohn Albert ist daher nicht erbfähig. |
| **Erbschaft** | ... ist das auf die Erben übergehende Vermögen; die Erbschaft umfasst in obigem Beispiel 25.000,00 € und geht an die beiden Töchter.<br>**Hinweis:** Erbschaft setzt die Annahme durch die Erben voraus, eine Erbschaft kann nämlich auch ausgeschlagen („nicht angenommen") werden! (vgl. auch Annahme und Ausschlagung der Erbschaft §§ 1942 ff. BGB). |
| **Erbteil** | ... ist der Anteil der einzelnen Erben am Gesamtvermögen des Verstorbenen; das Vermögen von Elfriede Sommer geht zu gleichen Teilen an ihre beiden Töchter Sonja und Anke – sie haben also jeweils einen Erbteil von 50 %. |
| **Nachlass** | ... meint das gleiche wie „Erbschaft", aber aus Sicht des Verstorbenen; der Nachlass von Elfriede Sommer ist gleichermaßen die Erbschaft von Sonja und Anke. |
| **Erbengemeinschaft** | Mehrere Erben bilden eine Erbengemeinschaft, solange der Nachlass nicht geteilt wird; Sonja und Anke stellen also (zunächst) eine Erbengemeinschaft dar. |
| **(Gesamt-)Rechtsnachfolge** | Die Erbschaft geht **als Ganzes** auf die Erben über (§ 1922 I BGB), d.h. es findet keine Übertragung **einzelner** Vermögenswerte statt; Sonja und Anke haben jeder einen Erbteil von 50 % des gesamten Nachlasses, nicht aber bezogen auf die einzelnen Vermögenswerte (Kontoguthaben, Schmuck). |
| **Erbfolge** | ... ist die Festlegung, wer Erbe ist; da es außer den zwei erwachsenen Töchtern keine weiteren lebenden Verwandten gibt, treten Sonja und Anke die Rechtsnachfolge der Erbschaft an. |
| **Gesetzliche Erbfolge** | ... tritt ein, wenn der Verstorbene keine individuelle Regelung getroffen hat, wie das Vermögen nach seinem Tod übergehen soll; da Elfriede Sommer keine individuelle Regelung (wie z.B. Testament) getroffen hat, gilt für diesen Erbfall die gesetzliche Erbfolge – Sonja und Anke sind beide gesetzliche Erben der ersten Ordnung (§ 1924 I BGB) und erben als Kinder zu gleichen Teilen (§ 1924 IV BGB). |
| **Gewillkürte Erbfolge** | ... tritt ein, wenn der Erblasser die Erbfolge zuvor bestimmt hat, in dem er z.B. ein Testament geschrieben oder einen Erbvertrag geschlossen hat. |
| **Verfügung von Todes wegen** | ... ist der Oberbegriff für Testament und Erbvertrag. |

| | |
|---|---|
| **Testament** | ... ist eine Form der Verfügung von Todes wegen, mit der ein Erbfall individuell geregelt werden kann; sie wird auch als **letztwillige Verfügung** bezeichnet (§ 1937 BGB).<br>**Hinweis:** Ein Testament ist ein einseitiges Rechtsgeschäft, da der Erblasser alleine bestimmt, ob und wie er den Nachlass aufteilt! |
| **Erbvertrag** | ... ist neben dem Testament eine weitere Möglichkeit, durch Verfügung von Todes wegen eine individuelle Regelung über den Verbleib des Vermögens nach dem Tod zu treffen und von der gesetzlichen Erbfolge abzuweichen (§ 1941 BGB).<br>**Hinweis:** Wie die Bezeichnung „Vertrag" vermuten lässt, ist der Erbvertrag ein zwei- oder mehrseitiges Rechtsgeschäft! |
| **Vermächtnis** | ... bedeutet, dass der Erblasser durch ein Testament einer Person Vermögen zukommen lässt, ohne diese jedoch als Erbe einzusetzen; mit einem Vermächtnis nimmt der Erblasser quasi einen Teil aus dem Nachlass heraus, den eine andere Person als die Erben bekommen soll (§ 1939 BGB). |
| **Erbschein** | ... weist die Erben und ggf. den Anteil der Miterben am Nachlass aus (vgl. §§ 325 ff. FamFG); er wird auf Antrag vom Nachlassgericht ausgestellt und ist ein amtliches Zeugnis in Form einer öffentlichen Urkunde.<br>Da für Dritte (z.B. die Bank des Verstorbenen) oft nicht klar ist, wer legitimer Erbe ist und die Rechtsnachfolge des Erblassers antritt, kann ein Erbschein diese Rechtsunsicherheit beseitigen. |

# 24. Gesetzliches Erbrecht

## 24.1 Gesetzliches Erbrecht der Verwandten

**Fallbeispiel:** Manfred Schmid ist Witwer und hinterlässt drei Söhne – Simon, Sebastian und Sven. Simon und Sebastian sind unverheiratet und haben keine Kinder. Sven hingegen hat mit seiner Ehefrau Petra zwei gemeinsame Töchter – Laura und Emilia. Außerdem lebt noch der Bruder des Verstorbenen Thorsten Schmidt. Weitere lebende Verwandte des Erblassers gibt es nicht.

**Grundsatz:** Das gesetzliche Erbrecht geht von dem Grundsatz aus, dass in erster Linie die Verwandten des Erblassers als seine Erben eintreten, und zwar in ganz bestimmter Reihenfolge. Es teilt hierzu die Verwandten in bestimmte Erbordnungen (Gesetzliche Erben erster Ordnung, gesetzliche Erben zweiter Ordnung usw.) ein, von denen die jeweils nähere Ordnung alle entfernteren von der Erbfolge ausschließt.

**Was heißt das?** Gibt es Erben erster Ordnung, so erben nur diese und „verdrängen" die möglichen Erben einer nachrangigen Ordnung.

**Wer gehört zu welcher Ordnung?** Beim gesetzlichen Erbrecht der Verwandten unterscheidet das BGB zwischen fünf Ordnungen:

- **Erben 1. Ordnung** sind gem. § 1924 I BGB die Abkömmlinge des Erblassers, also Kinder, Enkel, Urenkel ...
- **Erben 2. Ordnung** sind gem. § 1925 I BGB die Eltern des Erblassers und deren Abkömmlinge, also neben den Eltern noch Geschwister, Neffen und Nichten...
- **Erben 3. Ordnung** sind gem. § 1926 I BGB die Großeltern des Erblassers und deren Abkömmlinge, also neben den Großeltern noch Onkel, Tanten, Cousins und Cousinen ...
- **Erben 4. Ordnung** sind gem. § 1928 I BGB schließlich die Urgroßeltern des Erblassers und deren Abkömmlinge.
- **Erben entfernterer Ordnung** sind gem. § 1929 I BGB die entfernteren Voreltern des Erblassers und deren Abkömmlinge.

**Aber aufgepasst:** Bleiben wir beim Beispiel der gesetzlichen Erben der ersten Ordnung, also den Abkömmlingen des Verstorbenen. Zu den Erben dieser Ordnung zählen seine Kinder, Enkel, Urenkel usw. Dabei schließen die im Zeitpunkt des Erbfalls lebenden näher verwandten Abkömmlinge des Erblassers die entfernteren Abkömmlinge aus (§ 1924 II BGB). **Was heißt das?** Solange also ein Kind des Erblassers lebt, schließt es die Abkömmlinge dieses Kindes (also die Enkel des Erblassers) von der Erbfolge aus.

**Zurück zum Fallbeispiel:** Manfred Schmidt hat eigene Abkömmlinge, die zu den gesetzlichen Erben erster Ordnung gem. § 1924 I BGB zählen. Seine drei Söhne erben daher zu je gleichen Teilen (§ 1924 IV BGB). Die Töchter von Sven (Enkel des Erblassers) sind hingegen von der Erbfolge ausgeschlossen, da Sven (Sohn) als lebender Abkömmling die durch ihn (Sven) mit dem Erblasser (Manfred) verwandten Abkömmlinge (Laura und Emilia) von der Erbfolge ausschließt.

Der Bruder Thorsten ist kein Abkömmling des Erblassers – er zählt gem. § 1925 I BGB als Abkömmling der Eltern des Erblassers zu den gesetzlichen Erben zweiter Ordnung. Er ist daher gem. § 1930 BGB von der Erbfolge ausgeschlossen.

Die Ehefrau von Sven erbt ebenfalls nichts, da sie nicht mit dem Erblasser verwandt ist.

**Aber:** Lebt jedoch ein Abkömmling des Erblassers zum Zeitpunkt des Erbfalls nicht mehr, so treten seine, durch ihn mit dem Erblasser verwandten Abkömmlinge an seine Stelle. **Soll heißen:** Lebt z.B. ein Kind des Erblassers nicht mehr, erben dessen Kinder (Enkel des Erblassers) seinen Anteil.

**Abwandlung des Fallbeispiels:** Wie wäre es also, wenn Sven als Sohn des Erblassers bereits verstorben wäre?

Die zwei noch lebenden Söhne würden gem. § 1924 I BGB wie zuvor auch jeweils 1/3 erben. Der Erbteil des verstorbenen Abkömmlings Sven ginge nach § 1924 III BGB auf die zwei Töchter von Sven (Enkel des Erblassers) über – sie würden zu je 1/6 erben.

**Übrigens:** Auch **adoptierte Kinder** beerben die Adoptiveltern wie eheliche Kinder, wenn sie nach dem 1. Januar 1977 in Deutschland adoptiert worden sind, §§ 1754 ff. BGB.

**Prüfungstipp:** Das Prüfungsschema ist immer gleich – zunächst prüfen wir, welcher Ordnung die nächsten noch lebenden Verwandten angehören, Verwandte entfernterer Ordnung sind somit vom Erbe ausgeschlossen. In einem zweiten Schritt prüfen wir, wer innerhalb der höchsten Ordnung erbberechtigt ist – auch hier gilt: gibt es „engere" Verwandte, bleiben dessen Abkömmlinge unberücksichtigt. Nur wenn hier durch Tod ein Erbe „ausfällt", rücken dessen Abkömmlinge nach.

In den Prüfungsfällen zum Erbrecht der Verwandten sind es zumeist Erben der ersten oder zweiten, selten auch dritten Ordnung, die tatsächlich erben. Andere theoretisch mögliche Erben, die in den Fällen auftauchen und einer nachrangigen Ordnung angehören (Groß- bzw. Urgroßeltern und deren Abkömmlinge), sind zumeist durch das Vorhandensein „näherer Verwandter" durch § 1930 BGB vom Erbe ausgeschlossen. Wichtig ist aber, dass Sie bei der Falllösung auch immer auf den § 1930 BGB verweisen, der die Rangfolge der Ordnungen festlegt! **Außerdem** sollten Sie nicht bloß allgemein auf die §§ 1924 ff. verweisen, sondern je nach Fall die genauen Absätze zitieren, aus denen sich die relevante rechtliche Regelung ergibt. Die folgenden Übungsfälle helfen Ihnen sicher, hier die nötige Routine zu bekommen.

**Noch ein Hinweis:** Oftmals ist es hilfreich, sich bei der Fallbearbeitung einen Stammbaum aufzuzeichnen, der die Verwandtschaftsverhältnisse und damit auch die Erbteile übersichtlich skizziert. In der uns bekannten Prüfungspraxis werden auch die so erzielten Falllösungen gleichermaßen bewertet – wichtig hierbei ist lediglich, dass alle mit Punkten zu bewertenden Aspekte aus Ihrer Lösungsskizze hervorgehen und ggf. noch um erläuternde Sätze ergänzt werden. **Auch hilfreich:** Zählen Sie zur Überprüfung die einzelnen Erbteile zusammen – wenn mehr oder weniger als „1" herauskommt, muss irgendwo ein Fehler stecken!

**Übungsfall 1:**

Erblasser Erwin Mayer stirbt und hinterlässt einen Sohn, einen Bruder und beide Elternteile.

Wer erbt und ggf. zu welchem Anteil?

**Lösungsvorschlag:**

Gem. § 1924 I BGB ist der Sohn des Erblassers Erbe der 1. Ordnung, die Eltern und der Bruder sind gem. § 1925 I BGB Erben der 2. Ordnung. § 1930 BGB sagt aus, dass ein Verwandter dann nicht Erbe sein kann, wenn ein Verwandter einer vorhergehenden Ordnung vorhanden ist. Dies ist hier der Fall. Somit ist der Sohn von Erwin Mayer Alleinerbe.

**Übungsfall 2:**

Erblasser Sandro Müller stirbt, es leben nur noch seine Mutter und eine Schwester. Wer ist Erbe?

**Lösungsvorschlag:**

Da Erben der 1. Ordnung nicht vorhanden sind, geht das Vermögen an die Erben der 2. Ordnung, also an die Eltern des Erblassers und deren Abkömmlinge (§ 1925 I BGB). Lebte der Vater des Erblassers noch, würden Vater und Mutter alleine und zu gleichen Teilen erben, also je zur Hälfte (§ 1925 II BGB). Da der Vater des Erblassers aber nicht mehr lebt, treten an seine Stelle seine Abkömmlinge. Daher tritt hier an die Stelle des verstorbenen Vaters die Schwester. Schwester und Mutter erben zu gleichen Teilen, § 1925 II, III BGB, also jeder 1/2.

**Übungsfall 3:**

Lukas Kessner ist verstorben; er hat kein Testament verfasst, wie sein Vermögen i.H.v. 160.000,00 € zu verteilen ist. Er hinterlässt seinen Sohn Felix, der mit seiner Ehefrau Sibylle drei gemeinsame Kinder hat – Luna, Lara und Lars. Lukas Kessners Tochter Frederike ist bereits verstorben; deren Ehemann Bernd und gemeinsamer Sohn Florian leben noch. Außerdem leben noch die Eltern von Lukas Kessner.

**1.** Prüfen Sie, ob die Eltern des Erblassers einen Erbanspruch haben!

**2.** Prüfen Sie, wie das Erbe zu verteilen ist und begründen Sie, wenn Verwandte von der Erbfolge ausgeschlossen sind!

**Lösungsvorschlag:**

**1.** Die Eltern von Lukas Kessner gehören zu den gesetzlichen Erben 2. Ordnung gem. § 1925 I BGB. Da es jedoch gesetzliche Erben 1. Ordnung gem. § 1924 BGB gibt, sind nach § 1930 BGB die Eltern von der Erbfolge ausgeschlossen.

**2.** Der Sohn des Erblassers, Felix, erhält 1/2 des Erbes gem. § 1924 I, IV BGB. Seine Ehefrau Sibylle erbt nichts, da sie mit dem Erblasser nicht verwandt ist. Deren gemeinsame Kinder Luna, Lara und Lars erben gem. § 1924 II BGB ebenfalls nichts, da sie durch ihren Vater Felix von der Erbfolge ausgeschlossen sind. Die Tochter Petra ist verstorben und kann nicht erben. An ihre Stelle tritt daher ihr Sohn Florian gem. § 1924 III BGB, Enkel des Erblassers; er erbt ebenfalls 1/2. Petras Ehemann Bernd erbt ebenfalls nichts, da er kein Abkömmling des Erblassers ist. Sohn Felix und Enkel Florian erben daher jeder 80.000,00 € des Nachlasses.

**Aufgepasst:** Wenn in den Prüfungsfällen der Nachlass in Euro angegeben ist, sollten Sie am Ende Ihrer Falllösung auch schreiben, welchen Betrag welcher Erbe aus dem Nachlass erhält!

**Alternativer Lösungsvorschlag zu 2.:**

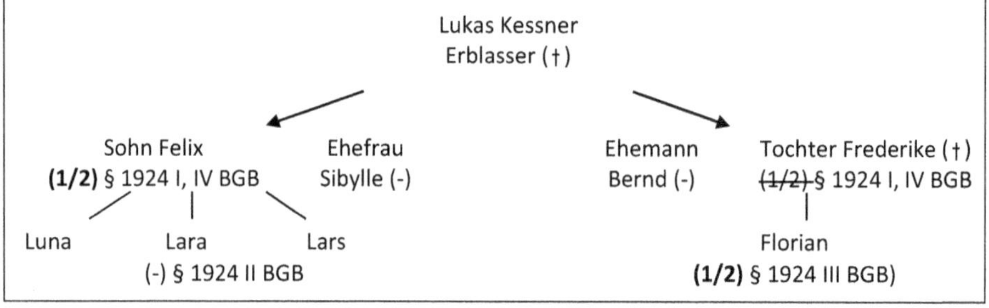

Die Eheleute der Kinder des Erblassers sind von der Erbfolge ausgeschlossen, da sie mit dem Erblasser nicht verwandt sind. Die Kinder erben zu gleichen Teilen; da Frederike nicht mehr lebt, geht ihr Erbteil auf Enkel Florian über. Sohn Felix und Enkel Florian erben daher jeder 80.000,00 € des Nachlasses.

**Aufgepasst:** Auch die grafische Lösung muss unbedingt alle relevanten Paragrafen enthalten.

**Übungsfall 4:**

Ursula Liebig, selbst Witwe, stirbt bei einem Badeunfall und hinterlässt ihren minderjährigen Adoptivsohn Oscar und ihre zwei erwachsenen Töchter Rosa und Ronja aus erster Ehe.

Wer erbt welchen Anteil?

**Lösungsvorschlag:**

Der Adoptivsohn Oscar hat gem. § 1754 I BGB die gleiche rechtliche Stellung wie die leiblichen Kinder Rosa und Ronja. Somit gehören er und die zwei Töchter zu den gesetzlichen Erben der 1. Ordnung gem. § 1924 I BGB. Gem. § 1924 IV BGB erben Kinder zu gleichen Teilen, so dass auf alle drei Kinder ein Erbteil von jeweils 1/3 entfällt.

**Übungsfall 5:**

Der Erblasser Franz war ledig und kinderlos. Auch seine Eltern sind bereits verstorben. Seine zwei Schwestern, Susanne und Christiane, sowie sein Bruder Ludwig leben noch.

Bestimmen Sie die Erbfolge!

**Lösungsvorschlag:**

Es sind keine Erben 1. Ordnung vorhanden, weshalb das Vermögen auf die Erben 2. Ordnung übergeht. Dazu zählen gem. § 1925 I BGB die Eltern des Erblassers und deren Abkömmlinge. Da die Eltern nicht mehr leben, treten gem. § 1925 III BGB die Geschwister an ihre Stelle. Susanne, Christiane und Ludwig erben daher jeweils zu 1/3.

**Abwandlung zu Übungsfall 5:**

Der Erblasser Franz war ledig und kinderlos. Auch seine Eltern sind bereits vorverstorben. Seine zwei Schwestern, Susanne und Christiane, sowie sein Halbbruder Ludwig, nichtehelicher Sohn seiner vorverstorbenen Mutter, leben noch.

Bestimmen Sie die Erbfolge!

**Lösungsvorschlag:**

Es sind keine Erben 1. Ordnung vorhanden, weshalb das Vermögen auf die Erben 2. Ordnung übergeht. Dazu zählen gem. § 1925 I BGB die Eltern des Erblassers und deren Abkömmlinge. Da die Eltern nicht mehr leben, treten gem. § 1925 III BGB deren Abkömmlinge, also die Geschwister des Erblassers, an ihre Stelle. Die Abkömmlinge der Mutter sind die drei Kinder Ludwig, Susanne und Christiane; sie erben die auf sie entfallene Hälfte zu gleichen Teilen, also je 1/6. Der Erbteil des Vaters, die andere Hälfte, geht auf seine Abkömmlinge über, so dass Susanne und Christiane durch ihn je 1/4 erben. Insgesamt erben der Halbbruder somit zu 1/6 und die zwei Schwestern zu je 5/12.

**Alternativer Lösungsvorschlag:**

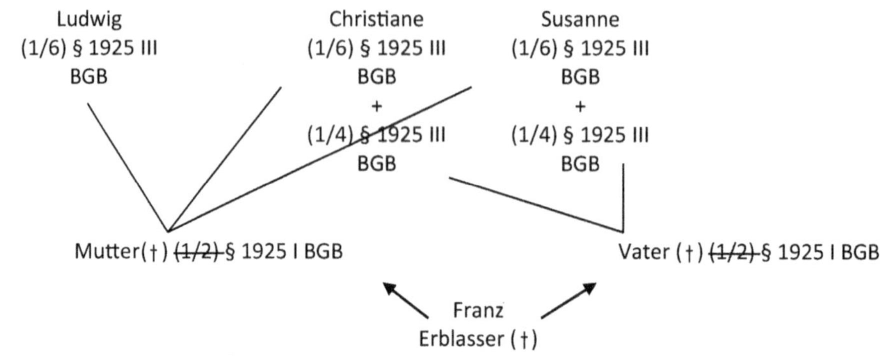


NR: 1/6 + ¼ = 2/12 + 3/12 = 5/12

Ergebnis: Der Halbbruder erbt zu 1/6 (2/12) und die zwei Schwestern zu je 5/12.

**Übungsfall 6:**

Sonja stirbt ledig und kinderlos bei einem Autounfall. Sie war als Vollwaise und einziges Kind ihrer Eltern von ihren Großeltern mütterlicherseits großgezogen worden. Elfride, ihre Großmutter mütterlicherseits, lebt noch, ihr Großvater Erwin mütterlicherseits ist bereits vorverstorben. Die Großeltern väterlicherseits leben beide nicht mehr, haben aber drei noch lebende Kinder – Jakob, Lukas und Johannes.

Wer erbt welchen Anteil?

**Lösungsvorschlag:**

Es gibt weder Erben 1. Ordnung noch Erben 2. Ordnung, so dass sich das Erbe auf die Verwandten der 3. Ordnung gem. § 1926 BGB aufteilt. Gem. § 1926 I, III 2 BGB erbt Elfride als einziges Großelternteil mütterlicherseits ohne weitere Abkömmlinge die Hälfte der Erbschaft. Die andere Hälfte geht auf die Abkömmlinge der Großeltern väterlicherseits über – Jakob, Lukas und Johannes erben daher gem. § 1926 V BGB zu je 1/6.

**Übungsfall 7:**

Erblasser Ralf stirbt und hinterlässt einen nichtehelichen Sohn. Ralf hat sich in den letzten Lebensjahren hoch verschuldet, so dass sein Sohn kein Interesse am Nachlass in Form eines hoffnungslos überschuldeten Hausgrundstücks hat.

Was kann er tun?

**Lösungsvorschlag:**

Hier geht es um das Recht des Erben, die Erbschaft auszuschlagen. In § 1942 I BGB steht, dass der Erbe trotz des sofortigen Übergangs in Erbschaft ein Ausschlagungsrecht behält. Die rechtliche Folge der Ausschlagung ist, dass die Rechtslage so gestaltet wird, als ob der nichteheliche Sohn nie Erbe geworden wäre (§ 1953 I BGB); wichtig ist aber, dass bei der Ausschlagung der Erbschaft eine 6-wöchige Frist eingehalten wird (§ 1944 I, II BGB), ansonsten bleibt der Sohn unwiderruflich Erbe.

## 24.2 Gesetzliches Erbrecht der Ehegatten

**Fallbeispiel:** Bernd Schillinger ist nach langer Krankheit verstorben. Er hinterlässt seine Ehefrau Petra, mit der er im gesetzlichen Güterstand zusammengelebt hat, und die zwei gemeinsamen und noch minderjährigen Kinder Frieda und Paula.

Erbt die Ehefrau des Verstorbenen, und wenn ja, welchen Anteil?

Neben den Verwandten besitzt auch der überlebende Ehegatte gem. § 1931 I BGB ein gesetzliches Erbrecht. Welcher Anteil dem überlebenden Ehegatten zusteht, hängt jedoch von zwei Aspekten ab, die zunächst zu klären sind: welcher **Güterstand** hat in der Ehe gegolten (Zugewinngemeinschaft, Gütertrennung oder Gütergemeinschaft) und welcher **Erbordnung** gehören die überlebenden Verwandten an?

**Wir starten mit dem gesetzlichen Güterstand:** In den meisten Fällen liegt der gesetzliche Güterstand der Zugewinngemeinschaft vor, d.h. es wurde kein Ehevertrag geschlossen, der etwas anderes vereinbart. Gem. § 1931 I BGB erbt der Ehegatte neben Verwandten der 1. Ordnung (also neben Kindern und Enkeln) zunächst einmal 1/4, neben Verwandten der 2. Ordnung oder neben Großeltern **(obwohl ja 3. Ordnung!)** 1/2 des Nachlasses. Sind weder Verwandte der 1. oder 2. Ordnung noch Großeltern vorhanden, so erbt der überlebende Ehegatte allein (§ 1931 II BGB).

**Achtung:** Erben in der 3. Ordnung neben Großeltern auch Abkömmlinge von Großeltern (z.B. Onkel oder Tante), so erhält der Ehegatte auch den Anteil, der den Abkömmlingen zufallen würde (§ 1931 I BGB). **Soll heißen:** jeder, der von der Erbfolge weiter entfernt ist als die Großeltern, geht leer aus und erhöht gleichermaßen den Erbanteil des Ehegatten.

**Und wo bleibt der Zugewinnausgleich?** Bei der sogenannten „erbrechtlichen Lösung" wird der bisherige Erbteil des Ehegatten pauschal gem. §§ 1931 III, 1371 I BGB um 1/4 erhöht. (**Anmerkung**: Auf die ebenfalls mögliche „güterrechtliche Lösung" wird hier nicht weiter eingegangen, da sie in der Prüfungspraxis zum Erbrecht keine Rolle spielt.)

**Das bedeutet konkret:**

| Der Ehegatte lebte im **gesetzlichen Güterstand** und hat neben sich... | **Erbteile** des Ehegatten **nach Ansprüchen** | **Erbteil** des Ehegatten **insgesamt** |
|---|---|---|
| ... Erben 1. Ordnung (Kinder, Enkelkinder ...) | ¼ nach § 1931 I BGB<br>¼ nach §§ 1931 III, 1371 I BGB | ½ |
| ... Erben 2. Ordnung (Eltern, Geschwister...) | ½ nach § 1931 I BGB<br>¼ nach §§ 1931 III, 1371 I BGB | ¾ |

| | | |
|---|---|---|
| ... Großeltern | ½ nach § 1931 I BGB<br>¼ nach §§ 1931 III, 1371 I BGB | ¾ |
| ... nicht mehr alle Großeltern | ½ nach § 1931 I BGB<br>¼ nach §§ 1931 III, 1371 I BGB<br>zzgl. dem Anteil des verstorbenen Großelternteils | ¾ zzgl. Anteil des verstorbenen Großelternteils |
| ... neben weiteren Verwandten | 1/1 gem. § 1931 II BGB | 1/1 |

**Zurück zum Fallbeispiel:** Bernd Schillinger hinterlässt neben seiner Ehefrau, mit der er im gesetzlichen Güterstand lebte, noch Erben 1. Ordnung. Petra erbt daher zunächst 1/4 nach § 1931 I BGB sowie ein weiteres 1/4 als Zugewinnausgleich nach §§ 1931 III, 1371 I BGB, also insgesamt 1/2 des gesamten Erbes. Die verbleibende Hälfte geht an die beiden Kinder Frieda und Paula (§ 1924 I BGB), die zu je gleichen Teilen erben (§ 1924 IV BGB), also je 1/4.

**So weit, so gut.** Aber was wäre, wenn die Eheleute in Gütertrennung oder Gütergemeinschaft gelebt hätten? Schauen wir uns also auch diese zwei Fälle an:

Das Ehegattenerbrecht im Falle der **Gütergemeinschaft** ist einfach! Es entspricht den Regelungen bei der Zugewinngemeinschaft, nur eben ohne Zugewinn.

**Soll heißen:**

| Der Ehegatte lebte in **Gütergemeinschaft** und hat neben sich... | **Erbteile** des Ehegatten **nach Ansprüchen** | **Erbteil** des Ehegatten **insgesamt** |
|---|---|---|
| ... Erben 1. Ordnung (Kinder, Enkelkinder ...) | ¼ nach § 1931 I BGB | ¼ |
| ... Erben 2. Ordnung (Eltern, Geschwister...) | ½ nach § 1931 I BGB | ½ |
| ... Großeltern | ½ nach § 1931 I BGB | ½ |
| ... nicht mehr alle Großeltern | ½ nach § 1931 I BGB<br>zzgl. dem Anteil des verstorbenen Großelternteils | ½ zzgl. Anteil des verstorbenen Großelternteils |
| ... neben weiteren Verwandten | 1/1 gem. § 1931 II BGB | 1/1 |

Das Ehegattenerbrecht im Falle der **Gütertrennung** folgt dem Grundsatz, dass der überlebende Ehegatte nicht schlechter gestellt werden soll als die Abkömmlinge (also v.a. die Kinder) des Erblassers – daher sorgt § 1931 IV BGB quasi für den „Ausgleich" gegenüber der Aufteilung im Rahmen der Gütergemeinschaft.

**Soll heißen:**

| Der Ehegatte lebte in **Gütertrennung** und hat neben sich... | **Erbteile** des Ehegatten **nach Ansprüchen** | **Erbteil** des Ehegatten **insgesamt** |
|---|---|---|
| ... Erben 1. Ordnung, und zwar 1 Kind | $\frac{1}{2}$ nach § 1931 I, IV BGB (alle Erben erben gleich viel) | $\frac{1}{2}$ |
| ... Erben 1. Ordnung, und zwar 2 Kinder | $\frac{1}{3}$ nach § 1931 I, IV BGB (alle Erben erben gleich viel) | $\frac{1}{3}$ |
| ... Erben 1. Ordnung, und zwar 3 Kinder oder mehr | $\frac{1}{4}$ nach § 1931 I BGB (die restlichen $\frac{3}{4}$ verteilen sich gleichermaßen auf die Kinder nach § 1924 I, IV BGB) | $\frac{1}{4}$ |
| ... Erben 2. Ordnung (Eltern, Geschwister...) und Großeltern | $\frac{1}{2}$ nach § 1931 I BGB | $\frac{1}{2}$ |
| ... nicht mehr alle Großeltern | $\frac{1}{2}$ nach § 1931 I BGB zzgl. dem Anteil des verstorbenen Großelternteils | $\frac{1}{2}$ zzgl. Anteil des verstorbenen Großelternteils |

**Prüfungstipp:** Das Ehegattenerbrecht mag auf den ersten Blick recht kompliziert erscheinen, aber machen Sie sich klar, dass Sie für die Fallbearbeitung lediglich den § 1931 BGB und – im Falle der Zugewinngemeinschaft – zusätzlich den § 1371 I BGB beherrschen müssen. Zugegeben, der § 1931 BGB hat es „in sich“, daher nehmen Sie sich die Zeit, jeden einzelnen Absatz durchaus mehrmals zu lesen.

**Wie gehen Sie also am besten an „Ehegatten-Erbrechtsfälle“ heran?** Zunächst fangen Sie mit dem Erbteil des Ehegatten an, denn davon ist abhängig, welcher Anteil überhaupt noch auf die übrigen Verwandten verteilt werden kann: In welchem Güterstand lebten die Eheleute? Und welcher Ordnung gehören die übrigen Erben an? Je nach Güterstand und Erbordnung ergibt sich so der konkrete Erbteil des Ehegatten. Der „Rest“ wird dann nach den bekannten rechtlichen Bestimmungen (§§ 1924 ff. BGB) verteilt.

**Übrigens:** Waren die Voraussetzungen für die Ehescheidung gegeben und hatte der Erblasser die Scheidung beantragt oder ihr zugestimmt, hat der überlebende Ehegatte keinen gesetzlichen Erbanspruch mehr (§ 1933 S. 1 BGB).

**Übungsfall 1:**

Erblasser Faruk Demir hinterlässt seine Ehefrau Aysun, seine Großeltern väterlicherseits sowie seine Tante mütterlicherseits. Faruk und Aysun hatten keinen Ehevertrag geschlossen.

**Lösungsvorschlag:**

Die Ehefrau erhält zunächst 3/4 der Erbschaft (1/2 gem. § 1931 I 1 BGB + 1/4 gem. §§ 1931 III, 1371 I BGB). Das verbleibende Viertel ginge grundsätzlich an die beiden Großelternpaare. Die Großeltern väterlicherseits erben gem. § 1926 I, II BGB daher zusammen 1/8, jeder für sich also 1/16. Das auf die Großeltern mütterlicherseits entfallene Achtel würde i.d.R. die Tante erben (§ 1926 III BGB). Hiervon macht das BGB jedoch eine Ausnahme: Der überlebende Ehegatte erhält zusätzlich zu seinem 3/4-Anteil noch den Anteil, der auf die Abkömmlinge der Großeltern entfällt (§ 1931 I 2 BGB). In unserem Übungsfall erhält die Ehefrau also zu ihrem 3/4-Anteil noch das auf die Tante entfallene Achtel. Sie erbt demnach 7/8 der gesamten Erbschaft.

**Übungsfall 2:**

Gunnar Klein ist verstorben und hinterlässt seine Ehefrau und zwei gemeinsame, minderjährige Söhne. Außerdem ist aus einer früheren Beziehung eine Tochter hervorgegangen, die jedoch ebenfalls bereits kürzlich verstorben ist. Deren zwei Töchter möchten nun wissen, ob sie Anspruch auf das Erbe ihres Opas haben und wenn ja, wie hoch dieses ausfällt. Gunnar Klein und seine Ehefrau lebten im gesetzlichen Güterstand. Das zu vererbende Vermögen beträgt 90.000,00 €.

**Lösungsvorschlag:**

Die Ehefrau erbt neben den Erben 1. Ordnung gem. § 1931 I 1 BGB zu 1/4 und aufgrund der Zugewinngemeinschaft gem. §§ 1931 III, § 1371 I BGB zusätzlich 1/4, also insgesamt die Hälfte des Nachlasses.

Die drei Kinder des Erblassers erben als Erben 1. Ordnung jeweils zu gleichen Teilen gem. § 1924 I, IV BGB, d.h. zu je 1/6. Die verstorbene Tochter kann jedoch nicht erben; ihr Anteil geht daher auf ihre Abkömmlinge, also die Enkelkinder des Erblassers, über gem. § 1923 III BGB. Die Enkeltöchter erben somit ebenfalls zu gleichen Teilen gem. § 1924 IV BGB, und zwar je 1/12. Die zwei Enkeltöchter würden somit jede einen Betrag von 7.500,00 € (90.000,00 €/12) vererbt kriegen.

**Übungsfall 3:**

Karin Feldmann hinterlässt ihren Ehemann Thomas, mit dem sie Gütertrennung vereinbart hatte. Sie hinterlässt außerdem ihren Bruder Karl, Vater von zwei Kindern. Karins Schwester Kerstin ist vorverstorben, hatte aber ihrerseits zwei Kinder hinterlassen, die beide noch leben. Wie wird das Erbe aufgeteilt?

**Lösungsvorschlag:**

Da die Ehe kinderlos blieb, gibt es keine Erben 1. Ordnung. Der Ehemann erbt daher im Falle der Gütertrennung neben den Erben 2. Ordnung gem. § 1931 I BGB die Hälfte. Die andere Hälfte geht an die Erben 2. Ordnung: die Geschwister erben als Abkömmlinge der Eltern der Verstorbenen zu gleichen Teilen gem. § 1925 I, III BGB, nämlich jeweils ¼. Der Bruder Karl schließt seine zwei Kinder von der Erbfolge aus. Da die Schwester Kerstin bereits verstorben ist, geht ihr Anteil auf ihre zwei Kinder (Nichten der Erblasserin) über, diese erhalten jeweils 1/8 gem. § 1925 I, III BGB.

# 25.
# Gewillkürte Erbfolge

**Fallbeispiel:** Hildegard Knebel stirbt und hinterlässt folgendes Testament, welches sie auf die Rückseite eines Fotos (Format 10 cm x 15 cm) von sich und ihrem verstorbenen Ehemann von Hand geschrieben hat:

*„Ich, Hildegard Knebel, habe den letzten Wunsch, dass meine Tochter Carla Alleinerbin werden soll. Meine Nichte Veronika soll jedoch meinen Schmuck bekommen.*

*Hamburg, den 12. April 2014*

*Hildegard Knebel"*

1. Um welche Testamentsform handelt es sich, und ist dieses Testament überhaupt wirksam?
2. Ist die Nichte Veronika hiermit Erbin geworden?

Sehr oft stimmen die Vorschriften und Regelungen über die gesetzliche Erbfolge nicht mit dem Willen des künftigen Erblassers überein. Er kann durch „Verfügungen von Todes wegen" – also **Testament oder Erbvertrag** – individuelle Regelungen treffen.

| Gewillkürte Erbfolge | | | | |
|---|---|---|---|---|
| **Testament** (§§ 2064 ff.) | | | | **Erbvertrag** (§§ 2274 ff. BGB) |
| Öffentliches Testament | Eigenhändiges Testament | Nottestament | Gemeinschaftliches Testament | |
| | | • Bürgermeister | | |
| | | • drei Zeugen | | |
| | | • auf See | | |

Mit einem **Vermächtnis** gem. § 1939 BGB wird z.B. in einem Testament festgelegt, dass einzelne Vermögensgegenstände oder eine bestimmte Geldsumme an einen Dritten übertragen werden (§§ 2147 ff. BGB), ohne dass dieser Erbe wird.

**Zurück zum Fallbeispiel:**

**Zu 1.** Hildegard Knebel hat ein eigenhändiges Testament gem. § 2247 BGB geschrieben. Für die Wirksamkeit eines eigenhändigen Testaments ist es wichtig, dass die gesamte Erklärung mit eigener Hand geschrieben wurde (Abs. 1) – also nicht mit der Schreibmaschine oder dem Computer – und soll (nicht muss!) Ort und Datum (Abs. 2) sowie Vor- und Familiennamen des Erblassers (Abs. 3) enthalten. Diese Voraussetzungen sind erfüllt. Es steht der Wirksamkeit zudem nicht entgegen, dass der Wille auf der Rückseite eines Fotos geschrieben wurde.

**Zu 2.** Hildegard Knebel hat ihrer Nichte Veronika durch das Testament einen Vermögensvorteil in Form von Schmuck verschafft, ohne sie jedoch als Erbin einzusetzen. Es handelt sich hierbei um ein Vermächtnis nach §§ 1939, 2147 ff. BGB.

**Prüfungstipp:** Lassen Sie sich nicht abschrecken durch die Vielzahl an Paragrafen, mit denen die gewillkürte Erbfolge gesetzlich geregelt ist – es reicht im Hinblick auf Ihre Abschlussprüfung aus, wenn Sie über die „Basics" Bescheid wissen und sich grob orientieren können. Die folgenden Übungs*aufgaben* sollen Ihnen hier Sicherheit geben, dass Ihr Wissen „breit" genug ist. Die sich anschließenden Übungs*fälle* sind dem Anspruch der Abschlussprüfung angepasst.

| **Übungsaufgaben:** |
|---|
| **1.** Kann ein Minderjähriger ein wirksames Testament verfassen? |
| Sofern der Minderjährige das 16. Lebensjahr vollendet hat, ist dies ohne Zustimmung der gesetzlichen Vertreter möglich; er ist also „testierfähig". Es muss sich jedoch um ein öffentliches Testament handeln – ein eigenhändiges Testament setzt Volljährigkeit voraus (vgl. §§ 2229 I, II, 2233 I, 2247 IV BGB). |
| **2.** Welche drei Arten von „Nottestament" kennen Sie und welche Besonderheit besteht hinsichtlich der Gültigkeit? |
| Es gibt das Nottestament vor dem Bürgermeister (§ 2249 BGB), das Nottestament vor drei Zeugen (§ 2250 BGB) sowie das Nottestament auf See (§ 2251 BGB). Nottestamente sind drei Monate gültig (§ 2252 I BGB). |
| **3.** Wie kann ein öffentliches Testament errichtet werden? |
| Es wird zur Niederschrift eines Notars errichtet gem. § 2231 Nr. 1 BGB. Diese Testamentsform bietet die Gewähr, dass – aufgrund der Beratung durch den Notar – Erklärungen im Testament die rechtlich richtige Ausformung erhalten und so die Vorstellungen des „Testators" verwirklicht werden. |
| **4.** Wo wird ein eigenhändiges Testament hinterlegt? |
| Für eigenhändige Testamente gibt es keine Hinterlegungsvorschriften, so dass der Erblasser selbst entscheidet, wo er es verwahrt. Es kann bei einem frei zu wählenden Amtsgericht hinterlegt werden, um seine sichere Aufbewahrung und seine Auffindung alsbald nach dem Tod des Erblassers sicherzustellen (vgl. 2248 BGB). |
| **5.** Wie kann ein Testament vom Erblasser widerrufen werden? |
| Der Erblasser kann gem. § 2253 BGB ein Testament jederzeit ändern oder aufheben. Dies geschieht durch<br>• eine neue Verfügung von Todes wegen (=Testament oder Erbvertrag), in der das frühere Testament ausdrücklich aufgehoben wird,<br>• eine neue Verfügung von Todes wegen (=Testament oder Erbvertrag), die in einem inhaltlichen Widerspruch zu dem früheren Testament steht,<br>• Vernichtung des Testaments oder durch eine Abänderung, aus der die Aufhebungsabsicht ersichtlich ist (Durchstreichen von Textpassagen oder Zerreißen des Testaments) oder<br>• Rücknahme eines vor einem Notar errichteten Testaments aus der amtlichen Verwahrung. |

**6.** Können mehrere Personen ein gemeinsames Testament verfassen?

Das ist möglich, sofern es sich um Ehegatten handelt – nur Eheleute[3] können ein gemeinschaftliches Testament errichten (§ 2265 BGB). Ehegatten können ein solches „eigenhändiges Testament" auch in der Form errichten, dass ein Ehegatte das Testament von Anfang bis Ende eigenhändig schreibt und unterschreibt und der andere Ehegatte die gemeinschaftliche Erklärung eigenhändig mit unterzeichnet. Dabei soll er angeben, zu welcher Zeit und an welchem Ort er seine Unterschrift beigefügt hat, §§ 2265 ff. BGB.

**7.** Was versteht man unter einem „Berliner Testament"?

Das gemeinschaftliche Testament von Eheleuten wird häufig in der Form errichtet, dass der überlebende Ehegatte von dem erstversterbenden Ehepartner als Alleinerbe eingesetzt wird.

**8.** Was kann in einem Testament alles geregelt werden?

Das Testament kann insbesondere Erbeinsetzungen (§ 1937 BGB) enthalten, d.h. der Erblasser bestimmt, wer ihn zu welchem Teil beerben soll. Es kann auch Vermächtnisse (§ 1939 BGB) enthalten, d.h. einzelne Vermögenswerte bekommt jemand Drittes, ohne jedoch Erbe zu sein. Der Vermächtnisnehmer erwirbt dann einen schuldrechtlichen Anspruch gegen die Erben auf Überlassung der Gegenstände oder Zahlung der Geldsumme. In einem Testament können aber auch sogenannte „Ersatzerben" für den Fall eingesetzt werden, dass der zunächst berufene Erbe schon vor dem Erbfall verstorben sein sollte oder dass er die Erbschaft ausschlägt. Es ist auch denkbar, eine Person, die an sich als gesetzlicher Erbe in Betracht kommt (also z.B. ein Kind), von der Erbfolge auszuschließen (zu „enterben"). Dabei sind aber mögliche Pflichtteilsrechte gem. § 2303 I BGB zu berücksichtigen.

Darüber hinaus können den Erben oder Vermächtnisnehmern im Testament bestimmte Auflagen (§ 1940 BGB) gemacht werden, z.B. die Lieblingskatze des Erblassers in bestimmter Weise zu versorgen.

**9.** Wie wird ein Erbvertrag geschlossen?

Der Erbvertrag (§§ 2274 ff. BGB) wird mit einer oder mehreren anderen Personen geschlossen und bewirkt eine feste vertragliche Bindung an die darin getroffenen Verfügungen, die einseitig nur in ganz seltenen Fällen wieder gelöst werden kann. Der Erblasser sowie der Erbe sind also fest an die vertraglichen Vereinbarungen gebunden. Ein Erbvertrag kann daher nur zur Niederschrift eines Notars bei gleichzeitiger Anwesenheit beider Teile geschlossen werden (§ 2276 I BGB). Vom Inhalt her können im Erbvertrag dieselben Verfügungen wie in einem Testament getroffen werden.

3 *Für (gleichgeschlechtliche) Lebenspartnerschaften, die ihre Lebenspartnerschaft noch nicht in eine Ehe umgewandelt haben, gibt es die Möglichkeit eines „Lebenspartnertestaments"; darüber hinaus gilt das Ehegattentestament auch für gleichgeschlechtliche Ehegatten.*

**Übungsfall 1:**

Entscheiden und begründen Sie, ob die folgenden Testamente gültig sind!

1. Bernhard hat sich während seines Badeurlaubs auf Kreta eine schwere Blutvergiftung zugezogen und muss nun intensivmedizinisch versorgt werden. Vor dem Bürgermeister des Urlaubsortes sowie zwei Krankenschwestern teilt er seinen letzten Willen zur Niederschrift mit.
2. Manuela, 16 Jahre alt, ärgert sich maßlos über das peinliche Auftreten ihrer Eltern gegenüber ihrer Clique. Sie schreibt daher handschriftlich ein Testament, durch welches ihre Eltern enterbt und ihr Vermögen dem Flüchtlingshilfswerk zu Gute kommen soll. Sie setzt Ort, Datum und Unterschrift darunter und legt es unter ihr Bett.
3. Carl diktiert seiner Ehefrau Berta seinen letzten Willen, da er aufgrund seiner zittrigen Hände nicht mehr lesbar schreiben kann. Er unterschreibt jedoch eigenhändig unter Nennung von Ort und Datum.

**Lösungsvorschlag:**

**1.** Das Testament ist gültig, da es sich um eine Notsituation handelt; die formalen Voraussetzungen gem. § 2249 I BGB (Bürgermeister und zwei Zeugen) sind erfüllt.

**2.** Das Testament ist ungültig. Zwar ist Manuela mit 16 Jahren testierfähig gem. § 2229 I BGB, allerdings hätte sie das Testament nicht eigenhändig verfassen dürfen § 2247 IV BGB.

**3.** Das Testament ist ungültig, da der Erblasser es nicht eigenhändig geschrieben hat § 2247 I BGB.

**Übungsfall 2:**

Beate ist mit ihrer besten Freundin Petra auf Weltreise unterwegs. Da sie bereits einige gefährliche Situationen erlebt hat, schreibt sie ihrem Bruder Thomas auf eine Postkarte: „Liebster Thomas, sollte mir etwas zustoßen, möchte ich Dich als Alleinerben einsetzen. Dein Schwesterherz". Ist dieses Testament gültig?

**Lösungsvorschlag:**

Dieses Testament ist gültig. Gem. § 2247 III BGB ist es ausreichend, wenn der Erblasser in anderer Weise als mit seinem Vor- und Nachnamen unterschrieben hat, sofern die Angaben zur Feststellung der Urheberschaft und der Ernstlichkeit der Erklärung ausreichen. Durch die Bezeichnung „Schwesterherz" und der Anschrift des Bruders auf der Postkarte sind die Voraussetzungen gegeben.

**Übungsfall 3:**

Der reiche Witwer Werner schreibt in seinem Testament: *„Meine Freundin Beatrix ist meine Alleinerbin, meine beiden Söhne sind enterbt!"*. Als Werner doch Zweifel an dieser Formulierung kommen, entschließt er sich, das Testament zu zerreißen. Wie ist die Rechtslage, wenn Werner stirbt?

**Lösungsvorschlag:**

Gem. § 2255 BGB kann ein Testament u.a. dadurch widerrufen werden, indem es vernichtet wird. Dies ist im obigen Beispiel der Fall, so dass es bei der gesetzlichen Erbfolge bleibt, wonach seine beiden Söhne gem. § 1924 I, IV BGB zu gleichen Teilen jeweils 1/2 erben.

# 26. Pflichtteilsanspruch

**Fallbeispiel:** Fridolin Seibold kann es nicht fassen – sein verwitweter Vater Wolfgang hat kurz vor seinem Tod noch folgendes Testament verfasst: *„Ich, Wolfgang Seibold, verfüge, dass meine Tochter Sandra Alleinerbin werden soll. Mein Sohn Fridolin soll nichts erben."* Nachdem sich Fridolin von der Echtheit und Gültigkeit des Testaments überzeugt hat, möchte er wissen, ob er wirklich „leer" ausgeht. Wie ist die Rechtslage?

**Grundsatz:** Nach § 2303 BGB sind Abkömmlinge des Erblassers (Abs. 1) sowie Eltern und Ehegatten des Erblassers (Abs. 2) pflichtteilsberechtigt, wenn sie durch Verfügung von Todes wegen (also z.B. durch Testament) von der Erbfolge ausgeschlossen wurden. **Was heißt das?** Der Pflichtteilsberechtigte kann von dem Erben seinen Pflichtteil in Höhe der Hälfte des Wertes des gesetzlichen Erbteils verlangen.

**Aber aufgepasst:** Eltern z.B. sind nur dann pflichtteilsberechtigt, wenn sie auch nach der gesetzlichen Erbfolge „zum Zuge" gekommen wären. Gibt es Erben 1. Ordnung, können die Eltern als Erben 2. Ordnung keinen Pflichtteilsanspruch geltend machen!

**Zurück zum Fallbeispiel:** Fridolin Seibold wurde durch das Testament seines Vaters Wolfgang enterbt – er hat jedoch als Abkömmling des Erblassers einen Anspruch auf einen Pflichtteil gem. § 2303 I 1 BGB. Nach gesetzlicher Erbfolge würden Fridolin und seine Schwester Sandra als Erben 1. Ordnung gem. § 1924 I, IV BGB je zur Hälfte erben. Fridolins Pflichtteil beträgt daher ¼, nämlich die Hälfte seines gesetzlichen Anspruches gem. § 2303 I 2 BGB. Fridolin kann somit von seiner Schwester Sandra ¼ des Erbes verlangen.

**Prüfungstipp:** Prüfen und begründen Sie zunächst immer, ob derjenige, der sich übergangen fühlt, überhaupt pflichtteilsberechtigt ist. Ermitteln Sie anschließend nach bekanntem Schema die Erbteile bei gesetzlicher Erbfolge, um so den Pflichtteilsanspruch bestimmen zu können.

**Übungsfall 1:**

Erblasserin Monika hinterlässt ihre Mutter und ihre Schwester. Sie hat in ihrem Testament verfügt, dass ihre beste Freundin Barbara Alleinerbin werden soll. Der Nachlass beträgt 60.000,00 €.

**1.** Wer ist pflichtteilsberechtigt?
**2.** Wer erhält welchen Betrag, wenn etwaige Pflichtteilsansprüche geltend gemacht werden?

**Lösungsvorschlag:**

**1.** Pflichtteilsberechtigt nach § 2303 II BGB ist lediglich die Mutter.

**2.** Die Mutter hätte als gesetzliche Erbin 2. Ordnung nach § 1925 I, III BGB die Hälfte des Nachlasses erhalten (**Hinweis**: die andere Hälfte hätte ihre Schwester als Abkömmling des Vaters bekommen). Der Pflichtteilsanspruch entspricht der Hälfte des gesetzlichen Anspruches gem. § 2303 I 2 BGB, so dass die Mutter einen schuldrechtlichen Anspruch auf ¼ des Erbes (= 15.000,00 €) gegenüber der Alleinerbin Barbara hat. Monikas Freundin Barbara würde demnach 45.000,00 € des gesamten Nachlasses behalten.

**Übungsfall 2:**

Fritz und Adelheid Brummer hatten vor einigen Jahren ein gemeinsames Testament verfasst und sich darin gegenseitig als Alleinerben eingesetzt. Ihre vier Kinder sollen nichts erben. Die Eheleute lebten im gesetzlichen Güterstand. Als Fritz überraschend stirbt, ist das jüngste der Kinder mit der testamentarischen Regelung nicht einverstanden und möchte wissen, welchen Anspruch es ggf. geltend machen kann.

**Lösungsvorschlag:**

Die Kinder sind pflichtteilsberechtigt gem. § 2303 I 1 BGB; ihre Ansprüche bestehen in der Hälfte ihres gesetzlichen Erbteils gem. § 2303 I 2 BGB.

Fritz und Adelheid waren im gesetzlichen Güterstand verheiratet, so dass Adelheid als überlebender Ehefrau gem. § 1931 I, III, 1371 I BGB die Hälfte des Nachlasses zufiele (1/4 nach § 1931 I und 1/4 Zugewinnausgleich nach § 1371 BGB). Die andere Hälfte würde sich bei gesetzlicher Erbfolge gem. § 1924 I, IV BGB gleichermaßen unter den vier Kindern als Erben 1. Ordnung aufteilen; der gesetzliche Erbanspruch eines einzelnen Kindes entspräche daher 1/8. Das jüngste Kind (und auch die anderen Kinder) könnten daher je 1/16 (die Hälfte des gesetzlichen Anspruches) des Erbes von der Alleinerbin Adelheid einfordern.

**Übungsfall 3:**

Rita hinterlässt zwei Kinder, Tom und Annika, sowie ihren Ehemann Gerd, mit dem sie im Güterstand der Gütertrennung lebte. Da ihre Familie über eigenes Vermögen verfügt, hat Rita in ihrem Testament das „SOS Kinderdorf" als Alleinerbin bestimmt. Der Nachlass beträgt 600.000,00 €.

1. Wer ist pflichtteilsberechtigt?
2. Wer bekäme welchen Betrag, wenn jeder Pflichtteilsberechtigte seinen Anspruch geltend machen würde?

**Lösungsvorschlag:**

**1.** Sowohl die Kinder Tom und Annika als auch der Ehemann Gerd sind pflichtteilsberechtigt gem. § 2303 I 1, II 1 BGB; alle drei wären als gesetzliche Erben der 1. Ordnung bei gesetzlicher Erbfolge „zum Zuge" gekommen gem. §§ 1924 I, 1931 I, IV BGB.

**2.** Ehemann Gerd und die beiden Kinder hätten bei gesetzlicher Erbfolge bei Gütertrennung gem. § 1931 I, IV BGB jeder zu gleichen Teilen, also zu je 1/3 geerbt. Der Pflichtteil ist ein schuldrechtlicher Anspruch in Höhe der Hälfte des gesetzlichen Anspruches gem. § 2303 I 2 BGB, so dass alle drei Pflichtteilsberechtigten einen Anteil von je 1/6 des Nachlasses von der Alleinerbin „SOS Kinderdorf" fordern könnten. Gerd, Tom und Annika könnten also jeweils 100.000,00 € Pflichtteil geltend machen.

# Teil 2
# Wirtschaft

## A.
## Handels- und Gesellschaftsrecht

### 1.
### Das HGB und seine Besonderheiten im Verhältnis zum BGB

**Warum überhaupt Handelsrecht?** Das Handelsrecht ist das Sonderprivatrecht der **Kaufleute** und der handelsrechtlichen **Gesellschaften** (z.B. OHG, KG, GmbH, AG). Es dient den besonderen Anforderungen des Wirtschaftsverkehrs, für den das bürgerliche Recht keine ausreichenden Regelungen enthält. Ein solches kaufmännisches Sonderrecht ist erforderlich, weil Kaufleute im Geschäftsverkehr in anderer Weise schutzwürdig sind als Privatpersonen.

So haben Kaufleute bspw. ein besonderes Interesse an einer unkomplizierten und raschen Geschäftsdurchführung und benötigen wegen ihrer Professionalität weniger Schutzvorschriften als Privatpersonen.

Das Handelsrecht steht jedoch nicht isoliert neben dem BGB, sondern ist mit diesem eng verknüpft; soweit das HGB keine speziellen Regelungen für Kaufleute vorsieht, gilt auch für diese das BGB.

**Aber aufgepasst:** Als Sonderrechtsgebiet geht das HGB dem allgemeinen Recht des BGB vor.

| Beispiele für ergänzende Vorschriften im HGB | | |
|---|---|---|
| **Vorschriften und Regelungen im BGB** | **Ergänzende Vorschriften und Regelungen im HGB** | **Inhalt** |
| §§ 147 ff. BGB | § 362 HGB | Vertragsannahme durch Schweigen |
| §§ 164 ff. BGB | §§ 48 ff. HGB | Prokura, Handlungsvollmacht, Ladenangestellte |
| § 243 BGB | §§ 360 f. HGB | Gattungsschuld |
| §§ 293 ff. BGB | §§ 373 f. HGB | Annahmeverzug des Käufers |
| §§ 434 ff. BGB | § 377 HGB | Sachmängelhaftung beim Kauf |
| § 766 BGB | § 350 HGB | Form der Bürgschaftserklärung |

# 2. Voraussetzungen einer Unternehmensgründung

**Wie gründe ich ein Unternehmen?** Mit Hilfe der folgenden Checkliste zu den „Voraussetzungen zur Unternehmensgründung sowie zu den Anmeldepflichten“ können Sie sich schnell einen ersten Überblick verschaffen:

| Voraussetzungen zur Unternehmensgründung |
|---|
| **Beweggründe** |
| • Familientradition<br>• Unabhängigkeit<br>innovative Idee, Erkennen einer Marktlücke<br>• Wunsch nach Unabhängigkeit<br>U.v.m. |
| **Persönliche Voraussetzungen** |
| • Fachkenntnisse<br>• kaufmännisches Wissen<br>• Flexibilität<br>• Hohe Belastbarkeit, Durchhaltevermögen<br>• Durchsetzungskraft<br>• Kreativität<br>• U.v.m. |
| **Sachliche Voraussetzungen** |
| • Startkapital<br>• Sicherheiten<br>• Ausstattung (räumlich, technisch ...)<br>• U.v.m. |
| **Anmeldepflichten** |
| • Gewerbeamt<br>• Kammer<br>• Finanzamt<br>• Handelsregister<br>• Sozialversicherung (bei Angestellten)<br>• Berufsgenossenschaft |

# 3. Kaufmannsarten

**Welche Kaufmannsarten kennt das HGB?** Nach § 1 HGB ist jeder Kaufmann, der ein Handelsgewerbe betreibt, es sei denn, dass das Unternehmen nach Art oder Umfang keinen in kaufmännischer Weise eingerichteten Geschäftsbetrieb benötigt. Die Kaufmannseigenschaft tritt also unter diesen Voraussetzungen automatisch ein und wird bei jedem Gewerbetreibenden vermutet – wir sprechen hier vom **Istkaufmann**.

Wann im Einzelfall **eine kaufmännische Einrichtung** benötigt wird, ist gesetzlich nicht geregelt und unterliegt weiten Ermessensspielräumen (als Orientierungshilfe können Kriterien wie z.B. die Zahl der Beschäftigten, der Jahresumsatz usw. herangezogen werden). Ein Unternehmer, der nach § 1 HGB nicht als Kaufmann bezeichnet wird, betreibt ein sogenanntes **Kleingewerbe**. Es handelt sich also um Gewerbetreibende, deren Geschäftsbetriebe **keine** kaufmännische Organisation erfordern. Der Unternehmer ist berechtigt, aber nicht verpflichtet, sich mit seiner kaufmännischen Firma ins Handelsregister einzutragen.

Erfolgt die (freiwillige)Handelsregistereintragung, sprechen wir vom **Kannkaufmann** (§ 2 HGB), andernfalls vom **Nicht-Kaufmann**. Ebenso haben land- und forstwirtschaftliche Unternehmen das Recht, sich ins Handelsregister eintragen zu lassen (§ 3 HGB). Juristische Personen (z.B. GmbH, AG) sind **Formkaufleute** – sie gelten als Kaufleute aufgrund ihrer Rechtsform (§ 6 HGB).

| **Istkaufmann** | **Kannkaufmann** | | **Formkaufmann** |
|---|---|---|---|
| | Kleingewerbe (ohne kaufmännische Einrichtung) | Land- und Forstwirte | |
| = Kaufmann kraft **Gewerbebetrieb** | = Kaufmann kraft **Eintragung** | | = Kaufmann kraft **Rechtsform** |
| § 1 HGB | § 2 HGB | § 3 HGB | § 6 HGB |
| Eintragung ins HR ist **deklaratorisch** (rechtsbekundend) | Eintragung ins HR ist **konstitutiv** (rechtserzeugend) | | Eintragung ins HR ist **konstitutiv** (rechtserzeugend) |

**Gut zu wissen:** Das HGB gibt den Kaufleuten besondere Rechte und Pflichten. So ist es einem Kaufmann vorbehalten, eine **Firma** (§ 17 I HGB) im Sinne des HGB zu führen. Die Firma eines Kaufmanns ist der Name, unter dem er seine Geschäfte betreibt und die Unterschrift abgibt. Unter seiner Firma kann der Kaufmann klagen und verklagt werden (§ 17 II HGB). Ein Kaufmann muss zudem seine **Buchführung** nach handelsrechtlichen Vorschriften gestalten. Er muss z.B. die Vorschriften der doppelten Buchführung beachten, eine Inventur durchführen und einen Jahresabschluss (Gewinn- und Verlustrechnung und Bilanz) erstellen (§§ 238 ff. HGB). Im Rahmen seiner Buchführung muss er Aufbewahrungspflichten erfüllen. Auf den **Geschäftsbriefen** sind alle Rechtverhältnisse des Unternehmens anzugeben; dabei ist der Begriff des

Geschäftsbriefes weit auszulegen – er umfasst jede von der Firma ausgehende schriftliche Mitteilung, die ihre geschäftliche Betätigung nach außen betrifft.

Als Kaufmann unterliegt man der **Verpflichtung zur Eintragung in das Handelsregister** beim zuständigen Amtsgericht. Dies umfasst unter anderem die Eintragung der Firma, unter der das Unternehmen geführt wird. Beim Zustandekommen und bei der Abwicklung von Rechtsgeschäften, die zum Betrieb seines Handelsgewerbes gehören, ist der Kaufmann zudem **speziellen Regelungen** über Handelsgeschäfte unterworfen (§§ 343 – 475h HGB). Auch darf der Kaufmann **kaufmännisches Personal** nach den Vorschriften des HGB beschäftigen. Darüber hinaus können **handelsrechtliche Vollmachten** (Prokura oder Handelsvollmacht; §§ 48 – 58 HGB) vom Kaufmann erteilt und widerrufen werden.

**Übungsaufgabe 1:**

Um welche Art von Kaufmann handelt es sich bei der „Trau Dich GmbH"?

**1.** Istkaufmann
**2.** Kannkaufmann
**3.** Nicht-Kaufmann
**4.** Formkaufmann
**5.** Kaufmann nach BGB

**Lösungsvorschlag:**

**4.**

**Übungsaufgabe 2:**

Welche Aussagen zur Handelsregistereintragung von Kaufleuten sind richtig?

**1.** Formkaufleute müssen sich nicht ins Handelsregister eintragen lassen, da sie bereits kraft Gesetzes Kaufleute sind.
**2.** Die Eintragung von Istkaufleuten ins Handelsregister hat keine rechtserzeugende Wirkung.
**3.** Kleingewerbetreibende können sich in das Handelsregister eintragen lassen und werden dadurch zu Kannkaufleuten.
**4.** Istkaufleute haben ein Eintragungswahlrecht in das Handelsregister.
**5.** Land- und Fortswirte müssen sich ins Handelsregister eintragen, wenn sie eine bestimmte Umsatzschwelle überschritten haben.

**Lösungsvorschlag:**

**2., 3.**

**Übungsaufgabe 3:**

In welchen Fällen handelt es sich um einen Formkaufmann?

**1.** Müller & Söhne OHG,
**2.** Rechtsanwältin Brigitte Baum
**3.** Freimann AG
**4.** Glühweinstand in der Innenstadt
**5.** Seifert GmbH

**Lösungsvorschlag:**

**3., 4.**

**Übungsaufgabe 4:**

Nennen Sie drei Kriterien für die Beurteilung, ob ein Gewerbetreibender einen in kaufmännischer Weise eingerichteten Geschäftsbetrieb betreibt!

**Lösungsvorschlag:**

Z.B. Umsatz, Jahresgewinn, Anzahl der Mitarbeiter/Beschäftigten, Betrieb auf Dauer angelegt, Standorte/Filialen

**Übungsaufgabe 5:**

Erläutern Sie kurz den Unterschied zwischen „deklaratorischer" und „konstitutiver" Wirkung einer Handelsregistereintragung!

**Lösungsvorschlag:**

Ist die HR-Eintragung deklaratorisch (Istkaufleute), wird ein bereits bestehendes Recht oder Rechtsverhältnis nur festgestellt oder bezeugt. Ist die HR-Eintragung hingegen konstitutiv (Kannkaufleute, Formkaufleute), ist sie rechtserzeugend oder rechtsbegründend, d.h. die Rechtswirkung tritt erst durch die Eintragung ein.

**Übungsaufgabe 6:**

Der Kioskbesitzer Gerd Saum möchte gerne in den Genuss bestimmter Vorteile kommen, die den Kaufleuten vorbehalten sind. Was kann er tun, damit für ihn die Rechte und Pflichten des HGB gelten?

**Lösungsvorschlag:**

Er ist als Kioskbesitzer vermutlich Kleingewerbetreibender und damit Kannkaufmann nach § 2 HGB. Er kann sich freiwillig ins Handelsregister eintragen lassen und wird somit zum Kaufmann, für den das HGB gilt.

**Übungsaufgabe 7:**

Zu den Nichtkaufleuten zählen ...

**1.** Freiberufler
**2.** Kleingewerbetreibende, die sich freiwillig im Handelsregister haben eintragen lassen
**3.** Gewerbetreibende mit in kaufmännischer Weise eingerichtetem Geschäftsbetrieb
**4.** Scheinkaufleute gem. § 5 HGB
**5.** alle Land- und Forstwirte

**Lösungsvorschlag:**

**1., 4.**

**Übungsaufgabe 8:**

Welche der nachstehenden Aussagen trifft auf einen Kaufmann nach HGB zu?

**1.** Er kann keine Firma gründen.
**2.** Als Kaufmann ist er nicht zur Handelsregistereintragung verpflichtet.
**3.** Er unterliegt den Aufbewahrungspflichten nach BGB.
**4.** Er ist zur ordnungsgemäßen Buchführung verpflichtet.
**5.** Für die Erteilung der Prokura gilt das Vier-Augen-Prinzip.

**Lösungsvorschlag:**

**4.**

| Übungsaufgabe 9: |
| --- |
| Welche der nachstehenden Aussagen trifft auf einen Kaufmann nach HGB zu?<br>**1.** Unter seiner Firma kann er klagen und verklagt werden.<br>**2.** Er kann keine eigene Firma gründen.<br>**3.** Er muss sich nicht ins Handelsregister eintragen.<br>**4.** Er kann keine Handelsgesellschaft gründen.<br>**5.** Ihm genügt die Mindestbuchführung. |
| **Lösungsvorschlag:**<br>**1.** |

# 4. Das Handelsregister

**Das Handelsregister – was ist das überhaupt?** Das Handelsregister ist ein öffentliches Verzeichnis aller Kaufleute eines bestimmten Amtsgerichtsbezirks. Es wird beim Registergericht des jeweiligen Amtsgerichts elektronisch geführt (§ 8 I HGB). Es soll die Sicherheit im Handelsverkehr, insbesondere den Schutz gutgläubiger Dritter, durch die Offenlegung der Rechtsverhältnisse der Kaufleute gewährleisten.

**Hinweis:** Seit dem 01.01.2007 werden alle Eintragungen auf der bundesweiten Internetseite www.registerbekanntmachungen.de, im elektronischen Bundesanzeiger (www.ebundesanzeiger.de) und im elektronischen Unternehmensregister (www.unternehmensregister.de) (§§ 10, 11 HGB) bekanntgegeben. Sämtliche im Handelsregister geführten Unternehmen können von jeder Person online (www.handelsregister.de) gegen Gebühr eingesehen werden.

**Wie ist das Handelsregister aufgebaut?** Das Handelsregister besteht aus zwei Abteilungen – in die Abteilung A werden Einzelunternehmen und Personengesellschaften (z.B. OHG, KG) eingetragen, in der Abteilung B Kapitalgesellschaften (z.B. AG, GmbH).

**Was steht drin?** Das Gesetz bestimmt den Gegenstand der Eintragungen. Dazu gehören die Firma und der Ort der Handelsniederlassung des Kaufmanns (§ 29 HGB), ebenso der Name des Inhabers, des Geschäftsführers, der Gesellschaft und die Namen der Vorstandsmitglieder einer AG und die Art des Geschäfts. Des Weiteren die Höhe des Kapitals bzw. Kapitaländerungen und die Erteilung und Löschung der Prokura. Daneben sind das Erlöschen oder die Änderung der Firma, ein Wechsel bei den Inhabern, die Verlegung der Niederlassung sowie die Insolvenzeröffnung anzuzeigen.

**Wie kommt es zu Eintragungen und Löschungen?** Anmeldungen zur Eintragung in das Handelsregister sind elektronisch in öffentlich beglaubigter Form durch den Inhaber oder Geschäftsführer einzureichen (§ 12 HGB). Ungültig gewordene Eintragungen werden im Handelsregister rot unterstrichen und gelten damit als gelöscht.

**Wann hat die Eintragung deklaratorische, wann konstitutive Wirkung?** Wenn das Handelsregister nur Tatsachen bekannt macht, die bereits ein bestehender Rechtstatbestand sind, so hat die Eintragung **deklaratorischen**, also rechtsbezeugenden Charakter – so z.B. die Eintragung von Istkaufleuten. Wird durch die Eintragung in das Handelsregister überhaupt erst eine rechtliche Folge geschaffen, so hat die Eintragung **konstitutive**, also rechts**erzeugende** Wirkung – so z.B. die Eintragung von Kleingewerbetreibenden als (Kann-)Kaufleute.

**Was bedeutet „öffentlicher Glaube" des Handelsregisters?** Sobald eine Eintragung im Handelsregister veröffentlicht wurde, kann ein gutgläubiger Dritter sich auf die Richtigkeit der Eintragungen verlassen (§ 15 HGB). Dies nennt man **Publizitätswirkung** des Handelsregisters. Das Handelsregister hat somit die Aufgabe, die Öffentlichkeit über wichtige Sachverhalte und Rechtsverhältnisse der Kaufleute und Handelsgesellschaften zu unterrichten.

**Was bedeutet „positive Publizität"** bzw. **„negative Publizität"?**

| **negative Publizität**<br>**§ 15 I HGB** | **positive Publizität**<br>**§ 15 II HGB** |
|---|---|
| Solange eine einzutragende Tatsache nicht eingetragen und bekanntgemacht worden ist, kann sie einem Dritten nicht entgegengesetzt werden, es sei denn, dass sie diesem bekannt war. | Eingetragene und bekanntgemachte Tatsachen muss ein Dritter gegen sich gelten lassen. |

**Was ist eine Firma?**

| | |
|---|---|
| **Definition** | Die Firma eines Kaufmanns ist der Name, unter dem er seine Geschäfte betreibt und die Unterschrift abgibt (§ 17 I HGB).Ein Kaufmann kann unter seiner Firma klagen und verklagt werden (§ 17 II HGB). |
| **Firmenarten** | • Personenfirma *(Bruno Klein e.K.)*<br>• Sachfirma *(Hamburger Holzhandel e.K.)*<br>• Mischfirma *(Nachhilfestudio Müller e.K.)*<br>• Phantasiefirma *(Zuckersüß e.K)* |
| **Firmengrundsätze** | • Firmenöffentlichkeit *(jeder kann den HR-Eintrag einsehen)*<br>• Firmenbeständigkeit *(Recht der Firmenfortführung bei Inhaberwechsel)*<br>• Rechtsformzusatz *(Offenlegung der Haftungs-/Gesellschaftsverhältnisse)*<br>• Firmenwahrheit *(Irreführungsverbot)*<br>• Firmenausschließlichkeit *(Firmenunterscheidbarkeit)* |

**Übungsaufgabe 1:**

Welcher Vorgang ist in das Handelsregister einzutragen?

**1.** Bestellung eines Prokuristen
**2.** Bestellung einer Grundschuld auf ein Betriebsgrundstück
**3.** Aufnahme eines Lieferantenkredites
**4.** Erteilung einer Handlungsvollmacht
**5.** Vereinbarung der Gütertrennung eines Istkaufmanns mit seiner Frau

**Lösungsvorschlag:**

**1.**

**Übungsaufgabe 2:**

Für welche der folgenden Rechtsformen besitzt die Eintragung ins Handelsregister konstitutiven Charakter?

**1.** KG
**2.** Stille Gesellschaft
**3.** OHG
**4.** AG
**5.** GmbH

**Lösungsvorschlag:**

**4., 5.**

**Übungsaufgabe 3:**

Warum ist es so wichtig, dass der Kaufmann die aufgrund der Vorschriften des HGB einzutragenden Tatsachen auch tatsächlich ins Handelsregister eintragen lässt?

**Lösungsvorschlag:**

Es ist wichtig, denn das Handelsregister

- leistet die Gewähr für die notwendige Transparenz im täglichen kaufmännischen Miteinander,
- liefert zuverlässige Informationen über gegenwärtige oder künftige Geschäftspartner, welche im Handelsverkehr Grundvoraussetzung für sachgerechte unternehmerische Entscheidungen sind,
- bietet die Möglichkeit, sich Auskunft über die wichtigsten Rechtsverhältnisse eines Geschäftspartners zu verschaffen, z.B. über Firma, Firmensitz oder Vertretungsverhältnisse.

**Übungsaufgabe 4:**

Nennen Sie fünf in das Handelsregister eintragungspflichtige Tatsachen und die dazu gehörenden Rechtsvorschriften!

**Lösungsvorschlag:**

Zu den eintragungspflichtigen Tatsachen zählen insbesondere:

- Firma und Ort der Handelsniederlassung (§ 29 HGB)
- Änderung und Erlöschen der Firma und Änderungen bei den Inhabern und Verlegung der Niederlassung (§ 31 HGB)
- Eröffnung des Insolvenzverfahrens (§ 32 HGB)
- Betrieb einer Handelsgesellschaft (§ 106 HGB, zu den einzelnen Angaben vgl. dort, vgl. § 162 HGB für die Kommanditgesellschaft)
- Auflösung einer Gesellschaft bzw. Ausscheiden einzelner Gesellschafter (§ 143 HGB)
- Erteilung bzw. Erlöschen der Prokura (§ 53 III HGB)

**Übungsaufgabe 5:**

Wer kann Einsicht in das Handelsregister nehmen?

**1.** Nur beauftragte Auskunfteien
**2.** Nur Kreditinstitute
**3.** Jeder
**4.** Jeder mit berechtigtem Interesse
**5.** Nur Notare

**Lösungsvorschlag:**

**3.**

**Übungsaufgabe 6:**

Das Handelsregister ist in zwei Abteilungen aufgeteilt. Nennen Sie die beiden Abteilungen und geben Sie jeweils eine dazugehörige Unternehmensform an!

**Lösungsvorschlag:**

Abteilung A: z.B. Einzelunternehmen, OHG, KG

Abteilung B: z.B. AG, GmbH

**Übungsaufgabe 7:**

Nennen Sie für die folgenden Aussagen den jeweiligen Firmengrundsatz!

**1.** Wenn die Person des Inhabers durch Erbschaft wechselt, kann der bisherige Firmenname unter bestimmten Voraussetzungen fortgeführt werden.
**2.** Jeder Kaufmann muss seine Firma im Handelsregister anmelden.

**Lösungsvorschlag:**

**1.** Firmenbeständigkeit
**2.** Firmenöffentlichkeit

# 5. Handlungsvollmacht und Prokura

Damit Angestellte eines Unternehmens stellvertretend für dieses handeln und in fremdem Namen Willenserklärungen abgeben können, sind entsprechende Vollmachten nötig. Aber was genau darf ein Handlungsbevollmächtigter, was ein Prokurist, und wie kommen diese Vollmachten zustande?

Folgende **Übersichten** fassen die wesentlichen Aspekte zusammen:

| **Handlungsvollmacht**<br>**§ 54 HGB**<br>= jede von einem Kaufmann oder Kleingewerbetreibenden erteilte Vollmacht, die nicht Prokura ist. | |
|---|---|
| **Erteilung** | |
| • Durch wen? | Kaufmann, Kleingewerbetreibender, Prokurist, Handlungsbevollmächtigter |
| • Wie? | formlos (schriftlich oder mündlich); ausdrücklich oder konkludent |
| • Wem? | natürlichen Personen |
| • Eintragung ins HR? | Nein! |
| **Umfang** | |
| • Gesetzliche Beschränkungen (§ 54 I HGB) | Nur gewöhnliche und branchenübliche Geschäfte |
| • Gesetzlich ausgeschlossen (§ 54 II HGB) | Veräußerung und Belastung von Grundstücken, Eingehen von Wechselverbindlichkeiten, Darlehensaufnahme, Prozessführung<br>(hier ist ggf. eine ausdrückliche Sondervollmacht erforderlich!) |
| **Arten** | |
| | **Allgemeine Handlungsvollmacht**<br>Alle gewöhnlichen und branchenüblichen Rechtsgeschäfte<br>**Art-/Gattungsvollmacht**<br>Alle gewöhnlichen und branchenüblichen Rechtsgeschäfte einer bestimmten Art<br>**Spezial-/Einzelvollmacht**<br>Einzelne, konkrete und ganz bestimmte Rechtsgeschäfte |
| **Besondere Vereinbarungen** | |
| | Die Handlungsvollmacht kann beliebig eingeschränkt werden.<br>Beschränkungen wirken auch gegen Dritte, sofern sie diesen bekannt war (§ 54 III HGB). |

| **Erlöschen** | |
|---|---|
| | Automatisch z.B. bei Beendigung des Arbeitsvertrags, bei Befristung nach Fristablauf, bei Erledigung des Auftrags (Spezialvollmacht), Auflösung des Unternehmens;<br>Widerruf jederzeit möglich |
| **Zeichnung** | |
| | i.V. (in Vollmacht) oder i.A. (im Auftrag) |

| **Prokura**<br>**§ 49 HGB**<br>= ermächtigt zu allen Arten von gerichtlichen und außergerichtlichen Geschäften und Rechtshandlungen, die der Betrieb eines Handelsgewerbes mit sich bringt. | |
|---|---|
| **Erteilung** | |
| • Durch wen? | nur vom Inhaber des Geschäftes |
| • Wie? | schriftlich (mündlich möglich im Innenverhältnis); ausdrücklich |
| • Wem? | natürlichen Personen |
| • Eintragung ins HR? | Ja! (§ 53 I HGB); Eintragung hat jedoch nur deklaratorische Wirkung (ist also bereits vor Eintragung gültig!) |
| **Umfang** | |
| • Grundsatz | Alle Arten von gerichtlichen und außergerichtlichen Geschäften und Rechtshandlungen, die der Betrieb eines Handelsgewerbes mit sich bringt, z.B.:<br>• Einstellung und Entlassung von Personal<br>• Aufnahme eines stillen Gesellschafters<br>• Darlehensaufnahme<br>• Erledigung von Zahlungsgeschäften<br>• Abschluss gerichtlicher Vergleiche<br>• Klageerhebung gegen Dritte<br>• Usw. |
| • Gesetzliche Einschränkungen | • Belastung und Veräußerung von Grundstücken (§ 49 II HGB) bzw. nur mit besonderer Befugnis möglich<br>• Erteilung oder Widerruf einer Prokura<br>• Unterschreiben der Bilanz oder Steuererklärung<br>• Vornahme von HR-Änderungen<br>• Beantragung der Insolvenz<br>• Aufnahme von Gesellschaftern<br>• Auflösung oder Verkauf der Gesellschaft |
| • Vertragliche Einschränkungen | **Möglich, aber** eine Beschränkung der Prokura auf gewisse Geschäfte oder gewisse Arten von Geschäften ist Dritten gegenüber (also im Außenverhältnis) unwirksam (§ 50 I HGB). |

| Erlöschen | |
|---|---|
| | Widerruf jederzeit möglich;<br>Außerdem Erlöschen bei:<br>• Tod des Prokuristen<br>• Beendigung des Arbeitsverhältnisses<br>• Einstellung oder Veräußerung des Handelsgeschäfts<br>• Insolvenz |
| **Zeichnung** | |
| | pp. oder ppa. (per procura) |

**Übungsaufgabe 1:**

In der Personalakte von Gabriele Wolter befindet sich folgendes Schriftstück: *„Ich, Rechtsanwalt Thomas Müller, bevollmächtige meine Angestellte Gabriele Wolter, geb. am 17.01.1985, für meine Kanzlei Rechnungsbeträge in jeder Höhe zu kassieren, Zahlungen jeder Art vorzunehmen und zu quittieren. Dachau, 29.7.2020. (Unterschrift)"*

Welche Vollmacht wurde Gabriele Wolter erteilt?

**1.** Artvollmacht
**2.** Allgemeine Handlungsvollmacht
**3.** Prokura
**4.** Einzelvollmacht
**5.** Keine Vollmacht, da Botendienst

**Lösungsvorschlag:**

**1.**

**Übungsaufgabe 2:**

Herr Wolfgang Leube erhält von seinem Chef Artvollmacht.

Welches Recht ist damit verbunden?

**1.** Das Recht, Grundstücke zu kaufen
**2.** Das Recht Gebäude für das Unternehmen zu verkaufen.
**3.** Das Recht, für das Unternehmen Bestellungen zu unterschreiben.
**4.** Das Recht, für das Unternehmen Prozesse zu führen.
**5.** Das Recht, allgemeine Handlungsvollmacht zu erteilen.

**Lösungsvorschlag:**

**3.**

**Übungsaufgabe 3:**

Welches Rechtsgeschäft darf ein Prokurist ohne besondere Vollmacht vornehmen?

**1.** Bilanz unterschreiben
**2.** Darlehen aufnehmen
**3.** Grundstück verkaufen
**4.** Insolvenzantrag stellen
**5.** Handelsregistereintrag vornehmen

**Lösungsvorschlag:**

**2.**

| **Übungsaufgabe 4:** |
|---|
| Welche Aussage über die Prokura trifft zu?<br>**1.** Nur der Kaufmann kann Prokura erteilen.<br>**2.** Eine Beschränkung der Prokura ist Dritten gegenüber wirksam.<br>**3.** Kleingewerbetreibende dürfen nur Einzelprokura erteilen.<br>**4.** Ein Prokurist darf Grundstücke zwar belasten und verkaufen, aber nicht kaufen.<br>**5.** Die Prokura kann im Handelsregister eingetragen werden. |
| **Lösungsvorschlag:**<br>1. |

| **Übungsaufgabe 5:** |
|---|
| Welche Aussage über Handlungsvollmacht und Prokura ist richtig?<br>**1.** Der Umfang der Handlungsvollmacht und der Prokura sind gesetzlich vorgeschrieben.<br>**2.** Die Prokura muss ausdrücklich vereinbart werden, die Handlungsvollmacht kann auch stillschweigend erklärt werden.<br>**3.** Die Handlungsvollmacht berechtigt ebenso wie die Prokura zum Verkauf von Grundstücken.<br>**4.** Handlungsvollmacht und Prokura werden im Handelsregister eingetragen.<br>**5.** Der Prokurist unterschreibt mit pp., der Handlungsbevollmächtigte mit p.h. |
| **Lösungsvorschlag:**<br>2. |

# 6.
# Unternehmensformen

**Wichtiger Hinweis:** Übungsaufgaben zu den Unternehmensformen finden sich jeweils am Ende eines Abschnitts und am Ende dieses Kapitels!

## 6.1 Kriterien für die Wahl der Unternehmensform

| | |
|---|---|
| **Rechtliche Stellung** | • Welche rechtliche Stellung hat die Unternehmung? |
| **Eigentumsverhältnisse** | • Wie viele Gesellschafter?<br>• Wie sind die Kapitalanteile verteilt? |
| **Gewinnverteilung** | • Wie wird der Gewinn verteilt? |
| **Verlustverteilung** | • Wie wird der Verlust verteilt? |

| | |
|---|---|
| **Gründung** | • Welche gesetzlichen Vorschriften gelten?<br>• Welche besonderen Anforderungen müssen erfüllt werden?<br>• Wie viel Kapital wird benötigt?<br>• Beginn des Unternehmens? |
| **Haftung** | Wie ist der Haftungsumfang bei Verlusten? |
| **Geschäftsführung (Innenverhältnis) & Vertretung (Außenverhältnis)** | • Wer ist zur Geschäftsführung/Vertretung berechtigt?<br>• Einzeln oder gemeinschaftlich? |
| **Finanzierung/ Kreditwürdigkeit** | • Wie kann Kapital beschafft werden?<br>• Wie ist die Bereitschaft von Geldgebern, Fremdkapital zur Verfügung zu stellen? |
| **Rechte der Gesellschafter** | • Welche Rechte haben die Gesellschafter? |
| **Pflichten der Gesellschafter** | • Welche Pflichten haben die Gesellschafter? |
| **Auflösung/Beendigung** | • Wie wird das Unternehmen aufgelöst?<br>• Welche Kündigungsbedingungen gelten? |
| **Steuerbelastung** | • Welche steuerlichen Aspekte müssen berücksichtigt werden? |

**Prüfungstipp:** Gehen Sie die Kriterien/Fragen für jede Unternehmensform im Kopf einzeln durch und überprüfen Sie – hätten Sie bei jeder Unternehmensform die Antworten gewusst?

## 6.2 Übersicht über die Unternehmensformen

<table>
<tr><th colspan="5">Unternehmensformen</th></tr>
<tr><th colspan="4">Privatrechtliche Unternehmensformen</th><th>Öffentlich rechtliche Unternehmensformen</th></tr>
<tr><th>Einzelunternehmen</th><th>Personengesellschaften</th><th>Kapitalgesellschaften</th><th>Sonstige Gesellschaften</th><td rowspan="4">• Anstalt<br>• Stiftung<br>• Körperschaft des öffentlichen Rechts</td></tr>
<tr><td rowspan="3">• Kaufmann/ Kauffrau<br>• Kleingewerbetreibender</td><td>• GbR<br>• OHG<br>• KG<br>• PartGmbB<br>• PartG<br>• Stille Gesellschaft</td><td>• GmbH<br>• AG<br>• KGaA</td><td rowspan="3">• e.G.<br>• e.V.</td></tr>
<tr><th colspan="2">Mischformen</th></tr>
<tr><td colspan="2">• GmbH & Co KG<br>• GmbH & Co OHG<br>• AG & Co KG</td></tr>
</table>

## 6.3 Wichtige Unternehmensformen im Kanzleibetrieb

### 6.3.1 Das Einzelunternehmen

| Das Einzelunternehmen | |
|---|---|
| **Definition** | • Der Einzelunternehmer ist eine natürliche Person, die eine gewerbliche oder selbstständige berufliche Tätigkeit ausübt. |
| **Eigentumsverhältnisse** | • Der Einzelunternehmer ist der alleinige Eigentümer.<br>• Dem Einzelunternehmer steht der komplette Gewinn zu. |
| **Geschäftsführung/ Vertretung** | • Geschäftsführung allein durch den Einzelunternehmer<br>• Kann Handlungsvollmachten erteilen, Prokura nur möglich, wenn im HR eingetragen |
| **Gründung** | • Grundsätzlich formlos;<br>• wenn ein in kfm. Art und Weise eingerichteter Geschäftsbetrieb erforderlich ist: Eintrag ins HR |
| **Rechtliche Stellung** | • Das Einzelunternehmen ist nicht rechts-, partei-, delikts-, grundbuch- und insolvenzfähig.<br>• Der Einzelunternehmer ist Träger von Rechten und Pflichten, d.h. nur er kann unter seiner Firma klagen und verklagt werden. |
| **Finanzierung** | • Kein Mindestkapital erforderlich;<br>• Finanzierung durch: Privatvermögen des Einzelunternehmers, Nichtentnahme von Gewinnen (Selbstfinanzierung), Aufnahme eines stillen Gesellschafters |
| **Kreditwürdigkeit** | abhängig vom Geschäfts- und Privatvermögen des Einzelunternehmers |
| **Haftung** | Der Einzelunternehmer haftet alleine, persönlich und unbeschränkt mit seinem Geschäfts- und Privatvermögen. |
| **Auflösung/ Beendigung** | • Einstellung des Betriebs und<br>• äußere Umstände lassen erkennen, dass der Betrieb aufgegeben wurde oder<br>• Erklärung gegenüber dem Finanzamt, dass das Einzelunternehmen aufgelöst wird. |
| **Steuerliche Belastung** | Der Einzelunternehmer ist einkommenssteuerpflichtig;<br>***Hinweis***: wenn ein Gewerbebetrieb i.S.d. § 15 EStG vorliegt: gewerbesteuerpflichtig; wenn *„nachhaltige Tätigkeit zur Erzielung von Einnahmen"* nach § 2 UStG: umsatzsteuerpflichtig |

| **Übungsaufgabe 1:** Nennen Sie jeweils mindestens drei Vor- und Nachteile, die für ein Einzelunternehmen sprechen! | |
|---|---|
| **Lösungsvorschlag:** | |
| **Vorteile** | **Nachteile** |
| Alleinige, freie Entscheidungsbefugnis | Alleinige Haftung mit gesamten Vermögen |
| Schnellere Entscheidungen möglich, Flexibilität | Existenz des Unternehmens von einer Person abhängig |
| Gewinn steht Unternehmer alleine zu | Alleinige Übernahme des Verlustrisikos |
| Günstige und unkomplizierte Gründung | Gefahr von Fehlentscheidungen bei fehlender Kompetenz |
| Kein Mindestkapital erforderlich | Starke Belastung, Erfolgsdruck |

## 6.3.2 Die Gesellschaft bürgerlichen Rechts (GbR)

| **Die GbR** | |
|---|---|
| **Definition** | Die Gesellschaft bürgerlichen Rechts ist eine Vereinigung von natürlichen oder juristischen Personen, welche sich durch einen Gesellschaftsvertrag gegenseitig verpflichten, die Erreichung eines gemeinsamen Zweckes bzw. Ziels in der durch den Vertrag bestimmten Weise zu fördern, insbesondere die vereinbarten Beiträge zu leisten (§ 705 BGB). |
| **Eigentumsverhältnisse** | • Vermögen der GbR als gemeinschaftliches Vermögen;<br>• gesamthänderische Bindung |
| **Geschäftsführung/ Vertretung** | • Gesamtgeschäftsführung: Gemeinschaftlich durch alle Gesellschafter.<br>• Abweichungen durch vertraglich Vereinbarungen möglich.<br>• Es muss mind. ein Geschäftsführer Gesellschafter der Gesellschaft sein (nicht nur Angestellte!); Prinzip der Selbstorganschaft.<br>• Widerspruchs- und Nachprüfungsrecht der anderen Gesellschafter, bei alleiniger GF durch einen Gesellschafter.<br>• Vertretung: entspricht der Geschäftsführungsbefugnis, wenn nicht anderes im Vertrag vereinbart wurde. |
| **Gründung** | • formlos durch Gesellschaftsvertrag (mündlich, schriftlich, konkludentes Handeln); Schriftform empfohlen<br>• Mindestens zwei Gesellschafter<br>• Kein Eintrag im HR |

| | |
|---|---|
| **Rechtliche Stellung** | • Keine juristische Person<br>• Keine Handelsgesellschaft<br>• Rechtsfähig für die in ihrem Namen begründeten Rechte und Pflichten<br>• Parteifähig<br>• Grundbuchfähig (aber nur bei Führung eines eigenen Namens)<br>• Insolvenzfähig |
| **Finanzierung** | Kein Mindestkapital erforderlich (Einlage ist in jeder Höhe möglich) |
| **Gewinn-/Verlustverteilung** | Gleiche Anteile an Gewinn oder Verlust, wenn vertraglich nichts anderes vereinbart wurde. |
| **Pflichten der Gesellschafter** | • Beitragspflicht<br>• Treuepflicht<br>• Sorgfaltspflicht<br>• Pflicht zur Geschäftsführung<br>• Nachschusspflicht bei Verlusten |
| **Haftung** | gesamtschuldnerisch (= solidarisch),<br>unmittelbar (= direkt) und<br>unbeschränkt (d.h. auch mit dem Privatvermögen) |
| **Auflösung/Beendigung** | • Erfüllung des Zwecks/Ziels<br>• Tod, Kündigung, Insolvenz eines Gesellschafters (es sei denn im Vertrag ist etwas anderes vereinbart)<br>• Beschluss der Gesellschafter<br>• Auflösung im Rahmen des Insolvenzverfahrens<br>• Gesellschaftsvertrag: weitere Auflösungsgründe möglich oder auch Fortsetzungsklauseln |
| **Steuerliche Belastung** | • Kein selbstständiges Steuersubjekt<br>• Gesellschafter sind einkommenssteuerpflichtig<br>• Bei gewerblicher Tätigkeit: gewerbesteuerpflichtig<br>• Als Unternehmer: umsatzsteuerpflichtig |

**Übungsaufgabe 1:**

Beurteilen Sie, ob die folgenden Aussagen über die BGB-Gesellschaft richtig sind!

1. Sowohl Kaufleute als auch Nichtkaufleute können BGB-Gesellschaften gründen.
2. BGB-Gesellschaften werden nicht in das Handelsregister eingetragen.
3. Eine Firma muss zwingend immer den Zusatz „BGB-Gesellschaft" enthalten.
4. Eine Mindesteinlage kann jederzeit durch einen Vertrag geregelt werden.
5. Jeder Gesellschafter haftet nur für die von ihm persönlich getätigten Geschäfte.
6. Jeder Gesellschafter kann alleine und auch ohne besondere Absprache mit den anderen Gesellschaftern die Geschäfte führen, so lange keine anders lautende Vereinbarung der Gesellschafter besteht.

**Lösungsvorschlag:**

1. Ja
2. Ja
3. Nein, eine BGB-Gesellschaft kann keine Firma haben.
4. Ja
5. Nein, alle Gesellschafter haften unmittelbar, unbeschränkt und solidarisch.
6. Nein, nach der gesetzlichen Regelung sind die Gesellschafter nur zur gemeinsamen Geschäftsführung befugt.

**Übungsaufgabe 2:**

Mehrere Freunde spielen jede Woche Lotto. Drei Personen zahlen jeweils 4,00 € ein, zwei weitere Personen zahlen jeweils 3,00 € ein. In dieser Woche hat die Lottogemeinschaft zum Glück aller mitspielenden Personen den richtigen Tipp abgegeben und erhält 500.000,00 € ausgezahlt. Wie erfolgt die Gewinnverteilung nach den gesetzlichen Vorschriften?

**Lösungsvorschlag:**

Jeder Gesellschafter hat den gleichen Anteil am Gewinn, unabhängig davon, wie hoch seine Einlage ist (§ 722 BGB). Vertraglich kann das natürlich anders geregelt werden.

**Übungsaufgabe 3:**

Begründen Sie, warum die GbR keine Firma ist!

**Lösungsvorschlag:**

Sie ist keine Firma, weil sie kein Handelsgewerbe betreibt und keine Kaufmannseigenschaft besitzt (nicht im HR eingetragen), damit darf sie keine Firma führen, sondern nur eine Bezeichnung.

## 6.3.3 Die Bürogemeinschaft

| Die Bürogemeinschaft | |
|---|---|
| **Definition** | Unter Bürogemeinschaften versteht man den Zusammenschluss von Personen einer Berufsgruppe – insbesondere Rechtsanwälten – in gemeinsamen Büroräumen. Dabei werden jedoch nicht nur die Büroräume für die Berufsausübung gemeinsam genutzt, sondern ggf. das Personal sowie andere Ressourcen. |
| **Vorteile** | Rechtsanwälte können im Rahmen einer Bürogemeinschaft selbstständig tätig sein, sie können aber die dadurch entstandenen Kosten (z.B. Kanzleimiete, Personalkosten, Heizkosten und Strom) mit anderen Partnern teilen. |

| | |
|---|---|
| **Sinn und Zweck** | Die Anmietung von Büroräumen von mehreren Anwälten erfolgt mit dem Ziel, dass jeder für sich und im eigenen Namen mit dem Vorteil der Kostenteilung tätig werden kann. Besonders wichtig ist, dass jeder Anwalt tatsächlich für sich alleine arbeitet und dies auch in der Außenwirkung so dargestellt wird. |
| **Haftung** | Jeder Gesellschafter haftet als Gesamtschuldner; im Rahmen einer Bürogemeinschaft handelt und haftet jeder Anwalt für sich selbst. Diese Eigenständigkeit der Anwälte ist deshalb gerade nach außen hin auch so klar darzustellen. |

**Übungsaufgabe 1:**

Ein Freund Ihres Chefs, Peter Reiner, Fachanwalt für Familienrecht, ist von der Bürogemeinschaft als kostengünstige Variante der Selbstständigkeit begeistert.

Er sagt: *„Diese Arbeitsform ist für mich einfach unschlagbar“.*

Erläutern Sie diese Aussage und finden Sie Argumente, warum diese Arbeitsform immer mehr auf dem Vormarsch ist.

**Lösungsvorschlag:**

Anwälte müssen so die Kosten für Miete, Strom oder Heizung nicht allein tragen. Diese werden auf alle Anwälte einer solchen Bürogemeinschaft verteilt; je mehr sich beteiligen, umso geringer sind letztendlich die eigenen Kosten. Ein weiterer Vorteil ist, dass man auf das Wissen derer zurückgreifen kann, mit denen man sich die Büroräume teilt, da man sich in der Regel Personen aus dem eigenen juristischen Berufsfeld aussucht. Im Idealfall finden sich z.B. Anwälte mit unterschiedlichen Fachrichtungen zusammen und nehmen evtl. auch Steuerberater auf, denn diese haben sehr häufig mit Anwälten zu tun.

### 6.3.4 Die Partnergesellschaft (PartG) und die Partnergesellschaft mit beschränkter Berufshaftung (PartGmbB)

| **Die PartG und die PartGmbB** | |
|---|---|
| **Definition** | Die Partnerschaft ist eine Gesellschaft, in der sich Angehörige freier Berufe zur Ausübung ihrer Berufe zusammenschließen. Jeder Partner ist zur Leistungserbringung unter Beachtung des betreffenden Berufsrechts verpflichtet. |
| **Namensgebung** | • Namensführung, aber keine Firma<br>• Mindestbestandteile:<br>– Nachname mindestens eines Partners<br>– Zusatz „und Partner“ oder „Partnerschaft“<br>– Berufsbezeichnung aller vertretenen Berufe<br>– Ggf. mit Haftungsbeschränkung<br>• Namensschutz § 2 II PartGG i.V.m. § 37 HGB<br>• Fortführung bei Tod oder Ausscheiden eines Partners |
| **Geschäftsführung/ Vertretung** | • Einzelgeschäftsführungs- und Einzelvertretungsbefugnis (§§ 114, 125 HGB)<br>• Zustimmung aller bei außergewöhnlichen Geschäften (§ 116 II HGB; z.B. Grundstückskauf, Miet- oder Arbeitsverträge) |

| | |
|---|---|
| **Gründung** | • Schriftlicher Partnerschaftsvertrag mit:<br>– Name, Sitz und Gegenstand der PartG/PartGmbB<br>– Name, Vorname und Wohnort eines jeden Partners<br>– der in der PartG ausgeübte Beruf eines jeden Partners<br>• Nur natürliche Personen als Partner<br>• Keine Mindesteinlage bzw. kein Mindestkapital<br>• Konstitutiver Eintrag ins Partnerschaftsregister |
| **Rechtliche Stellung** | • Zusammenschluss von Angehörigen freier Berufe zur Berufsausübung<br>• Leistungserbringung unter Beachtung des Berufsrechts<br>• Nicht rechtsfähig; keine eigene Rechtspersönlichkeit<br>• Partnerschaft als Träger des Gesellschaftsvermögens<br>• Keine Handelsgesellschaft i.S. des HGB<br>• Klageberechtigt und verklagbar<br>• Delikts-, insolvenz- und grundbuchfähig |
| **Haftung** | • Für Verbindlichkeiten der Partnerschaftsgesellschaft haftet das Vermögen der PartG sowie die einzelnen Partner gesamtschuldnerisch und persönlich.<br>• Bei Schadenersatzansprüchen aus fehlerhafter Berufsausübung haftet nur der beteiligte Partner.<br>• **Besonderheit bei PartGmbB:** bei beruflichen Fehlern ist die Haftung durch Abschluss einer Berufshaftpflichtversicherung in Höhe von 2,5 Mio. € pro Versicherungsfall beschränkt (= keine private Haftung). |
| **Auflösung/ Beendigung** | • Auflösungsgründe wie OHG (§ 131 HGB)<br>• Fortführung bei Tod oder Ausscheiden eines Partners<br>• Beteiligung nicht vererbbar, außer Erbe ist im gleichen freien Beruf tätig |
| **Steuerliche Belastung** | • Selbstständiges Steuersubjekt<br>• Keine Gewerbesteuerpflicht (Ausnahme möglich)<br>• Einzelne Partner erzielen Einkünfte aus selbstständiger Arbeit |

**Übungsaufgabe 1:**

Die Rechtsanwältin Claudia Wimmer und der Steuerberater Adolf Faust arbeiten in Form einer Partnerschaftsgesellschaft zusammen. Beide akzeptieren die gesetzlichen Vorgaben des Partnerschaftsgesellschaftsgesetzes und vereinbaren zusätzlich, dass der Gewinn entsprechend dem Umsatz der Partner zu verteilen ist.

1. Die Partnerschaft soll mit dem Namen „Partnerschaft Wimmer und Faust" in das Partnerschaftsregister eingetragen werden. Ist dies möglich?
2. Herr Faust kauft eine teure Computer-Anlage für sein eigenes Steuerbüro und stellt eine Mitarbeiterin für das gemeinsame Schreibbüro ein. Muss Frau Wimmer für die Bezahlung der Computeranlage und der Mitarbeiterin haften?
3. Die Partnerschaft hat im Veranlagungszeitraum 130.000,00 € Gewinn festgestellt. Frau Wimmer erzielte einen Umsatz von 890.000,00 €, Herr Faust kam auf insgesamt 710.000,00 € Umsatz. Wie erfolgt die Gewinnverteilung für die beiden Partner?

**Lösungsvorschlag:**

**1.** Nein. Im Namen der Partnerschaft muss die Berufsbezeichnung enthalten sein, hier also der Zusatz „Steuerberater" und „Rechtsanwältin" (§ 2 PartGG).

| |
|---|
| **2.** In einer Partnerschaft haften alle Partner als Gesamtschuldner. Die Einschränkung des § 8 II PartGG gilt nur für fehlerhafte Berufsausübung und kommt hier nicht zur Anwendung. |
| **3.** Frau Wimmer: 130.000 ÷ 1.600.000 × 890.000 = 72.312,50 € |
| Herr Faust: 130.000 ÷ 1.600.000 × 710.000 = 57.687,50 € |

| **Übungsaufgabe 2:** |
|---|
| Hans Müller, Partner der „Müller und Openheimer Partnerschaft, Steuerberater", verstirbt nach langer schwerer Krankheit. In seinem eigenhändigen Testament hat er verfügt, dass sein Sohn, der Steuerberater Klaus Müller, seine Stelle in der Partnerschaft einnehmen soll.<br>Begründen Sie, ob dies möglich ist? |
| **Lösungsvorschlag:** |
| Dies ist möglich, wenn alle Partner mit diesem Wechsel einverstanden sind und der neu eintretende Partner über die notwendige berufliche Qualifikation verfügt. |

## 6.3.5 Die Offene Handelsgesellschaft (OHG)

| **Die OHG** | |
|---|---|
| **Definition** | Die OHG ist eine Personengesellschaft, in der sich zwei oder mehrere natürliche oder juristische Personen zusammenschließen, mit dem Zweck, unter gemeinschaftlicher Firma ein Handelsgewerbe zu betreiben. |
| **Geschäftsführung/ Vertretung** | **Geschäftsführung (Innenverhältnis):**<br>• Alle Gesellschafter sind zur Geschäftsführung berechtigt und verpflichtet (§ 114 HGB).<br>• Grundsätzlich gilt Einzelgeschäftsführungsbefugnis bei gewöhnlichen Rechtsgeschäften (§§ 115, 116 I HGB).<br>• Gesamtgeschäftsführungsbefugnis muss bei außergewöhnlichen Geschäften erfolgen (§ 116 II HGB).<br>• Auch Gesellschafter, die von der GF ausgeschlossen sind, haben ein Kontrollrecht (§ 118 I HGB).<br>• Bestellung eines Prokuristen ⇒ Zustimmung aller Gesellschafter notwendig; Widerruf der Prokura kann durch einen einzelnen geschäftsführenden Gesellschafter erfolgen (§ 116 III HGB).<br>**Vertretung (Außenverhältnis):**<br>• grundsätzlich Einzelvertretungsbefugnis (§ 125 I HGB), allerdings kann im Gesellschaftsvertrag auch Folgendes festgelegt werden:<br>– Gesamtvertretungsbefugnis kann angepasst und muss ins Handelsregister eingetragen werden (§ 125 II HGB)<br>– Unechte Gesamtvertretungsmacht, d.h. ein/mehrere Gesellschafter nur gemeinsam mit einem Prokuristen (§ 125 II HGB) |

| | |
|---|---|
| **Gründung** | • Kein Mindestkapital erforderlich<br>• wird im HR eingetragen<br>• Firma muss Zusatz „OHG/oHG“ enthalten<br>• Abschluss eines formfreien Gesellschaftsvertrags<br>**Beginn im Außenverhältnis:**<br>Handelsgewerbe gem. § 1 II HGB ⇒ durch Aufnahme des Geschäftsbetriebs; „Kleingewerbe“ ⇒ durch Eintragung in das Handelsregister<br>**Beginn im Innenverhältnis:**<br>durch Abschluss des Gesellschaftsvertrags |
| **Rechtliche Stellung** | • Istkaufmann oder Kannkaufmann (je nach Unternehmensgröße)<br>• nicht rechtsfähig, kann aber:<br>– Rechte erwerben und veräußern<br>– Verträge abschließen<br>– Verbindlichkeiten eingehen<br>– Eigentum erwerben und übertragen<br>• parteifähig, aber nicht prozessfähig, d.h. OHG muss im Prozess durch die Gesellschafter vertreten werden<br>• deliktsfähig, grundbuchfähig, insolvenzfähig |
| **Finanzierung** | • Gesellschafter sind zur Leistung der vereinbarten Einlage berechtigt und verpflichtet.<br>• Einlagen der Gesellschafter ⇒ Gesellschaftsvermögen (Gesamthandsvermögen).<br>• Gesellschafter können über Einlagen nicht mehr verfügen. |
| **Gewinn-/Verlustverteilung** | **Gesetzliche Regelung:**<br>• Jeder Gesellschafter erhält 4 % auf seinen Kapitalanteil, Rest wird nach Köpfen verteilt.<br>• Reicht der Gewinn nicht aus, dann verringert sich der Prozentsatz.<br>• Verlust wird nach Köpfen verteilt.<br>**Vertragliche Regelung:**<br>• kann von gesetzlicher Regelung abweichen<br>• gilt vor der gesetzlichen Regelung<br>• wird häufig gemacht, um unterschiedliche Arbeitsleistungen und Kapitaleinlagen der Gesellschafter zu berücksichtigen. |
| **Haftung** | • Alle Gesellschafter haften für Verbindlichkeiten der OHG:<br>– persönlich und unbeschränkt (= mit Gesamtvermögen)<br>– unmittelbar (= direkt)<br>– solidarisch (= gesamtschuldnerisch)<br>• Gesetzliche Regelung zur Haftung ist im Gesellschaftsvertrag nicht änderbar<br>• **Neu eingetretene Gesellschafter:** haften für bereits bestehende Verbindlichkeiten der Gesellschaft<br>• **Ausscheidende Gesellschafter:** haften bis zu fünf Jahre nach Löschung im HR für Verbindlichkeiten, die zum Zeitpunkt des Ausscheidens bestanden haben. |

**Übungsaufgabe 1:**

Theodor Thiel und Konrad Kramer gründen die Holzbau OHG. Rechtzeitig zum Frühjahrsgeschäft nehmen sie am 01.03.2015 den Betrieb auf. Die Eintragung in das Handelsregister erfolgte am 20.03.2015.

1. Welche Wirkung hat die Eintragung in das Handelsregister?
2. Die Mitarbeiterin Ursula Ungut soll Prokura bei der Holzbau OHG erhalten. Wie ist die Prokura zu erteilen?
3. T. Thiel und K. Kramer vereinbaren mit Ursula Ungut, dass sie bei Geschäften über 90.000,00 € die Zustimmung der beiden benötigt. Ist das zulässig? Begründen Sie Ihre Antwort.

**Lösungsvorschlag:**

1. Die Eintragung erfolgt in Abteilung A und hat deklaratorische Wirkung.
2. Die Prokura muss ausdrücklich erteilt werden (§ 48 I HGB).
3. Ja, aber nur im Innenverhältnis. Beschränkungen im Außenverhältnis sind nicht gültig (§ 50 II HGB).

**Übungsaufgabe 2:**

Gerd und Sascha wollen einen PC-Bedarf-Einzelhandel in der Rechtsform einer OHG in Deggendorf betreiben. Das Unternehmen erfordert nach Art oder Umfang einen in kaufmännischer Art und Weise eingerichteten Geschäftsbetrieb. Gerd beteiligt sich mit 70.000,00 € und Sascha sich mit 100.000,00 €. Der Gesellschaftsvertrag wurde am 10.01.2021 geschlossen und die Eintragung ins Handelsregister erfolgte am 15.03.2021. Das erste Geschäft der Gesellschaft wurde am 01.02.2021 getätigt.

1. Welche Formvorschrift besteht für den Gesellschaftsvertrag?
2. Nennen Sie zwei mögliche Firmenbezeichnungen.
3. Wann ist die OHG im Außenverhältnis entstanden?
4. Da der PC-Handel sehr gute Umsätze aufweist, beschließt Gerd, eine Zweigniederlassung in Straubing einzurichten. Gerd möchte deshalb – ohne Sascha zu informieren – eine neuwertige Immobilie in Straubing anmieten. Ist Gerd dazu berechtigt?
5. Im Januar 2022 tritt Leonard als neuer Gesellschafter in die OHG ein. Im Februar fordert ein Gläubiger der OHG Leonard auf, eine offene Rechnung vom Dezember des Vorjahres zu begleichen. Leonard lehnt die Zahlung ab, weil er 2021 noch nicht Gesellschafter der OHG war. Muss Leonard zahlen?
6. Nach kurzer Zeit haben die Gesellschafter Streitigkeiten bezüglich ihrer Geschäftsideen. Die Gesellschafter beschließen daher, getrennte Wege zu gehen. Die drei geben die Änderungen nicht bekannt. Welche Konsequenzen ergeben sich hieraus für die OHG?

**Lösungsvorschlag:**

1. Der Abschluss eines Gesellschaftsvertrages ist formfrei.
2. Computer OHG, Gerd Bremer OHG, Computer G und S OHG, ...
3. Mit dem ersten Geschäft am 01.02.2021.
4. Das Errichten einer Zweigniederlassung gehört zu den außergewöhnlichen Geschäften. Es ist ein Beschluss aller Gesellschafter erforderlich (§ 116 II HGB). Gerd ist dazu nicht alleine berechtigt.
5. Ja, er haftet bei Eintritt in die OHG für alle bereits bestehenden Verbindlichkeiten der OHG (§ 130 HGB).
6. Die OHG wird aufgelöst, § 131 I 2 HGB.

### 6.3.6 Die Kommanditgesellschaft (KG)

**Definition:** Die Kommanditgesellschaft (KG) ist – wie auch die OHG, eine Personengesellschaft, in der sich zwei oder mehrere natürliche oder juristische Personen zusammenschließen, mit dem Zweck, unter gemeinschaftlicher Firma ein Handelsgewerbe zu betreiben. **Aber:** Sie unterscheidet sich von der OHG dadurch, dass neben dem oder den persönlich haftenden Gesellschaftern, den sogenannten **Komplementären**, auch Personen beteiligt sind, die *nicht* mit ihrem ganzen Privatvermögen, sondern nur mit ihrer Einlage haften, den sogenannten **Kommanditisten.**

| Merkmal | OHG | KG |
|---|---|---|
| **Mindestanzahl der Gründer** | 2 | 2 |
| **Leitung im Innenverhältnis = Geschäftsführung** | Grundsätzlich jeder Gesellschafter alleine oder laut Vertrag | Komplementär (Vollhafter) |
| **Leitung im Außenverhältnis = Vertretung** | Grundsätzlich jeder Gesellschafter alleine oder laut Vertrag | Komplementär (Vollhafter) |
| **Haftung** | Jeder Gesellschafter haftet unbeschränkt, unmittelbar und solidarisch | Komplementär mit Gesamtvermögen (auch privates), Kommanditist (Teilhafter) nur mit seiner Einlage |
| **Registereintrag** | Handelsregister Abteilung A | Handelsregister Abteilung A |

**Übungsaufgabe 1:**

Sandra Schön und Karla Kessler sind Gesellschafterinnen einer OHG, die mit der Entwicklung von Gesichtscremes gute Umsätze erzielt. Gesellschaftsvertraglich haben die beiden vereinbart, dass jede Gesellschafterin nur bis 5.000,00 € alleine vertretungsberechtigt sein soll. Als Sandra wegen eines Krankenhausaufenthaltes längere Zeit nicht im Unternehmen tätig werden kann, engagiert Karla, ohne dies zuvor mit Sandra abgesprochen zu haben, eine Werbeagentur mit einem Gesamthonorar von 15.000,00 €. Sandra ist darüber verärgert und meint, Karla habe für die 15.000,00 € selbst aufzukommen.

**1.** Gegen wen kann die Werbeagentur ihre Ansprüche geltend machen?
**2.** Nennen Sie die Entstehungsvoraussetzungen einer OHG. Auf welche Weise tritt sie zum ersten Mal nach außen in Erscheinung?
**3.** Was unterscheidet die KG von der OHG?

**Lösungsvorschlag:**

**1.** Karla konnte vorliegend die OHG gemäß § 124 HGB alleine wirksam vertreten, denn eine zwischen Sandra und Karla im Innenverhältnis vereinbarte Beschränkung der Vertretungsmacht muss die Werbeagentur gemäß § 126 II HGB nicht gegen sich gelten lassen. Die Werbeagentur kann damit von der OHG, die gemäß § 124 HGB als rechtsfähig gilt, das komplette Honorar verlangen. Daneben kann die Werbeagentur aber auch von der Möglichkeit Gebrauch machen, von Sandra oder Karla das Honorar persönlich zu verlangen gemäß § 128 HGB.

**2.** Die OHG entsteht durch Abschluss eines Gesellschaftsvertrages und Vollzug durch Eintragung ins Handelsregister, § 123 I HGB oder durch Aufnahme des Geschäftsbetriebes, § 123 II HGB. Die OHG wird nach außen wirksam, sobald sie Dritten gegenüber in Erscheinung tritt, z.B. durch das Anmieten von Büroräumen, die Aufnahme eines Kredites o.Ä.

**3.** Die **Kommanditgesellschaft (KG)** ist ebenfalls als Personengesellschaft eine besondere Form der OHG. Sie unterscheidet sich von der OHG dadurch, dass neben dem oder den persönlich haftenden Gesellschaftern, den sogenannten **Komplementären**, auch Personen beteiligt sind, die **nicht** mit ihrem ganzen Privatvermögen, sondern nur mit ihrer Einlage haften, den sogenannten **Kommanditisten**.

## 6.3.7 Die Gesellschaft mit beschränkter Haftung (GmbH)

| Die GmbH | |
|---|---|
| **Definition** | Die GmbH (= Gesellschaft mit beschränkter Haftung) ist eine **Kapitalgesellschaft** mit eigener Rechtspersönlichkeit. |
| **Geschäftsführung/ Vertretung** | • Jede GmbH braucht einen oder mehrere **Geschäftsführer**, die Gesellschafter sein **können**, aber **nicht müssen**. Ihnen obliegt die Geschäftsführung im Innenverhältnis und die Vertretung nach außen.<br>• Gesellschafter können die GmbH nur dann vertreten, wenn sie zugleich Geschäftsführer sind.<br>• Beschränkungen der Vertretung gegenüber Dritten sind unwirksam. |
| **Gründung** | • Gründung durch mindestens eine oder mehrere natürliche und/oder juristische Personen (§ 1 GmbHG).<br>• Der Gesellschaftsvertrag bedarf der notariellen Beurkundung (§ 2 I GmbHG).<br>• Durch die Eintragung in das Handelsregister (Abteilung B) entsteht die GmbH als juristische Person (= **konstitutive Wirkung**).<br>• Mindestkapital 25.000,00 € |
| **Rechtliche Stellung** | • Als **juristische Person** des Privatrechts mit eigener Rechtspersönlichkeit ist sie stets Gewerbetreibender als **Formkaufmann** (§ 6 HGB) und **Handelsgesellschaft** im Sinne des HGB (§ 13 III GmbHG).<br>• Die GmbH ist partei- aber nicht prozessfähig.<br>• Sie ist delikts-, grundbuch- und insolvenzfähig (§ 13 I GmbHG). |
| **Gewinn-/Verlustverteilung** | • Das Ergebnis wird entsprechend der Geschäftsanteile verteilt.<br>• Allerdings kann im Gesellschaftsvertrag eine abweichende Regelung vereinbart werden.<br>• Verlust wird nur von der Gesellschaft getragen (evtl. Nachschusspflicht, sofern vertraglich vereinbart). |

| | |
|---|---|
| **Haftung** | • Das Haftungsrisiko ist grundsätzlich auf das Vermögen der GmbH beschränkt.<br>• Eine persönliche Haftung der Gesellschafter ist ausgeschlossen. |
| **Auflösung/Beendigung** | Wenn im Gesellschaftsvertrag nicht weitere Gründe vorgesehen sind, wird die GmbH in folgenden Fällen aufgelöst (§ 60 GmbHG):<br>• Ablauf der im Gesellschaftsvertrag bestimmten Zeit<br>• Beschluss der Gesellschafter mit einer Mehrheit von 3/4 der abgegebenen Stimmen<br>• im Rahmen des Insolvenzverfahrens<br>• gerichtliches Urteil/gerichtliche Beschlüsse<br>Sie gilt als beendet, wenn:<br>• sie vermögenslos ist oder<br>• die Löschung im HR erfolgt ist. |
| **Steuerliche Behandlung** | • Als selbstständiges Steuersubjekt unterliegt die GmbH der Körperschaftssteuer.<br>• Darüber hinaus müssen die Gesellschafter im Rahmen der Einkommensteuer ihre Gewinnanteile als Einkünfte aus Kapitalvermögen versteuern.<br>• Außerdem ist die GmbH umsatz- und gewerbesteuerpflichtig. |

**Übungsaufgabe 1:**

Müller und Kauer möchten zusammen einen Großhandel für den Import und Export betreiben. Zu diesem Zweck wollen sie eine GmbH gründen.

1. Kauer meint, dass es ausreiche, den Gesellschaftsvertrag in Schriftform abzuschließen. Nehmen Sie dazu Stellung.
2. Wie hoch muss das Kapital der neu gegründeten GmbH mindestens sein?
3. Ab welchem Zeitpunkt kann der Großhandel als GmbH am Wirtschaftsleben teilnehmen?
4. Müller und Kauer möchten gerne in Erfahrung bringen, wie nach der gesetzlichen Regelung der zukünftige Gewinn der GmbH zu verteilen ist.
5. Wie heißen die Organe der GmbH?

**Lösungsvorschlag:**

1. Nein, es ist eine notarielle Beurkundung notwendig, § 2 I GmbHG.
2. 25.000,00 €; § 5 I GmbHG.
3. Ab der Eintragung ins Handelsregister Abteilung B; die Eintragung hat konstitutive Wirkung.
4. Der Gewinn verteilt sich im Verhältnis der Geschäftsanteile; § 29 III GmbHG.
5. Gesellschafterversammlung, Geschäftsführer, ggf. Aufsichtsrat (nur bei mehr als 500 Arbeitnehmern).

**Übungsaufgabe 2:**

Herr Maier gründet eine Küchengroßhandlung in der Rechtsform der GmbH, mit welcher er Küchen an Möbel-Einrichtungshäuser in Deutschland verkaufen möchte. Am 03.02.2020 hatte er seinen Gewerbebetrieb begonnen, die Eintragung ins Handelsregister erfolgte am 20.02.2020.

1. Welche Kaufmannseigenschaft liegt in der Zeit vom 03.02.2020 – 19.02.2020 vor?
2. Welche Kaufmannseigenschaft liegt ab dem 20.02.2020 vor?
3. In welche Abteilung des Handelsregisters ist die GmbH einzutragen?

**Lösungsvorschlag:**

1. Istkaufmann
2. Formkaufmann
3. Abteilung B im Handelsregister

**Übungsaufgabe 3:**

A, B und C wollen eine Warenhausgesellschaft in Form einer GmbH gründen. Das Kapital wird in der Satzung auf 25.000,00 € festgelegt. A und B übernehmen je 11.500,00 € und zahlen 50 % ein, C übernimmt 2.000,00 € und zahlt 1.250,00 € ein.

1. Wie hoch ist das Stammkapital der Gesellschaft?
2. Wie hoch ist die Stammeinlage jedes Gesellschafters?
3. Reicht die Höhe der Einzahlungen für die Anmeldung beim Handelsregister? (Begründung!)

**Lösungsvorschlag:**

1. 25.000,00 €
2. A 11.500,00 €, B 11.500,00 €, C 2.000,00 €
3. Ja, Gesamteinzahlung (A: 5750,00,00 € + B: 5.750,00 € + C: 1.250,00 € = 12.750,00 €) > 50 % und mind. 1/4 der Stammeinlage (wäre für A: 2.875,00 €, B: 2.875,00 €, C: 500,00 €) als Kriterium erfüllt gem. § 7 II GmbHG.

### 6.3.8 Die GmbH & Co KG

**GmbH Co KG – was ist das eigentlich?** Die GmbH & Co KG ist eine in der Praxis häufig vorkommende Unternehmensform. Denn sie vereint bestimmte Vorteile einer Personengesellschaft mit den Vorteilen der beschränkten Haftung einer Kapitalgesellschaft – so gründen die Gesellschafter einer KG häufig eine GmbH, um ihre Haftung zu begrenzen.

Die GmbH & Co KG ist also vor allem eine **Kommanditgesellschaft (KG)**, deren Vollhafter (also Komplementär) eine GmbH ist, d.h. an die Stelle eines persönlich und voll haftenden Gesellschafters tritt eine Gesellschaft mit beschränkter Haftung. Die GmbH & Co KG wird im Handelsregister Abteilung A geführt, der Komplementär (also die GmbH) im Handelsregister Abteilung B.

**Übungsaufgabe 1:**

Welche Aussage zu der Firma „Huber & Meier GmbH & Co. KG" ist richtig?

1. Bei einer GmbH &Co.KG gibt es keinen Vollhafter.
2. Huber ist Vollhafter, da er zuerst als Gesellschafter genannt wird.
3. Huber und Meier haften zu gleichen Teilen.
4. Huber haftet voll, da Meier nur Teilhafter ist.
5. Vollhafter ist die Huber & Meier GmbH.

**Lösungsvorschlag:**

5.

## 6.4 Übungsaufgaben und Übungsfälle

**Übungsaufgabe 1:**

Die Rechtsanwälte Petra Koller, Larissa Baum, Michael Hiller und Sandra Müller haben sich vor acht Jahren in Form einer Partnergesellschaft zusammengeschlossen. Der Entscheidung für diese Gesellschaftsform ging aber eine lebhafte Diskussion über den Zusammenschluss in Form einer GmbH und einer GbR voraus.

Vergleichen Sie den Umfang der Haftung für einen beruflichen Fehler im Fall einer

1. Partnergesellschaft
2. GmbH und
3. GbR!

**Lösungsvorschlag:**

1. Vermögen der Partnerschaft und unbeschränkte Haftung der Partner; bei Berufsfehlern nur der Zuständige, der mit der Bearbeitung des Auftrages befasst war
2. Gesellschaftsvermögen
3. Unbeschränkte Haftung der Gesellschafter

**Übungsaufgabe 2:**

Unterscheiden Sie die OHG und die GmbH anhand der angegebenen Merkmale voneinander:

1. Welche Formvorschrift ist für den Gesellschaftsvertrag zu beachten?
2. Welche Wirkung hat die Handelsregistereintragung?
3. Wie hoch muss das Mindesthaftungskapital bei der Gründung sein?
4. Wie sieht die Haftung der Gesellschafter aus?
5. Wie erfolgt die Gewinnverteilung?

**Lösungsvorschlag:**

| | OHG | GmbH |
|---|---|---|
| 1. | Formfrei | Notarielle Beurkundung § 2 GmbHG |
| 2. | Deklaratorisch | Konstitutiv § 11 GmbHG |
| 3. | Keines | 25.000,00 € § 5 I GmbHG |
| 4. | Unmittelbar, unbeschränkt, solidarisch | Keine Haftung § 13 II GmbHG |
| 5. | 4 % des Kapitalanteils, Rest nach Köpfen | Im Verhältnis der Geschäftsanteile § 29 II GmbHG |

**Übungsaufgabe 3:**

Welcher Gesellschafter haftet unbeschränkt, solidarisch und unmittelbar?

**1.** OHG-Gesellschafter
**2.** Kommanditist einer KG
**3.** GmbH-Gesellschafter
**4.** Aktionär
**5.** Mitglied einer Genossenschaft

**Lösungsvorschlag:**

**1.**

**Übungsaufgabe 4:**

Wie haftet ein Komplementär?

**1.** Mit seiner Kapitaleinlage
**2.** Mit seinem Gesamtvermögen
**3.** Mit seinem Privatvermögen
**4.** Überhaupt nicht
**5.** Mit seinem Privatguthaben bei seinem Kreditinstitut

**Lösungsvorschlag:**

**2.**

**Übungsaufgabe 5:**

Bei welcher Gesellschaft handelt es sich um eine Kapitalgesellschaft?

**1.** GbR
**2.** OHG
**3.** GmbH & Co KG
**4.** Einzelunternehmung
**5.** GmbH

**Lösungsvorschlag:**

**5.**

**Übungsaufgabe 6:**

Welche Aussage zu den Unternehmensformen ist richtig?

**1.** Zu den Personengesellschaften zählen die OHG und die GmbH.
**2.** Die GmbH und die GmbH & Co KG sind Kapitalgesellschaften.
**3.** OHG und KG werden im Handelsregister in Abteilung A eingetragen.
**4.** Die Eintragung der KG hat konstitutive Wirkung.
**5.** Kapitalgesellschaften werden in Abteilung A des Handelsregisters eingetragen.

**Lösungsvorschlag:**

**3.**

| **Übungsaufgabe 7:** |
|---|
| Die „GmbH & Co. KG" ist eine<br>**1.** GmbH als Gesellschafter einer anderen GmbH.<br>**2.** GmbH mit mehr als zwei Gesellschaftern.<br>**3.** KG, deren einziger Komplementär eine GmbH ist.<br>**4.** KG mit einer GmbH als Kommanditisten.<br>**5.** OHG, an der eine GmbH beteiligt ist. |
| **Lösungsvorschlag:** |
| **3.** |

| **Übungsaufgabe 8:** |
|---|
| Ein Unternehmen firmiert „Samuel Kehl und Erik Plöh OHG, Obstgroßhandel, Baumannstraße 17, Dachau". Um welche Art von Unternehmen handelt es sich?<br>**1.** Einzelunternehmung<br>**2.** Kapitalgesellschaft<br>**3.** Kommanditgesellschaft<br>**4.** Personengesellschaft mit Samuel Kehl und Erik Plöh als Vollhafter<br>**5.** Eine unerlaubte Firmenbezeichnung |
| **Lösungsvorschlag:** |
| **4.** |

# 7. Insolvenz

Verbraucher, die zahlungsunfähig sind oder denen die Zahlungsunfähigkeit droht, können durch ein Insolvenzverfahren schuldenfrei werden.

| **Ablauf des Verbraucherinsolvenzverfahrens**<br>= gilt für natürliche Personen, die entweder keine selbstständige Tätigkeit ausüben oder zwar selbstständig sind, aber nur überschaubare Vermögensverhältnisse aufweisen. | |
|---|---|
| **Eröffnungsgründe** | |
| §§ 16 – 18 InsO | • **Zahlungsunfähigkeit:** der Verbraucher ist nicht dazu in der Lage, die an ihn gestellten Forderungen und sonstigen Zahlungsverpflichtungen zu erfüllen.<br>• **Drohende Zahlungsunfähigkeit:** der Verbraucher wird in naher Zukunft nicht dazu in der Lage sein, seine Forderungen und sonstigen Zahlungsverpflichtungen zu erfüllen. |

| | |
|---|---|
| **1. Schritt: Außergerichtliche Schuldenbereinigung** | |
| Was? | Der Verbraucher muss versuchen, sich außergerichtlich mit seinen Gläubigern zu einigen. Dabei erstellen „geeignete Personen oder Stellen" den außergerichtlichen Schuldenbereinigungsplan. |
| Erfolgreich? | Falls die Einigung mit den Gläubigern erfolgreich ist, wird das Verbraucherinsolvenzverfahren nicht beantragt. |
| Eicht erfolgreich? | Sobald ein (!) Gläubiger den Schuldenbereinigungsplan ablehnt, gilt dieser als gescheitert. Weiter zu Schritt 2. |
| **2. Schritt: Gerichtliches Schuldenbereinigungsverfahren** | |
| Was? | Der Verbraucher (= Schuldner) beantragt die Eröffnung des Insolvenzverfahrens. Bevor dem Antrag stattgegeben wird, versucht das Gericht, eine Einigung mit den Gläubigern zu erreichen. |
| Erfolgreich? | Falls die Einigung mit den Gläubigern erfolgreich ist, wird das Verbraucherinsolvenzverfahren nicht bewilligt. |
| Nicht erfolgreich? | Bei Ablehnung der Gläubiger weiter zu Schritt 3. |
| **3. Schritt: Durchführung des Verbraucherinsolvenzverfahrens** | |
| Was? | • Ein Insolvenzverwalter teilt das vorhandene pfändbare Vermögen des Verbrauchers unter den Gläubigern auf.<br>• Der Verbraucher führt den für ihn bestimmten pfändbaren Betrag von seinem Einkommen über die Laufzeit von drei Jahren ab. Auch dieser Betrag wird unter den Gläubigern aufgeteilt.<br>• Der Verbraucher muss sich während des Verfahrens „wohl verhalten" und darf sich z.B. nicht verschulden. Falls er dies nicht macht, wird die Restschuldbefreiung versagt. |
| Wie? | Die **Insolvenzmasse** umfasst das gesamte Vermögen des Schuldners zum Zeitpunkt der Eröffnung des Verfahrens und das Vermögen, welches er während des Verfahrens erlangt. Mit der Insolvenzmasse werden zunächst die Verfahrenskosten beglichen. Der Rest wird gleichmäßig nach Forderungshöhe unter den Schuldnern aufgeteilt. |
| Aktenzeichen? | Die **Insolvenzquote** entspricht dem prozentualen Betrag, welchen der Schuldner im Laufe des Insolvenzverfahrens an seine Gläubiger zurückzahlt.<br>Aktenzeichen mit **„IK"** |
| **4. Schritt: Restschuldbefreiung** | |
| Was? | • Die Restschuldbefreiung muss zu Beginn des Verfahrens beantragt werden.<br>• Seit dem 01.10.2020 ist eine Restschuldbefreiung bereits nach **drei Jahren** möglich.<br>• **Hinweis**: Bis zu diesem Datum fand eine reguläre Restschuldbefreiung nach sechs Jahren statt. Es war auch eine Verkürzung auf drei Jahre möglich. Dabei mussten nach drei Jahren 35 Prozent der Schuldensumme und die gesamten Verfahrenskosten aufgebracht werden. Diese Bedingungen gelten nicht mehr! |

Das Verbraucherinsolvenzverfahren ist vom **Unternehmensinsolvenzverfahren** bzw. dem **Regelinsolvenzverfahren** zu unterscheiden. Die wesentlichen Unterschiede können Sie der folgenden Aufführung entnehmen. Alle nicht aufgeführten Punkte gleichen dem Verbraucherinsolvenzverfahren.

| **Das Regelinsolvenzverfahren**<br>= gilt für juristische Personen sowie für natürliche Personen, die eine selbstständige Tätigkeit ausüben. | |
|---|---|
| Eröffnungsgründe: | • Zahlungsunfähigkeit,<br>• drohende Zahlungsunfähigkeit sowie<br>• **Überschuldung.** |
| Voraussetzungen: | • Es muss **kein** außergerichtlicher Einigungsversuch über einen Schuldenbereinigungsplan unternommen werden. |
| Aktenzeichen: | Aktenzeichen mit **„IN"** |

**Hinweis:** Sowohl bei dem Verbraucherinsolvenzverfahren als auch beim Regelinsolvenzverfahren muss der Schuldner die Verfahrenskosten tragen. Nur wenn die Verfahrenskosten vollständig beglichen werden, kann die Restschuldbefreiung gestattet werden.

**Übungsaufgabe 1:**

Über welche Laufzeit geht das Verbraucherinsolvenzverfahren in der Regel?

**1.** 2 Jahre
**2.** 3 Jahre
**3.** 4 Jahre
**4.** 5 Jahre
**5.** 6 Jahre

**Lösungsvorschlag:**

**2.**

**Übungsaufgabe 2:**

Welche Bedingung muss u.a. erfüllt sein, damit eine Restschuldbefreiung gewährt werden kann?

**1.** Eine Insolvenzquote von 20 %
**2.** Eine Insolvenzquote von 35 %
**3.** Eine Insolvenzquote von 35 % sowie die Deckung der Verfahrenskosten
**4.** Deckung der Verfahrenskosten
**5.** Deckung der Verfahrenskosten sowie das Wohlverhalten des Schuldners

**Lösungsvorschlag:**

**5.**

**Übungsaufgabe 3:**

Welche Aussage über die Restschuldbefreiung trifft zu?

1. Die Restschuldbefreiung steht immer am Ende des Insolvenzverfahrens.
2. Die Restschuldbefreiung tritt nur ein, wenn der Schuldner 75 % seiner Schulden beglichen hat.
3. Durch die Restschuldbefreiung kann der Schuldner 25 % seiner Schulden erlassen bekommen.
4. Der Schuldner wird nach erfolgreichem Ablauf des Insolvenzverfahrens von seinen verbleibenden Schulden befreit.
5. Die Restschuldbefreiung tritt auch ein, wenn der Schuldner sich weigert, eine Erwerbstätigkeit aufzunehmen.

**Lösungsvorschlag:**

4.

**Übungsaufgabe 4:**

In welchem Fall ist ein Verbraucherinsolvenzverfahren denkbar?

1. Die Schmidt KG ist überschuldet.
2. Marianne Reinhold nimmt einen Kredit über 200.000,00 € auf, um sich eine Wohnung zu kaufen.
3. Sarah Huber hat Schulden in Höhe von 50.000,00 € bei sieben Gläubigern. Ihr Vermögen beträgt 2.000,00 €. Sie bezieht ein monatliches Nettoeinkommen von 1.500,00 €.
4. Robert hat einen kleinen Laden für Computerzubehör. Dadurch schuldet er noch 25 Lieferanten über 80.000,00 €. Es ist nicht abzusehen, dass er demnächst seine Schulden begleichen kann.
5. Ben hat Schulden in Höhe von 20.000,00 €. Sein Barvermögen beträgt 30.000,00 €

**Lösungsvorschlag:**

3.

**Übungsaufgabe 5:**

Welche Aussage über die außergerichtliche Schuldenbereinigung ist richtig?

1. Sie soll ein Insolvenzverfahren vermeiden.
2. Der Schuldenbereinigungsplan muss durch den Schuldner erstellt werden.
3. Mindestens 51 % der Gläubiger müssen dem Plan zustimmen, damit dieser gilt und das Insolvenzverfahren nicht eröffnet wird.
4. Falls der außergerichtliche Schuldenbereinigungsplan abgelehnt wird, wird umgehend das Insolvenzverfahren eröffnet.
5. Sowohl Verbraucher als auch Unternehmer müssen versuchen, sich außergerichtlich mit ihren Schuldnern zu eignen.

**Lösungsvorschlag:**

1.

# B.
# Allgemeine Wirtschaftslehre

## 1.
## Volkswirtschaftliche Grundbegriffe

### 1.1 Bedürfnisse – Bedarf – Nachfrage

| **Bedürfnisse**<br>(= „Wünsche", unbegrenzt und unbestimmt) | |
|---|---|
| **Arten von Bedürfnissen** | |
| **Materiell** | **Immateriell** |
| **Existenz** | **Kultur-/Luxus** |
| **individuell** | **kollektiv** |

| **Bedarf**<br>(= „Summe aller Bedürfnisse, die mit vorhandenen Geldmitteln befriedigt werden sollen", konkret) |
|---|

| **Nachfrage**<br>(= „Bedarf, der mit Kaufkraft befriedigt wird", am Markt wirksam) |
|---|

**Übungsaufgabe 1:**

Welche der folgenden Reihenfolgen für die Konkretisierung eines Kaufwunsches ist richtig?

**1.** Bedarf – Bedürfnisse – Nachfrage
**2.** Nachfrage – Bedarf – Bedürfnis
**3.** Bedürfnisse – Bedarf – Nachfrage
**4.** Nachfrage – Bedürfnis – Bedarf
**5.** Bedürfnis – Nachfrage – Bedarf

**Lösungsvorschlag:**

**3.**

**Übungsaufgabe 2:**

Welche der nachfolgenden Äußerungen ist richtig?

1. Bedürfnisse beziehen sich ausschließlich auf Luxusgüter, Bedarf hingegen auf Konsumgüter.
2. Jedes Bedürfnis löst irgendwann einen Bedarf aus.
3. Aus materiellen Bedürfnissen wird meistens eine Nachfrage.
4. Bedürfnis ist der Wunsch, einem Mangelempfinden Abhilfe zu schaffen.
5. Bedürfnis ist die kaufkräftige Nachfrage nach einem Gut.

**Lösungsvorschlag:**

**4.**

**Übungsaufgabe 3:**

Unter welcher Voraussetzung kommt es zu einem Bedürfnis?

1. Bei vorhandener Kaufkraft
2. Bei einem Mangelempfinden
3. Bei ausreichendem Einkommen
4. Bei preiswerten Gütern
5. Bei entsprechender Nachfrage am Markt.

**Lösungsvorschlag:**

**2.**

## 1.2 Güter

<table>
<tr><th colspan="3">Güter<br>(= Mittel, die der Bedürfnisbefriedigung dienen)</th></tr>
<tr><td rowspan="3">frei<br>(stehen unbegrenzt zur Verfügung und können kostenfrei genutzt werden)</td><td colspan="2">knapp<br>(sind in ihrer Menge begrenzt und können in der Regel nur gegen Zahlung genutzt werden)</td></tr>
<tr><td>materielle Güter</td><td>immaterielle Güter</td></tr>
<tr><td>• Produktionsgüter<br>• Gebrauchsgüter<br>• Konsumgüter<br>• Gebrauchsgüter</td><td>• Dienstleistungen<br>• Rechte</td></tr>
</table>

| Substitutionsgüter | Komplementärgüter | Indifferente Güter |
|---|---|---|
| Gut kann durch ein anderes ersetzt werden. | Gut wird zum Gebrauch des anderen benötigt. | Zwischen den Gütern besteht kein unmittelbarer Zusammenhang. |

**Übungsaufgabe 1:**

Bei welchem Güterpaar handelt es sich um Substitutionsgüter?

**1.** Brillenputztuch – Brille
**2.** Butter – Marmelade
**3.** Akkuschrauber – Nadel
**4.** Fahrrad – Luftpumpe
**5.** Olivenöl – Butterschmalz

**Lösungsvorschlag:**

**5.**

**Übungsaufgabe 2:**

Welche Aussage zu den Gütern ist richtig?

**1.** Freie Güter haben keinen Preis.
**2.** Patente und Lizenzen gehören zu den Verbrauchsgütern.
**3.** Produktionsgüter sind Gebrauchsgüter, Konsumgüter sind Verbrauchsgüter.
**4.** Freie Güter dienen nicht der Bedürfnisbefriedigung.
**5.** Gebrauchsgüter haben eine kürzere Nutzungsdauer als Verbrauchsgüter.

**Lösungsvorschlag:**

**1.**

**Übungsaufgabe 3:**

Ordnen Sie die folgenden Güter den entsprechenden Güterbegriffen zu!

(**1**) Bananen, (**2**) Herrenhemden, (**3**) eingetragene Marke, (**4**) Bagger, (**5**) Rechtsberatung, (**6**) Muscheln am Strand … sind ein …

**a**) Produktionsgut
**b**) Dienstleistung
**c**) Gebrauchsgut
**d**) Verbrauchsgut
**e**) Freies Gut
**f**) Immaterielles Gut

**Lösungsvorschlag:**

(1) **d**), (2) **c**), (3) **f**), (4) **a**), (5) **b**), (6) **e**)

# 2.
# Ökonomisches Prinzip

| Wirtschaftliches Handeln nach dem Ökonomischen Prinzip | |
|---|---|
| **Minimalprinzip** | **Maximalprinzip** |
| Ziel: **bestimmter** Erfolg | Ziel: **maximaler** Erfolg |
| Einsatz: **minimaler** Mitteleinsatz | Einsatz: **bestimmter** Mitteleinsatz |

**Achtung:** Es gibt kein Minimax-Prinzip! Es ist ökonomisch nicht möglich, mit so wenig Mitteln wie möglich einen größtmöglichen Erfolg zu erzielen!

**Übungsaufgabe 1:**

Prüfen Sie bei jeder Aussage, ob hier nach dem ökonomischen Prinzip gehandelt wurde und wenn ja, nach welchem!

**1.** Frieda hat 300,00 € zur Verfügung, um eine Woche Reiterferien zu buchen.
**2.** Kathrin hat kommendes Wochenende acht Stunden Zeit, um sich auf ihr Referat vorzubereiten.
**3.** Klaus hat sich für die Fahrschule angemeldet – er hofft, möglichst viel von seinem Ersparten übrig zu behalten.
**4.** Manuela verdient als Büroangestellte monatlich 2.000,00 € brutto; als Kellnerin könnte sie im Monat 2.500,00 € verdienen.
**5.** Sonja muss für ein Seminar 300 km weit fahren – sie hofft, mit möglichst wenig Kraftstoffverbrauch dort hinzukommen.

**Lösungsvorschlag:**

**1.** Maximalprinzip, **2.** Maximalprinzip, **3.** Minimalprinzip, **4.** kein ökonomisches Prinzip, **5.** Minimalprinzip

**Übungsaufgabe 2:**

In welchen der folgenden Fälle handelt das Unternehmen nach dem Minimalprinzip?

**1.** Das Unternehmen kauft nach umfangreichem Preisvergleich den monatlichen Papierbedarf beim Einzelhändler Peter Gerber OHG.
**2.** Von dem monatlichen Werbebudget sollen möglichst viele Print-Anzeigen geschaltet werden.
**3.** Die drei festangestellten Bürokräfte sollen bestmöglich fortgebildet werden.
**4.** In den Verkaufsräumen soll künftig mehr Ware präsentiert werden.
**5.** Die zehn neuen Mitarbeiter müssen vom Stammpersonal eingearbeitet werden – dies soll mit möglichst wenigen Überstunden erreicht werden.

**Lösungsvorschlag:**

**1.**, **5.**

**Übungsaufgabe 3:**

Nach welchem Prinzip arbeitet die Kanzlei „Böhmer & Kollegen GbR“, wenn sie versucht, mit dem zur Verfügung stehenden Personal möglichst viel Umsatz zu erzielen?

**1.** Minimalprinzip
**2.** Bedarfsdeckungsprinzip
**3.** Kostendeckungsprinzip
**4.** Maximalprinzip
**5.** Sparprinzip

**Lösungsvorschlag:**

4.

**Übungsaufgabe 4:**

Die Rechtsanwaltsfachangestellte Sybille Burger bekommt von Rechtsanwalt Traulsen 150,00 €, um davon zwei Farbdruckerpatronen zu besorgen. Er verabschiedet sie mit den Worten: *„Das sollte in jedem Fall reichen – wäre schön, wenn möglichst viel wieder zurückkommt!“.*

Nach welchem Prinzip soll die Fachangestellte handeln?

**1.** Minimalprinzip
**2.** Bedarfsdeckungsprinzip
**3.** Kostendeckungsprinzip
**4.** Maximalprinzip
**5.** Sparprinzip

**Lösungsvorschlag:**

1.

# 3. Produktionsfaktoren

**Worum geht es?** Grundlage der Gütererzeugung sind die drei volkswirtschaftlichen Produktionsfaktoren **Arbeit**, **Boden** und **Kapital**.

| Arbeit | Boden | Kapital |
|---|---|---|
| körperlich/geistig, dispositiv/exekutiv, ungelernt/angelernt/gelernt, selbstständig/nichtselbstständig | Natürliche Ressourcen (bedingt regenerierbar/nicht regenerierbar),<br>Anbau-/Abbau-/Standortboden | Produktionsmittel, die bei der Gütererzeugung eingesetzt werden (= abgeleiteter Produktionsfaktor),<br>Geld-/Realkapital |

**Übungsaufgabe 1:**

Welche Produktionsfaktoren werden im volkswirtschaftlichen Leistungsprozess unterschieden?

**1.** Arbeit, Boden und Betriebsmittel
**2.** Arbeit, Boden und Bedarf
**3.** Kapital, Arbeit und Boden
**4.** Boden, Kapital und Ökologie
**5.** Dispositive Arbeit, ausführende Arbeit und Ressourcen

**Lösungsvorschlag:**

3.

**Übungsaufgabe 2:**

Welche der folgenden Aussagen über den Produktionsfaktor Kapital ist richtig?

**1.** Kapital entsteht u.a. durch Konsumverzicht (= Sparen) in Form von Geldkapital.
**2.** Kapital ist ein in Euro ausgewiesener Betrag.
**3.** Kapital dient zur Erreichung des Ökonomischen Prinzips.
**4.** Kapital wird ausschließlich für Investitionen genutzt.
**5.** Kapital steht einer Volkswirtschaft unbegrenzt zur Verfügung.

**Lösungsvorschlag:**

1.

**Übungsaufgabe 3:**

In welchem der vorliegenden Beispiele liegt eine „Substitution von Produktionsfaktoren" vor?

**1.** Ein altes Kopiergerät wird durch ein neues ersetzt.
**2.** Umzug der Rechtsanwaltskanzlei in größere Büroräume.
**3.** RA Braun nutzt künftig eine neue Diktiersoftware, um das Sekretariat zu entlasten.
**4.** Eine angestellte Anwältin hatte gekündigt, für sie fängt nun eine andere Anwältin an.
**5.** Rechtsfachwirtin Pia wird nach erfolgreich abgelegter Fachwirtprüfung Bürovorsteherin ihrer Kanzlei.

**Lösungsvorschlag:**

3.

# 4.
# Arbeitsteilung

| | | | | | |
|---|---|---|---|---|---|
| **Ursprüngliche Arbeitsteilung (Familiäre Arbeitsteilung)** | | | | | |
| ↓ | | | | | |
| **Berufliche Arbeitsteilung** | | | | | |
| ↓ | | | | | |
| **Betriebliche Arbeitsteilung** | | | | | |
| ↓ | | | | | |
| **Volkswirtschaftliche Arbeitsteilung** | | | | | |
| **Vertikale Arbeitsteilung** | Urerzeugung (***primärer Sektor***) | ⇒ | Weiter-verarbeitung (***sekundärer Sektor***) | ⇒ | Handel und Dienstleistung (***tertiärer Sektor***) |
| **Horizontale Arbeitsteilung** | Land- und Forstwirtschaft – Bergbau – Jagd/ Fischerei | | Handwerk – Industrie | | Handel – Dienstleistung |
| ↓ | | | | | |
| **Internationale Arbeitsteilung** | | | | | |

**Übungsaufgabe 1:**

Erläutern Sie am Beispiel der Möbelproduktion, wie die volkswirtschaftliche Arbeitsteilung funktioniert!

**Lösungsvorschlag:**

- primärer Sektor: Holzfällung (Land und Forstwirtschaft)
- sekundärer Sektor: Sägerei, Tischlerei (Handwerk)
- Tertiärer Sektor: Verkauf der Möbel (Einzel- oder Großhandel)

**Übungsaufgabe 2:**

Welche Aussage zur internationalen Arbeitsteilung trifft zu?

**1.** Sie kann nur bei Handelsprodukten umgesetzt werden.
**2.** Sie kann nur zwischen demokratischen Ländern vereinbart werden.
**3.** Sie kann nur realisiert werden, wenn zwischen den Ländern eine Wirtschaftsbeziehung besteht.
**4.** Sie kann nur bei einem positiven Außenbeitrag erfolgen.
**5.** Sie ist ein theoretisches Modell und in der Praxis nicht anwendbar.

**Lösungsvorschlag:**

**3.**

**Übungsaufgabe 3:**

Die Firma „Rotmann & Söhne KG“ ist ein etabliertes Übersetzungsbüro und steht in Konkurrenz zu vielen anderen Mitbewerbern. Die Firma ist folgendem Wirtschaftszweig zuzuordnen:

**1.** Handel
**2.** Industrie
**3.** Dienstleistung
**4.** Urerzeugung
**5.** Handwerk

**Lösungsvorschlag:**

**3.**

# 5. Wirtschaftskreislauf

**Einfacher Wirtschaftskreislauf**

- Nur zwei Sektoren: Haushalte und Unternehmen
- Geldströme: Einkommen und Ausgaben
- Güterströme: Produktionsfaktoren und Konsumgüter

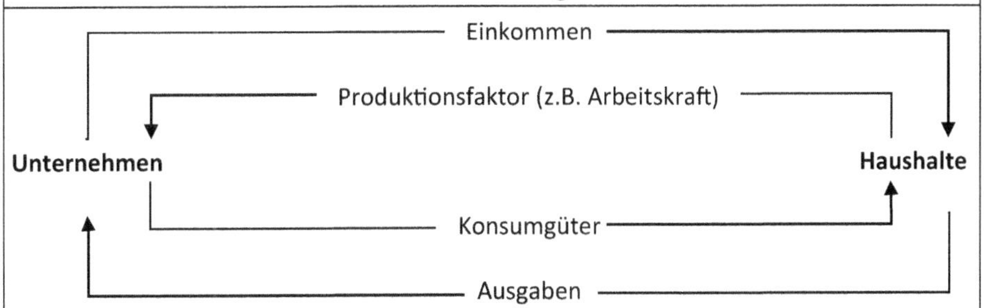


**Erweiterter Wirtschaftskreislauf (I)**

- Drei Sektoren: Haushalte, Unternehmen und **Banken**
- Die Haushalte legen einen Teil ihres Einkommens bei Banken an (sie sparen), diese wiederum verleihen das Geld an Unternehmen (sie investieren).

**Erweiterter Wirtschaftskreislauf (II)**

- Vier Sektoren: Haushalte, Unternehmen, Banken und der **Staat**
- Der Staat erzielt Einnahmen von den Haushalten und den Unternehmen (Steuern), er unterstützt wiederum die Unternehmen (Subventionen) und privaten Haushalte (Transferzahlungen, Gehälter).

**Wirtschaftskreislauf in einer offenen Volkswirtschaft**

- Fünf Sektoren: Haushalte, Unternehmen, Banken, Staat und das **Ausland**
- Import und Export von Waren und Dienstleistungen mit dem Ausland

**Übungsaufgabe 1:**

Wie wird der Geld- bzw. Güterstrom im einfachen Wirtschaftskreislauf richtig dargestellt?

**1.** Von den Unternehmen fließen Ausgaben für den Kauf von Konsumgütern zu den Haushalten.
**2.** Haushalte stellen ihre Arbeitskraft den Unternehmen und dem Staat zur Verfügung.
**3.** Banken leiten die Ersparnisse der Haushalte an die Unternehmen weiter.
**4.** Löhne und Gehälter sind Teil des Geldstroms von den Unternehmen zu den Haushalten.
**5.** Haushalte zahlen Einkommen an die Unternehmen.

**Lösungsvorschlag:**

**4.**

**Übungsaufgabe 2:**

Welche Aussage zum einfachen Wirtschaftskreislauf ist richtig?

Im einfachen Wirtschaftskreislauf ...

**1.** ... wird das Einkommen vollständig konsumiert.
**2.** ... wird das Einkommen sowohl gespart als auch konsumiert.
**3.** ... wird das Einkommen durch Transferzahlungen des Staates erhöht.
**4.** ... wird das Einkommen ausschließlich gespart.
**5.** ... gibt es kein Einkommen.

**Lösungsvorschlag:**

**1.**

**Übungsaufgabe 3:**

Welche Aussage über den erweiterten Wirtschaftskreislauf ist richtig?

**1.** Zum erweiterten Wirtschaftskreislauf gehören private Haushalte, Unternehmen und juristische Personen des Privatrechts.
**2.** Die Haushalte verwenden ihr ganzes Einkommen für Konsumausgaben.
**3.** Geld- und Güterströme fließen in die gleiche Richtung.
**4.** Das Modell beschränkt sich auf die Sektoren Unternehmen und Haushalte.
**5.** Banken erhalten Spareinlagen von den Haushalten, Unternehmen leihen sich Geld von den Banken für Investitionen.

**Lösungsvorschlag:**

**5.**

# 6.
# Volkswirtschaftliche Gesamtrechnung (VGR)

| Das Bruttoinlandsprodukt (BIP) | | |
|---|---|---|
| = Gesamtwert aller Güter (Waren, Dienstleistungen, Rechte), die – abzüglich Vorleistungen – innerhalb eines Jahres in einer Volkswirtschaft hergestellt wurden. | | |
| **Entstehungsrechnung** | **Verwendungsrechnung** | **Verteilungsrechnung** |
| Wo (in welchem Wirtschaftssektor) wird das BIP erwirtschaftet? | Wofür (Konsum, Investition, Außenbeitrag) wird das BIP hergenommen? | Welchen Anteil erhalten Arbeitnehmer bzw. Arbeitgeber? |

**Was versteht man unter volkswirtschaftlicher Gesamtrechnung?** Die wirtschaftliche Leistung einer Volkswirtschaft (z.B. der Bundesrepublik Deutschland) und deren Veränderung (positives oder negatives Wirtschaftswachstum) werden im Rahmen der so genannten Volkswirtschaftlichen Gesamtrechnung (**VGR**) gemessen. Neben dem Bruttoinlandsprodukt (**BIP**) spielt auch das Bruttonationaleinkommen (**BNE**) eine wichtige Rolle bei der Bestimmung der Wirtschaftsleistung:

**Und wie kommt man vom BIP zum BNE?** Das Bruttoinlandsprodukt misst die im Inland entstandene Wirtschaftsleistung, unabhängig davon, ob diese von In- oder Ausländern erbracht wurde (**Inlandskonzept**). Das Bruttonationaleinkommen hingegen berechnet sich nach dem sogenannten **Inländerkonzept** – es zeigt also die von Deutschen erbrachte Leistung auf, unabhängig davon, ob diese Leistung im In- oder Ausland erbracht wurde:

| **BIP** |
|---|
| + Einkommen von Inländern im Ausland<br>– Einkommen von Ausländern im Inland |
| **= BNE** |

**Und was unterscheidet das nominale BIP vom realen BIP?** Beim *nominalen* BIP erfolgt die Bewertung des BIP zu den aktuellen Preisen des jeweiligen Jahres; beim *realen* BIP erfolgt die Bewertung des BIP zu den Preisen des Vorjahres – mögliche Preissteigerungen sind also herausgerechnet.

**Übungsaufgabe 1:**

Was versteht man unter dem Bruttoinlandsprodukt?

1. Die Summe alle in einer Volkswirtschaft erzielten Bruttolöhne.
2. Den Wert der in einer Volkswirtschaft produzierten Waren, Dienstleistungen und Rechte.
3. Den Wert des gesamten Konsums einer Volkswirtschaft in einem Jahr.
4. Die Summe aller Investitionen einer Volkswirtschaft in einem Jahr.
5. Die Summe aller von Staat hergestellten Produkte.

**Lösungsvorschlag:**

**2.**

**Übungsaufgabe 2:**

Wenn das nominale BIP stärker gestiegen ist als das Preisniveau, dann ...

1. ist das reale BNE gleich geblieben.
2. ist das nominale BIP falsch berechnet worden.
3. ist das reale BIP gesunken.
4. ist das nominale BNE gesunken.
5. ist das reale BIP gestiegen.

**Lösungsvorschlag:**

**5.**

**Übungsaufgabe 3:**

Nennen Sie drei Beispiele, welche Tätigkeiten in der Volkswirtschaftlichen Gesamtrechnung nicht erfasst sind!

**Lösungsvorschlag:**

z.B. Schwarzarbeit, Kindererziehung, Hausfrauentätigkeiten, Gartenarbeit, Ehrenamt, preisneutrale Qualitätssteigerungen

**Übungsaufgabe 4:**

Unter „Inlandskonzept" versteht man im Rahmen der Volkswirtschaftlichen Gesamtrechnung ...

1. die im Inland erwirtschaftete Leistung, sofern sie von Inländern erbracht wurde.
2. die im In- und Ausland erwirtschaftete Leistung, sofern sie von Inländern erbracht wurde.
3. die im Inland erwirtschaftete Leistung, egal ob sie von Inländern oder Ausländern erbracht wurde.
4. die im In- und Ausland erwirtschaftete Leistung von Deutschen innerhalb Europas.
5. die Berechnung des Bruttonationaleinkommens.

**Lösungsvorschlag:**

**3.**

# 7.
# Markt und Preis

## 7.1 Marktformen

| Zahl der Nachfrager / Zahl der Anbieter | einer | wenige | viele |
|---|---|---|---|
| einer | zweiseitiges Monopol | beschränktes Angebotsmonopol | Angebotsmonopol |
| wenige | beschränktes Nachfragemonopol | zweiseitiges Oligopol | Angebotsoligopol |
| viele | Nachfragemonopol | Nachfrageoligopol | Polypol |

**Also:** Die verschiedenen Marktformen werden unterschieden nach der Anzahl der Marktteilnehmer auf der Angebots- und Nachfrageseite.

**Wir merken uns:** Je **geringer** die Zahl der Marktteilnehmer ist, desto **geringer** ist der Wettbewerb (= die Konkurrenz) und desto **stärker** ist folglich die Marktmacht der Marktteilnehmer.

**Beispiel:** Der **Mineralölmarkt** – hier gibt es nur **wenige Anbieter** von Kraftstoffen (Benzin, Öl), aber eine **Vielzahl von Nachfragern** (Autofahrer etc.); folglich liegt ein **Angebotsoligopol** vor, bei dem die Anbieter gegenüber den Nachfragern in der besseren Position sind und ihre Marktmacht (z.B. durch Preisabsprachen) ausnutzen können.

**Übungsaufgabe 1:**

Geben Sie für die folgenden Fälle an, um welche Marktform es sich handelt!

**1.** Es gibt wenige Zigarettenhersteller, die einer Vielzahl von Rauchern gegenüberstehen.
**2.** Die EZB hat das alleinige Recht, Geldscheine und Münzen auszugeben.
**3.** Viele Bäckereien verkaufen Backwaren an die Bevölkerung.
**4.** Einige Bauern liefern Zuckerrüben an eine einzige Zuckerfabrik.
**5.** Die Siemensaktie wird von vielen Käufern und Verkäufern gehandelt.

**Lösungsvorschlag:**

**1.** Angebotsoligopol
**2.** Angebotsmonopol
**3.** Polypol
**4.** beschränktes Nachfragemonopol
**5.** Polypol

**Übungsaufgabe 2:**

Viele Käufer wollen auf dem Wochenmarkt frische Erdbeeren kaufen. Es werden jedoch nur an vier der über 50 Marktstände Erdbeeren verkauft.

Um welche Marktform handelt es sich?

**1.** Polypol
**2.** Nachfrageoligopol
**3.** Angebotsmonopol
**4.** Nachfragemonopol
**5.** Angebotsoligopol

**Lösungsvorschlag:**

**5.**

**Übungsaufgabe 3:**

Welche der folgenden Aussagen zu den Marktformen ist richtig?

**1.** Beim Polypol treffen viele Nachfrager auf wenige Anbieter.
**2.** Ein Oligopol liegt nur dann vor, wenn wenige Anbieter auf viele Nachfrager treffen.
**3.** Im Falle eines Angebotsmonopols hat der Nachfrager die Marktmacht.
**4.** Ein Oligopol kann aus wenigen Nachfragern bestehen.
**5.** Bei einem zweiseitigen Monopol führen Preisabsprachen zu höheren Preisen.

**Lösungsvorschlag:**

**4.**

**Übungsaufgabe 4:**

Welche der folgenden Konstellationen entspricht der Marktform des Nachfragemonopols?

**1.** Ein Anbieter – viele Nachfrager
**2.** Ein Anbieter – wenige Nachfrager
**3.** Ein Nachfrager – ein Anbieter
**4.** Ein Nachfrager – wenige Anbieter
**5.** Ein Nachfrager – viele Anbieter

**Lösungsvorschlag:**

**5.**

## 7.2 Preisbildung bei vollständiger Konkurrenz

**Allgemein gilt:** Je **höher** der Preis, desto **geringer** die Nachfrage – die **Nachfragekurve** ist also **fallend**. Umgekehrt verhält es sich auf der Angebotsseite: Je **höher** der Preis, desto **größer** ist das Angebot – die **Angebotskurve** ist also **steigend**!

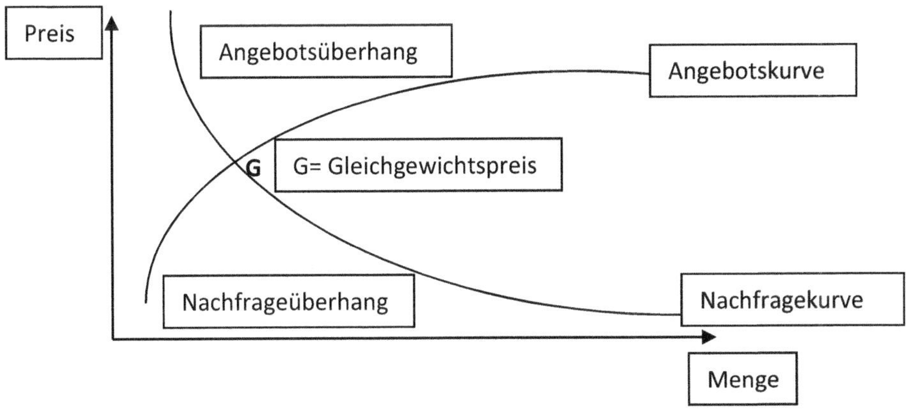


**Wichtig:** Beim **Gleichgewichtspreis** entspricht die **angebotene Menge** der **nachgefragten Menge.** Liegt der Preis über dem Gleichgewichtspreis, gibt es einen **Angebotsüberhang (= Käufermarkt)**, liegt der Preis unterhalb des Gleichgewichtspreises, gibt es einen **Nachfrageüberhang (= Verkäufermarkt)**.

| **Der vollkommene Markt** |
|---|
| Ein Gleichgewichtspreis kann sich streng genommen nur unter der Prämisse eines vollkommenen Marktes bilden, der jedoch in der Realität kaum anzutreffen ist. |
| **Die Voraussetzungen dieses Modells:** |
| 1. Marktform des **Polypols** (viele Anbieter treffen auf viele Nachfrager). |
| 2. Die Güter sind **homogen** (also vollkommen gleichartig). |
| 3. Die Marktteilnehmer besitzen **absolute Markttransparenz**. |
| 4. Die Marktteilnehmer können **unverzüglich** auf Marktveränderungen reagieren. |
| 5. Die Marktteilnehmer haben **keine persönlichen Präferenzen**. |

**Übungsaufgabe 1:**

Welche der folgenden Aussagen zur Angebots- und Nachfragefunktion ist richtig?

**1.** Bei steigenden Preisen kommen mehr Nachfrager auf den Markt.
**2.** Bei einem Angebotsüberhang ist das Angebot größer als die Nachfrage.
**3.** Bei einem Nachfrageüberhang ist der Käufer in der besseren Position.
**4.** Der Gleichgewichtspreis ist der Preis, bei dem am meisten nachgefragt wird.
**5.** Bei einem hohen Gleichgewichtspreis besteht ein Angebotsüberhang.

**Lösungsvorschlag:**

**2.**

**Übungsaufgabe 2:**

Wie verändern sich Angebot und Nachfrage bei vollkommener Konkurrenz?

**1.** Die Nachfrage sinkt bei steigenden Preisen.
**2.** Das Angebot sinkt bei steigenden Preisen.
**3.** Angebot und Nachfrage sinken gleichermaßen bei sinkenden Preisen.
**4.** Die Nachfrage steigt bei steigenden Preisen.
**5.** Das Angebot steigt bei sinkenden Preisen.

**Lösungsvorschlag:**

**1.**

**Übungsaufgabe 3:**

Was versteht man unter der Gleichgewichtsmenge in einem Polypol?

**1.** Das ist die Menge, die die meisten Nachfrager durchschnittlich kaufen wollen.
**2.** Das ist die Menge, die ein einzelner Anbieter maximal verkauft.
**3.** Das ist der Durchschnittspreis bei einem vollkommenen Markt.
**4.** Das ist die Menge, bei der Angebot und Nachfrage gleich groß sind.
**5.** Das ist die Menge, bei der ein Käufermarkt existiert.

**Lösungsvorschlag:**

**4.**

**Übungsaufgabe 4:**

Welche Aussage über den Käufermarkt ist richtig?

**1.** Ein Käufermarkt liegt vor bei einem Nachfrageüberhang.
**2.** Käufermarkt und Verkäufermarkt bilden gemeinsam die Voraussetzungen für vollkommene Konkurrenz.
**3.** Beim Käufermarkt liegt der Preis oberhalb des Gleichgewichtspreises.
**4.** Beim Käufermarkt gibt es keine Konkurrenz.
**5.** Beim Käufermarkt ist das Angebot größer als die Nachfrage.

**Lösungsvorschlag:**

**5.**

**Übungsaufgabe 5:**

Welche Aussage zum vollkommenen Markt ist falsch?

**1.** Die Marktteilnehmer können blitzschnell auf Veränderungen reagieren.
**2.** Die Käufer haben keine persönlichen Vorlieben für bestimmte Verkäufer oder Güter.
**3.** Die Güter weisen Qualitätsunterschiede auf.
**4.** Es gibt eine Vielzahl von Käufern und Verkäufern.
**5.** Die Marktteilnehmer besitzen eine vollständige Marktübersicht.

**Lösungsvorschlag:**

**3.**

## 7.3 Preisfunktionen

| | |
|---|---|
| **Signal-/ Informationsfunktion** | Der Preis informiert über die Knappheit des Gutes. |
| **Lenkungs-/ Allokationsfunktion** | Der Preis lenkt das Angebot und damit den Einsatz der Produktionsfaktoren in diejenigen Märkte, in denen aufgrund hoher Nachfrage ein hoher Preis erzielt werden kann. |
| **Ausgleichs-/ Planabstimmungsfunktion** | Angebot und Nachfrage werden durch den Preis aufeinander abgestimmt und zum Ausgleich gebracht. |
| **Erziehungsfunktion** | Der Preis erzieht Anbieter und Nachfrager zum sparsamen Umgang mit knappen Gütern. |
| **Auslesefunktion** | Unternehmen, die perspektivisch nur oberhalb des Gleichgewichtspreises anbieten können, haben auf dem Markt keine Chance. |
| **Zuteilungs-/ Verteilungsfunktion** | Der Lebensstandard der Marktteilnehmer bestimmt sich über den Preis. |

**Übungsaufgabe 1:**

Beim Gleichgewichtspreis kommen alle Nachfrager und Anbieter, die zu diesem Preis kaufen bzw. verkaufen wollen, zum Zuge – der Markt wird also geräumt.

Welche Funktion hat hier der Preis?

**1.** Lenkungsfunktion
**2.** Erziehungsfunktion
**3.** Verteilungsfunktion
**4.** Ausgleichsfunktion
**5.** Signalfunktion

**Lösungsvorschlag:**

4.

## 7.4 Staatliche Preispolitik

| Maßnahme | Definition | Intention des Staates | Risiko | Beispiel |
|---|---|---|---|---|
| **Höchstpreis** | Der Staat legt einen Höchstpreis fest. | Stärkung einkommensschwacher Bevölkerungsgruppen. | Bildung eines „Schwarzmarktes“. | Mietendeckel |
| **Mindestpreis** | Der Staat legt einen Mindestpreis fest. | Stärkung der Anbieter. | Anbieter verkaufen dennoch zu niedrigeren Preisen. | Mindestlöhne |

| **Übungsaufgabe 1:** |
|---|
| Welche Aussage zu staatlich festgelegten Preisen ist richtig?<br>**1.** Staatlich garantierte Höchstpreise schützen den Anbieter.<br>**2.** Staatliche Mindestpreise liegen zumeist unterhalb des Gleichgewichtspreises.<br>**3.** Durch Mindestpreise bildet sich ein Schwarzmarkt.<br>**4.** Staatliche Höchstpreise führen zu einem Nachfrageüberhang.<br>**5.** Staatliche Preispolitik führt immer zu einer Angebotslücke. |
| **Lösungsvorschlag:**<br>**4.** |

# 8. Zahlungsverkehr

| **Wichtige Begriffe rund um den Zahlungsverkehr** | |
|---|---|
| **Zahlungsformen:** | |
| Barzahlung | Es wird kein Konto verwendet; Zahlung mit Bargeld (Scheine, Münzen) |
| halbbare Zahlung | Zahler oder Zahlungsempfänger brauchen ein Konto; z.B. Bargeldeinzahlung auf Konto des Zahlungsempfängers. |
| bargeldlose Zahlung | Beide (Zahler und Zahlungsempfänger) brauchen ein Konto; z.B. bei Überweisung, Einrichtung eines Dauerauftrags usw. |
| **Zahlungsmittel:** | |
| Überweisung | Auftrag des Zahlers an seine Bank/Sparkasse, Geld vom Konto des Zahlers auf das Konto des Zahlungsempfängers zu übertragen; handschriftlich, mittels Selbstbedienungsterminal oder im Rahmen von Onlinebanking möglich. |
| Onlineüberweisung | s. Überweisung, mit PIN und TAN |
| Dauerauftrag | Sonderform der Überweisung; der Zahler erteilt seiner Bank/ Sparkasse im Voraus einen Zahlungsauftrag, regelmäßig zu bestimmten festgelegten Terminen (monatlich, vierteljährlich, ...)einen gleichbleibenden Betrag an das Konto des Zahlungsempfängers zu überweisen. |
| Lastschrift | Dem Zahlungsempfänger wird ermöglicht, vom Konto des Zahlers Geld abzubuchen. |
| Scheck | Urkunde, die die Anweisung des Zahlers (Scheckaussteller) an sein Kreditinstitut (Bezogener) enthält, an den Zahlungsempfänger (Schecknehmer) die im Scheck genannte Geldsumme zu zahlen; Barscheck – Verrechnungsscheck – Inhaberscheck – Orderscheck |

| **Kartenzahlung:** | |
|---|---|
| Girocard (ec-Karte) | Zahlungskarte, mit der Bargeld abgehoben werden sowie bargeldlos bezahlt werden kann; sie ist nur in Deutschland nutzbar. Nach einem mit der Karte bezahlten Kauf wird das Konto i.d.R. innerhalb weniger Tage belastet. |
| Debitkarte/Maestrocard | Wie eine Girokarte; mit ihr kann auch außerhalb Deutschlands bargeldlos bezahlt werden. |
| Geldkarte | Der Chip auf der Giro-/Debitkarte kann als „elektronische Geldbörse" genutzt werden. |
| Kreditkarte | Funktionsweise genauso wie bei der Giro-/Debitkarte. Unterschied: die mit der Kreditkarte bezahlten Beträge werden i. d. R. monatlich vom Girokonto per Lastschrift eingezogen. |
| **Wichtige Abkürzungen:** | |
| IBAN | International Bank Account Number (= weltweit gültige Girokontonummer); zusammengesetzt aus 2-stelligem Ländercode (DE), variabler 2-stelliger Prüfziffer, 8-stelliger Bankleitzahl und 10-stelliger Kontonummer. |
| BIC | Bank Identifier Code (= international gültige Bankleitzahl); Bezeichnung als SWIFT-Code; muss nur bei internationalen Zahlungen angegeben werden. |
| SEPA | Single Euro Payment Area; Vereinheitlichung des Lastschriftverfahrens in der Europäischen Union. |
| SEPA-Mandat | Abbuchungsberechtigung; Rückbuchung innerhalb von acht Wochen möglich; bei unerlaubten Abbuchungen 13 Monate Erstattungsanspruch. |
| POS-Zahlung | Point of Sale (= Verkaufs-/Zahlungsort); ec-Kartenzahlung mit Zahlungsgarantie für den Händler (PIN-Eingabe). |
| ELV-Zahlung | Elektronisches Lastschriftverfahren; ec-Kartenzahlung ohne Zahlungsgarantie für den Händler (Unterschrift). |

**Übungsaufgabe 1:**

Sie haben den Auftrag erhalten, in Ihrer Kanzlei die Zahlungsabwicklungen zu verbessern.

Für welche Zahlungsverpflichtungen erteilen Sie sinnvollerweise einen Dauerauftrag?

**1.** Für die monatliche Stromrechnung, die nicht als Abschlagszahlung beglichen wird.
**2.** Für die Überweisung der Zahllast an das Finanzamt.
**3.** Für die monatliche Mietzahlung an den Vermieter der Kanzleiräume.
**4.** Für die monatlichen Handyrechnungen aller Diensthandys.
**5.** Für die Rückerstattung eines doppelt gezahlten Anwalthonorars.

**Lösungsvorschlag:**

**3.**

**Übungsaufgabe 2:**

Katharina Ulmann überlegt, wie sie ihren monatlichen Beitrag fürs Fitnessstudio am besten begleicht. Wofür entscheidet sie sich aus praktischen Gründen?

**1.** Dauerauftrag
**2.** Barzahlung
**3.** Banküberweisung
**4.** SEPA-Lastschriftverfahren
**5.** Scheck

**Lösungsvorschlag:**

**4.**

**Übungsaufgabe 3:**

Welcher Staat gehört nicht zu SEPA?

**1.** Österreich
**2.** Deutschland
**3.** China
**4.** Schweiz
**5.** Finnland

**Lösungsvorschlag:**

3.

**Übungsaufgabe 4:**

Welche Aussage trifft auf die Kreditkarte zu?

**1.** Mit der Kreditkarte kann man nur im Inland bezahlen.
**2.** Es werden häufig Zusatzleistungen gewährt (z.B. Reiserücktrittsversicherung).
**3.** Kreditkarten werden an Personen ab 16 Jahre ausgegeben.
**4.** Mit der Kreditkarte geleistete Zahlungen werden dem Konto spätestens zwei Tage später belastet.
**5.** Für die Kreditkartenzahlung benötigt man immer einen PIN.

**Lösungsvorschlag:**

**2.**

**Übungsaufgabe 5:**

Bei welchem Zahlungsmittel handelt es sich um halbbare Zahlungen?

**1.** Bargeldzahlung
**2.** Zahlung mittels Verrechnungsscheck
**3.** Zahlung mittels Überweisung
**4.** Zahlung mittels Barscheck
**5.** Zahlung mittels Dauerauftrag

**Lösungsvorschlag:**

**4.**

**Übungsaufgabe 6:**

Welche Aussage ist richtig? „IBAN" ist ...

1. die Abkürzung für „Internationale Bargeld Akzeptanz Nummer".
2. eine internationale Kontonummer für Zahlungen innerhalb des Euro-Zahlungsverkehrsraumes.
3. eine andere Bezeichnung für BIC.
4. eine 18-stellige Kontonummer.
5. ein Prüfverfahren für die Zahlung mit Kreditkarte.

**Lösungsvorschlag:**

2.

**Übungsaufgabe 7:**

Paula hat von ihrer Freundin Susanne zur Begleichung ihrer Schulden einen Scheck erhalten, auf dem der Vermerk „Nur zur Verrechnung" durchgestrichen wurde. Welche rechtlichen Wirkungen sind damit verbunden?

1. Der Scheck wird weiter als Verrechnungsscheck behandelt.
2. Der Scheck wird zum Orderscheck.
3. Der Scheck verliert seine Gültigkeit.
4. Der Scheck wird zu einem Barscheck.
5. Der Scheck kann nur bei der bezogenen Bank zur Gutschrift eingelöst werden.

**Lösungsvorschlag:**

1.

**Übungsaufgabe 8:**

Welche Aussage über das Elektronische Lastschriftverfahren (ELV) ist richtig?

1. Der Verkäufer hat eine Zahlungsgarantie.
2. Die Legitimation des Käufers erfolgt durch Unterschrift.
3. Bei der Kartenprüfung wird u.a. der Verfügungsrahmen des Käufers überprüft.
4. Beim ELV handelt es sich um eine halbbare Zahlungsform.
5. Das Elektronische Lastschriftverfahren ist für den Verkäufer mit höheren Kosten verbunden als das POS-Verfahren.

**Lösungsvorschlag:**

2.

# Teil 3
# Sozialkunde, Politik und Gesellschaft

## 1.
## Die Berufsausbildung

Die Berufsausbildung wird in Deutschland auch **duale Ausbildung** genannt. Im Gegensatz zu Arbeitsverhältnissen gelten für Ausbildungsverhältnisse andere gesetzliche Vorgaben. Ein Berufsausbildungsverhältnis ist also nicht mit einem Arbeitsverhältnis nach § 611a BGB gleichzusetzen. Das Berufsbildungsgesetz (BBiG) liefert den rechtlichen Rahmen für das Ausbildungsverhältnis.

### 1.1 Die Struktur der Berufsausbildung

Die Berufsausbildung wird als dual bezeichnet, da sie aus praktischen und theoretischen Elementen besteht:

| | **Praktische Berufsausbildung** | **Theoretische Berufsausbildung** |
|---|---|---|
| Wo? | Findet im Ausbildungsbetrieb statt | Findet in der Berufsschule statt |
| Grundlage? | Ausbildungsrahmenplan sowie Ausbildungsverordnung | Rahmenlehrplan, Lehrpläne des jeweiligen Bundeslandes sowie Fachlehrpläne |
| Ziel? | Erlernen der praktischen Fähigkeiten des Ausbildungsberufes | Erwerb von theoretischem Wissen rund um den Ausbildungsberuf sowie Beschulung in allgemeinbildenden Fächern |
| **Prüfungen:**<br>Für einen erfolgreichen Abschluss der Berufsausbildung muss der Auszubildende Zwischen- und Abschlussprüfung ablegen. Die Prüfung muss vor der jeweiligen Kammer (z.B. Rechtsanwaltskammer, Handwerkskammer, Industrie- und Handelskammer etc.) abgelegt werden. | | |

## 1.2 Der Berufsausbildungsvertrag

| Berufsausbildungsvertrag nach dem BBiG | |
|---|---|
| **Form** | |
| § 11 I 1 BBiG | **Schriftlich** (muss spätestens vor Beginn der Berufsausbildung erfolgen) |
| **Vorgeschriebene Inhalte** | |
| § 11 I 2 Nr. 1-10 BBiG | 1. Art und Gliederung der Berufsausbildung,<br>2. Beginn und Dauer der Berufsausbildung,<br>3. Ausbildungsmaßnahmen außerhalb der Ausbildungsstätte,<br>4. Dauer der regelmäßigen täglichen Ausbildungszeit,<br>5. Dauer der Probezeit,<br>6. Zahlung und Höhe der Vergütung,<br>7. Dauer des Urlaubs,<br>8. Kündigungsvoraussetzungen,<br>9. ein in allgemeiner Form gehaltener Hinweis auf die Tarifverträge, Betriebs- oder Dienstvereinbarungen, die auf das Berufsausbildungsverhältnis anzuwenden sind,<br>10. die Form des Ausbildungsnachweises (Berichtsheft etc.) |
| **Probezeit** | |
| § 20 BBiG | Die Probezeit muss mindestens **einen Monat** und darf **höchstens vier Monate** betragen. |

**Hinweis:** In den aufgeführten Punkten unterscheidet sich das Ausbildungsverhältnis vom Arbeitsverhältnis. So muss vor dem Arbeitsverhältnis kein schriftlicher Vertrag vorliegen und die Probezeit kann z.B. bis zu sechs Monate betragen.

## 1.3 Beendigungen des Ausbildungsverhältnisses

Ähnlich wie bei einem Arbeitsverhältnis kann auch ein Ausbildungsverhältnis durch eine Kündigung oder einen Aufhebungsvertrag beendet werden. Hierzu gibt es jedoch einiges zu beachten, da eine Kündigung ggf. bewirken kann, dass die Ausbildung aufgegeben werden muss.

| Beendigung der Berufsausbildung | |
|---|---|
| **1. Kündigung während der Probezeit** | |
| § 22 I BBiG | • jederzeit möglich<br>• fristlos<br>• schriftlich<br>• ohne Angabe von Gründen<br>gilt sowohl für den Auszubildenden als auch für den Ausbildungsbetrieb |

| 2. Kündigung nach der Probezeit | |
|---|---|
| § 22 II BBiG | Die Kündigung muss schriftlich erfolgen:<br>• **fristlos/außerordentlich** bei wichtigem Grund (z.B. grobes Fehlverhalten) – gilt für Auszubildenden und Ausbildungsbetrieb.<br>• **fristgerecht/ordentlich** mit einer Frist von vier Wochen – gilt nur für den Auszubildenden.<br>**Achtung:** Wenn der Azubi ordentlich nach Ablauf der Probezeit kündigt, muss er die **Ausbildung aufgeben** oder einen **anderen Ausbildungsberuf** wählen. |
| **3. Abschluss eines Aufhebungsvertrags** | |
| | Die Vertragsparteien können im gegenseitigen Einvernehmen auch die Aufhebung des Ausbildungsverhältnisses beschließen. Diese Option bietet sich vor allem nach der Probezeit an, wenn der Auszubildende die Ausbildung in einem anderen Betrieb fortsetzen will. |
| **4. Beendigung mit bestandener Prüfung** | |
| § 21 II BBiG | Die Berufsausbildung endet in der Regel mit bestandener Prüfung, wenn der Prüfungsausschuss die Ergebnisse bekannt gibt. |
| **5. Beendigung nach Verlängerung** | |
| § 21 III BBiG | Besteht ein Auszubildender die Abschlussprüfung nicht, so verlängert sich das Ausbildungsverhältnis auf Wunsch des Auszubildenden bis zur nächstmöglichen Wiederholungsprüfung, höchstens um ein Jahr. |

## 1.4 Pflichten von Auszubildenden und Ausbildern

| Pflichten in der Berufsausbildung | |
|---|---|
| Pflichten des Auszubildenden, § 13 BBiG | Pflichten des Ausbilders, § 14 BBiG |
| • Lernpflicht<br>• Berufsschulpflicht<br>• Sorgfaltspflicht<br>• Pflicht Weisungen zu folgen<br>• Berichtsheftführung<br>• Verschwiegenheitspflicht | • Ausbildungspflicht<br>• Fürsorgepflicht<br>• Stellung von Ausbildungsmitteln<br>• Freistellungspflicht<br>• Vergütungspflicht<br>• Zeugnispflicht |

**Übungsaufgabe 1:**

Welche dieser Pflichten hat ein Azubi nicht?

**1.** Lernpflicht
**2.** Fürsorgepflicht
**3.** Pflicht zur Führung des Berichtsheftes
**4.** Verschwiegenheitspflicht
**5.** Berufsschulpflicht

**Lösungsvorschlag:**

**2.**

**Übungsaufgabe 2:**

Welche Aussage über die Kündigung während der Probezeit eines Auszubildenden trifft zu?

**1.** Die Kündigung kann in mündlicher oder schriftlicher Form erfolgen.
**2.** Bei der Kündigung muss eine Frist von vier Wochen beachtet werden.
**3.** Bei der Kündigung muss eine Frist von zwei Wochen beachtet werden.
**4.** Die Kündigung kann jederzeit ohne Einhaltung einer Frist erfolgen.
**5.** Die Kündigung muss eine Begründung enthalten.

**Lösungsvorschlag:**

**4.**

**Übungsaufgabe 3:**

Welche Folgen hat eine Kündigung nach der Probezeit durch den Auszubildenden?

**1.** Der Auszubildende kann die Ausbildung in einem anderen Betrieb fortsetzen.
**2.** Der Auszubildende muss die Ausbildung aufgeben oder einen anderen Ausbildungsberuf wählen.
**3.** Der Auszubildende muss sofort die Abschlussprüfung vor der jeweiligen Kammer ablegen.
**4.** Der Auszubildende kann die Ausbildung fortsetzen, muss aber bis zu Beginn des nächsten Schuljahres warten.
**5.** Der Auszubildende kann die Ausbildung auch ohne Betrieb fortsetzen und beenden, falls die Zwischenprüfung bereits abgelegt wurde.

**Lösungsvorschlag:**

**2.**

**Übungsaufgabe 4:**

Welche Folgen hat es, wenn ein Auszubildender die erste Abschlussprüfung nicht besteht?

**1.** Die Ausbildung ist gescheitert. Der Auszubildende kann sich einen anderen Job suchen oder eine andere Berufsausbildung beginnen.
**2.** Das Ausbildungsverhältnis mit dem Ausbildungsbetrieb wird sofort beendet.
**3.** Das Ausbildungsverhältnis kann auf Wunsch des Auszubildenden bis zur nächsten Prüfung verlängert werden.
**4.** Der Ausbildungsbetrieb muss den Auszubildenden als Aushilfe weiter beschäftigen.
**5.** Der Ausbildungsbetrieb ist berechtigt, den Auszubildenden fristlos zu kündigen.

**Lösungsvorschlag:**

**3.**

| **Übungsaufgabe 5:** |
|---|
| Was muss zwingend in einem Ausbildungsvertrag aufgeführt sein?<br>**1.** Die Berufsschule, die der Auszubildende besuchen soll.<br>**2.** Dauer der wöchentlichen Unterrichtszeit in der Berufsschule.<br>**3.** Beginn und Ende der täglichen Arbeitszeit.<br>**4.** Bestimmungen über das Angebot eines Arbeitsverhältnisses nach der Ausbildung.<br>**5.** Dauer der Probezeit. |
| **Lösungsvorschlag:**<br>**5.** |

# 2. Jugendarbeitsschutz

Jugendliche werden in Arbeits- und Berufsausbildungsverhältnissen besonders vor geistigen und körperlichen Belastungen geschützt. Damit gelten für Jugendliche teilweise andere Regelungen als für volljährige Arbeitnehmer. Kinder unter 15 Jahren dürfen nur in Ausnahmefällen beschäftigt werden. Die genauen Bestimmungen finden sich im Jugendarbeitsschutzgesetz (JArbSchG).

| **Wesentliche Bestimmungen nach dem Jugendarbeitsschutzgesetz**<br>= gilt hier für die Beschäftigung von Personen, die 15 Jahre aber noch nicht 18 Jahre alt sind. | |
|---|---|
| **Arbeitszeit** | |
| § 8 JArbSchG | • Nicht mehr als **acht Stunden** täglich<br>• Nicht mehr als **40 Stunden** wöchentlich<br>• Verlängerung auf maximal 8,5 Stunden möglich. Mehrarbeit muss ausgeglichen werden. Im Schnitt von fünf Wochen darf die wöchentliche Arbeitszeit maximal 40 Stunden betragen. |
| § 15 JArbSchG | • Beschäftigung an nur **fünf Tagen** möglich |
| **Ruhepausen** | |
| § 11 JArbSchG | Als Ruhepausen gelten Arbeitszeit Unterbrechungen von mindestens 15 Minuten. Die Ruhepausen müssen mindestens<br>• **30 Minuten** bei einer Arbeitszeit von mehr als viereinhalb bis zu sechs Stunden,<br>• **60 Minuten** bei einer Arbeitszeit von mehr als sechs Stunden betragen. |
| **Tägliche Freizeit** | |
| § 13 JArbSchG | Nach der Arbeitszeit ist Jugendlichen eine Freizeit von mindestens **12 Stunden** zu gewähren. In dieser Zeit dürfen Jugendliche nicht beschäftigt werden. |

| Nachtruhe | |
|---|---|
| § 14 JArbSchG | Jugendliche dürfen nur in der Zeit von **06:00 bis 20:00 Uhr** beschäftigt werden. Es gelten Ausnahmen für Tätigkeiten in der Landwirtschaft, in Bäckereien, in Gaststätten usw. |
| **Samstags-, Sonntags- und Feiertagsruhe** | |
| §§ 16 – 18 JArbSchG | Jugendliche sollen grundsätzlich nicht an Samstagen, Sonntagen oder Feiertagen. Auch hier formuliert der Gesetzgeber Ausnahmen wie die Tätigkeit in der Landwirtschaft oder in Altenheimen. |
| **Freistellung für den Berufsschulunterricht** | |
| § 9 JArbSchG | Die Freistellung von Jugendlichen ist für die folgenden Fälle vorgeschrieben:<br>• Freistellung vor dem Unterricht, wenn dieser vor 09:00 Uhr beginnt.<br>• Freistellung einmal in der Woche für den ganzen Berufsschultag, wenn mehr als fünf Unterrichtsstunden von mindestens 45 Minuten stattfinden.<br>• Freistellung für ganze Wochen, wenn Blockunterricht von mindestens 25 Stunden an fünf Tagen stattfindet. |
| **Erholungsurlaub** | |
| § 19 JArbSchG | Der Urlaub beträgt jährlich<br>1) mindestens **30 Werktage**, wenn der Jugendliche zu Beginn des Kalenderjahrs noch nicht **16 Jahre** alt ist,<br>2) mindestens **27 Werktage**, wenn der Jugendliche zu Beginn des Kalenderjahrs noch nicht **17 Jahre** alt ist,<br>3) mindestens **25 Werktage,** wenn der Jugendliche zu Beginn des Kalenderjahrs noch nicht **18 Jahre** alt ist. |

**Übungsaufgabe 1:**

Mara wird am 16.01.2022 17 Jahre alt. Wie viel Tage Erholungsurlaub sollte sie im Jahr 2022 erhalten?

**1.** 30 Tage
**2.** 29 Tage
**3.** 27 Tage
**4.** 25 Tage
**5.** 24 Tage

**Lösungsvorschlag:**

**3.**

**Übungsaufgabe 2:**

In welchem Fall liegt ein Verstoß gegen das Jugendarbeitsschutzgesetz vor?

1. Melanie (17) arbeitet montags bis freitags von 06:00 – 15:00 Uhr. Von 11:00 – 12:00 Uhr macht sie immer 60 Minuten Pause.
2. Julia (16) arbeitet in einer Woche 44 Stunden. Die Mehrarbeit darf sie in der nächsten Woche ausgleichen.
3. Micha (17) hat zurzeit Blockunterricht mit einer Unterrichtszeit von 28 Stunden wöchentlich. Zum Glück muss er in dieser Zeit nicht in den Betrieb kommen.
4. Sina (16) arbeitet an einem Tag bis 20:00 Uhr. Am nächsten Tag beginnt sie wieder um 08:00 Uhr mit der Arbeit.
5. Magdalena (18) arbeitet mit Sina zusammen an einem Tag bis 20:00 Uhr. Am nächsten Tag beginnt sie aber schon um 07:00 Uhr mit der Arbeit.

**Lösungsvorschlag:**

2.

**Übungsaufgabe 3:**

Für wen gilt das Jugendarbeitsschutzgesetz?

1. Für alle Auszubildenden gleichermaßen.
2. Für Auszubildende, die berufsschulpflichtig sind.
3. Für Jugendliche von 14 bis 17 Jahren.
4. Für Personen unter 18 Jahren.
5. Nur für Arbeitnehmer unter 18 Jahren, nicht für Auszubildende.

**Lösungsvorschlag:**

4.

**Übungsaufgabe 4:**

Welche Aussage über die Freistellung von der täglichen Arbeit für die Berufsschule trifft zu?

1. Eine komplette Freistellung muss an allen Berufsschultagen erfolgen, unabhängig von der Dauer des Unterrichts.
2. Eine Freistellung muss bei einer Unterrichtszeit von mindestens fünf Stunden erfolgen.
3. Eine Freistellung muss bei einer Unterrichtszeit von mindestens sechs Stunden erfolgen.
4. Der Ausbilder entscheidet nach der Belastbarkeit des Auszubildenden über die Freistellung von der täglichen Arbeit.
5. Wenn im Ausbildungsbetrieb sehr viel Arbeit anfällt, dann muss der Auszubildende nicht freigestellt werden. Er darf den Berufsschulunterricht dann nicht besuchen.

**Lösungsvorschlag:**

3.

| **Übungsaufgabe 5:** |
|---|
| Wie lang muss die Pause eines Jugendlichen an einem Arbeitstag mit 6,5 Arbeitsstunden mindestens sein?<br>**1.** 60 Minuten<br>**2.** 50 Minuten<br>**3.** 45 Minuten<br>**4.** 40 Minuten<br>**5.** 30 Minuten |
| **Lösungsvorschlag:**<br>**1.** |

# 3. Arbeitsschutzgesetze

Nicht nur Jugendliche werden durch bestimmte Gesetze in ihrer Rolle als Arbeitnehmer geschützt. Alle Arbeitnehmer, unabhängig von ihrem Alter, erhalten durch ganz verschiedene Arbeitsschutzgesetze einen Schutz. Es gibt beispielsweise ein Arbeitszeitgesetz und ein Bundesurlaubsgesetz. In diesem Kapitel werden verschiedene Regelungen aufgeführt, die für alle Arbeitnehmer gelten. Das Mutterschutzgesetz wird dahingegen im nächsten Kapitel erläutert.

| **Arbeitsschutzgesetze** | |
|---|---|
| **Bundesurlaubsgesetz** | |
| Regelungen zum Erholungsurlaub der Arbeitnehmer | • Arbeitnehmer haben Anspruch auf **24 Werktage** bezahlten Urlaub im Jahr.<br>• Die Übertragung des Erholungsurlaubs in das nächste Kalenderjahr ist nur für maximal **drei Monate** möglich. Danach kann der Urlaubsanspruch erlöschen.<br>• Der Urlaub ist grundsätzlich zusammenhängend zu gewähren.<br>**Hinweis**: Werktage sind die Tage von Montag bis Samstag. Demnach kann der Arbeitgeber für eine Woche Urlaub sechs Urlaubstage abziehen. Die 24 Werktage entsprechen dann einem Urlaubsanspruch von 4 Wochen im Jahr. |

| **Arbeitszeitgesetz** | |
|---|---|
| Arbeitszeit | • Die regelmäßige und tägliche Arbeitszeit beträgt **8 Stunden**. Für Arbeitnehmer ist eine Sechs-Tage-Woche denkbar. Somit könnte die wöchentliche Arbeitszeit 48 Stunden betragen.<br>• Die tägliche Arbeitszeit kann auf maximal **10 Stunden** verlängert werden, wobei ein Ausgleich innerhalb von sechs Monaten / 24 Wochen stattfinden soll. In diesem Zeitraum darf ein Arbeitnehmer maximal acht Stunden im Schnitt täglich arbeiten. |
| Ruhepausen | • Bei einer Arbeitszeit von<br>– **6 – 9 Stunden** mindestens **30 Minuten** und<br>– bei mehr als **9 Stunden** mindestens **45 Minuten.** |
| Freizeit/Ruhezeit | • Nach Beendigung der Arbeit muss eine ununterbrochene Ruhezeit von mindestens **11 Stunden** gewährt werden. |
| **Entgeltfortzahlungsgesetz** | |
| Entgeltfortzahlung | Die Entgeltfortzahlung durch den Arbeitgeber findet<br>• an gesetzlichen Feiertagen und<br>• im Krankheitsfall (falls ein 4-wöchiges ununterbrochenes Arbeitsverhältnis vorliegt) für die Dauer von sechs Wochen statt. |
| Regelungen zur Arbeitsunfähigkeit | • Die Arbeitsunfähigkeit muss unverzüglich angezeigt werden.<br>• Falls die Arbeitsunfähigkeit länger als drei Tage andauert, muss eine Arbeitsunfähigkeitsbescheinigung vorgelegt werden. Der Arbeitgeber kann die Arbeitsunfähigkeitsbescheinigung auch schon früher verlangen. |

**Übungsaufgabe 1:**

Wie hoch ist der gesetzliche Anspruch auf Erholungsurlaub?

**1.** 30 Arbeitstage
**2.** 30 Werktage
**3.** 27 Arbeitstage
**4.** 24 Werktage
**5.** 24 Arbeitstage

**Lösungsvorschlag:**

**4.**

**Übungsaufgabe 2:**

Andrea arbeitet montags 5,5 Stunden. Wie viel Minuten muss ihre Pause betragen?

**1.** 0 Minuten
**2.** 15 Minuten
**3.** 30 Minuten
**4.** 45 Minuten
**5.** 60 Minuten

**Lösungsvorschlag:**

1.

**Übungsaufgabe 3:**

Welche Aussage über die Arbeitszeit eines Arbeitnehmers ist falsch?

**1.** Die Ruhezeit beträgt mindestens 11 Stunden.
**2.** Die regelmäßige Arbeitszeit beträgt 8 Stunden.
**3.** Die tägliche Arbeitszeit ist die Zeit von Beginn bis Ende der Arbeit inklusive Pausen.
**4.** Ab einer Arbeitszeit von 6 Stunden muss der Arbeitnehmer eine Ruhepause von 30 Minuten machen.
**5.** Ruhepausen können über den Tag aufgeteilt werden und müssen mindestens 15 Minuten lang sein.

**Lösungsvorschlag:**

3.

**Übungsaufgabe 4:**

Welche Aussage über die Entgeltfortzahlung im Krankenfall ist richtig?

**1.** Eine Entgeltfortzahlung durch den Arbeitgeber wird maximal für vier Wochen gewährleistet.
**2.** Anspruch auf die Entgeltfortzahlung hat nur ein Arbeitnehmer, der sich mindestens in einem 4-wöchigen ununterbrochenen Arbeitsverhältnis befindet.
**3.** Im Krankheitsfall zahlt der Arbeitgeber dem Arbeitnehmer 66 % der Arbeitseinkünfte als Entgeltfortzahlung.
**4.** Die Entgeltfortzahlung gilt nur für Angestellte, nicht für Arbeiter.
**5.** Die Entgeltfortzahlung übernimmt von Anfang an die Krankenkasse.

**Lösungsvorschlag:**

2.

# 4.
# Mutterschutz

Besonders Mütter und werdende Mütter werden in Deutschland bei der Arbeit, in der Ausbildung und im Studium geschützt. Die wesentlichen Regelungen dafür finden sich im Mutterschutzgesetz (MuSchG). Daneben gibt es für Mütter und Väter weitere Leistungen wie die Elternzeit und das Elterngeld.

| **Mutterschutz** | |
|---|---|
| **Arbeits- und Ruhezeiten von Müttern** | |
| § 4 MuSchG | • Werdende oder stillende Mütter dürfen grundsätzlich **keine Mehrarbeit** leisten (**maximal 8,5 Stunden** täglich bei über 18-Jährigen).<br>• Die tägliche Ruhezeit von **11 Stunden** ist einzuhalten. |
| § 5 MuSchG | • Werdende oder stillende Mütter dürfen nicht in Nachtschichten zwischen 20:00 und 6:00 Uhr eingesetzt werden. |
| § 6 MuSchG | • Sonn- und Feiertagsarbeit ist für stillende und werdende Mütter verboten. Ausnahmen von dieser Regelung sind z.B. denkbar, wenn die Mutter sich bereit erklärt an einem Sonntag zu arbeiten. |
| **Verbotene Tätigkeiten** | |
| § 11 MuSchG | Schwangere Frauen dürfen zum Schutz ihrer Gesundheit u.a. den folgenden Tätigkeiten gar nicht mehr nachgehen:<br>• Akkord- und Fließarbeit<br>• Umgang mit verschiedenen Gefahrenstoffen<br>• Keine Tätigkeiten, die die Schwangere physikalischen Einwirkungen wie beispielsweise Erschütterungen, Vibrationen, Lärm, Hitze, Kälte oder Nässe aussetzen<br>• Keine Tätigkeiten, die eine körperliche Belastung darstellen (z.B. Heben von mehr als 5 kg oder ständiges Stehen) |
| **Kündigungsschutz** | |
| § 17 MuSchG | • Während der Schwangerschaft bis vier Monate nach der Entbindung genießen Schwangere besonderen Kündigungsschutz.<br>• Auch während der Elternzeit kann ein Arbeitnehmer nicht gekündigt werden.<br>• Falls die Schwangerschaft dem Arbeitgeber noch nicht angezeigt und eine Kündigung ausgesprochen wurde, ist die Kündigung unwirksam, wenn die Schwangerschaft innerhalb von zwei Wochen mitgeteilt wird. |

| Mutterschutzfrist | |
|---|---|
| § 3 MuSchG | • In der Mutterschutzfrist ist die Mutter von ihrer Tätigkeit freizustellen. Sie kann auf eigenen Wunsch bis zur Entbindung weiterarbeiten. Nach der Entbindung gilt allerdings ein absolutes Beschäftigungsverbot.<br>• Die Mutterschutzfrist beginnt in der Regel **sechs Wochen** vor der Entbindung und endet **acht Wochen** nach der Entbindung.<br>• Bei Früh- und Mehrlingsgeburten ist die Mutterschutzfrist mit zwölf Wochen nach der Entbindung anzusetzen. |
| **Finanzielle Leistungen nach MuSchG** | |
| §§ 18 ff. MuSchG | • **Mutterschutzlohn**: erhält die werdende Mutter durch den Arbeitgeber bei einem Beschäftigungsverbot außerhalb der Mutterschutzfrist.<br>• Während der Mutterschutzfrist erhalten Mütter **Mutterschaftsgeld**. Die Krankenkasse zahlt bis zu 13,00 € am Tag. Der Arbeitgeber stockt das Mutterschaftsgeld auf das bisherige Nettogehalt auf. |

| **Leistungen für beide Elternteile**<br>nach dem Bundeselterngeld und Elternzeitgesetz (BEEG) geregelt |
|---|
| **Elternzeit** |
| • Unbezahlte Freistellung für die Erziehung des Kindes in einem Zeitraum bis zum 3. Geburtstag des Kindes.<br>• Die Elternzeit kann unter den Eltern aufgeteilt werden. |
| **Elterngeld** |
| • Während der Elternzeit kann Elterngeld durch den Staat bezogen werden. Hierfür sind verschiedene Modelle denkbar.<br>• Das Elterngeld berechnet sich nach dem vorher erhaltenen Entgelt sowie dem Auszahlungszeitraum. Das Elterngeld kann maximal 1.800,00 € betragen. |

**Übungsaufgabe 1:**

Marina ist im 5. Monat schwanger. Sie arbeitet an einem Tag bis 19:00 Uhr. Um wie viel Uhr darf sie frühestens am nächsten Tag wieder anfangen?

**1.** 05:00 Uhr
**2.** 06:00 Uhr
**3.** 07:00 Uhr
**4.** 08:00 Uhr
**5.** 09:00 Uhr

**Lösungsvorschlag:**

**3.**

**Übungsaufgabe 2:**

Milena ist im 6. Monat schwanger. Welche wöchentliche Arbeitszeit ist über mehrere Monate maximal denkbar?

**1.** 60 Stunden
**2.** 55 Stunden
**3.** 48 Stunden
**4.** 45 Stunden
**5.** 42,5 Stunden

**Lösungsvorschlag:**

5.

**Übungsaufgabe 3:**

Welche Aussage über den Mutterschutz trifft zu?

**1.** In den sechs Wochen vor der Entbindung darf eine schwangere Frau auf gar keinen Fall beschäftigt werden.
**2.** Während des Mutterschutzes erhält die Mutter Mutterschutzlohn durch den Arbeitgeber.
**3.** Der Mutterschutz beträgt bei Mehrlingsgeburten 14 Wochen nach der Entbindung.
**4.** Für die Zeit nach der Entbindung gilt ein absolutes Beschäftigungsverbot.
**5.** Eine Mutter kann vier Wochen nach der Entbindung ihre Tätigkeit freiwillig wieder aufnehmen.

**Lösungsvorschlag:**

4.

**Übungsaufgabe 4:**

Welche Aussage über den Kündigungsschutz von Schwangeren ist richtig?

**1.** Der Kündigungsschutz gilt während der Schwangerschaft bis zum Tag der Entbindung.
**2.** Der Kündigungsschutz gilt während der Schwangerschaft und bis zum Ende des Mutterschutzes, mindestens jedoch bis vier Monate nach der Entbindung.
**3.** Falls die Schwangerschaft dem Arbeitgeber nicht im Voraus bekanntgegeben wird, ist eine ausgesprochene Kündigung wirksam.
**4.** Eine Schwangere kann auf keinen Fall, auch nicht bei grobem Fehlverhalten, gekündigt werden.
**5.** Der Kündigungsschutz während einer Schwangerschaft erstreckt sich auch auf den Ehegatten der Schwangeren.

**Lösungsvorschlag:**

2.

| **Übungsaufgabe 5:** |
|---|
| Welche Aussage über die Beschäftigung von Schwangeren ist falsch?<br>**1.** Schwangeren ist die Arbeit an Samstagen verboten.<br>**2.** Schwangeren ist die Arbeit an Sonn- und Feiertagen verboten.<br>**3.** Schwangere dürfen nicht in Nachtschichten eingesetzt werden.<br>**4.** Schwangere dürfen nicht erhöhten körperlichen Belastungen ausgesetzt werden.<br>**5.** Schwangere dürfen nicht am Fließband eingesetzt werden oder Akkordarbeit leisten. |
| **Lösungsvorschlag:**<br>**1.** |

# 5. Allgemeines Gleichbehandlungsgesetz

Das Allgemeine Gleichbehandlungsgesetz (AGG) wird auch als Antidiskriminierungsgesetz bezeichnet. Es wurde 2006 erlassen und soll Benachteiligungen aus verschiedenen Gründen verhindern oder beseitigen (§ 1 AGG). Bei Diskriminierung von Arbeitnehmern können Arbeitgeber rechtlich belangt werden.

| **Allgemeines Gleichbehandlungsgesetz** | |
|---|---|
| **Ziel** | |
| § 1 AGG | Ziel des Gesetzes ist, Benachteiligungen aus Gründen der<br>• Rasse oder wegen der ethnischen Herkunft (Hautfarbe, Nationalität etc.),<br>• des Geschlechts,<br>• der Religion<br>• oder Weltanschauung,<br>• einer Behinderung,<br>• des Alters oder<br>• der sexuellen Identität zu verhindern oder zu beseitigen. |
| **Was ist eine Benachteiligung?** | |
| § 3 AGG | Eine Benachteiligung liegt vor, wenn eine Person aufgrund der oben genannten Punkte schlechter behandelt wird, als eine andere Person in einer vergleichbaren Situation. |

| Wo muss ein Arbeitgeber besonders aufpassen? | |
|---|---|
| §2 AGG | Der Arbeitgeber darf niemanden schlechter stellen<br>• beim Zugang zu einer Erwerbstätigkeit (Bewerbungsverfahren),<br>• beim beruflichen Aufstieg,<br>• bei Beschäftigungs- und Arbeitsbedingungen (insbesondere bei der Vergütung),<br>• bei vertraglichen Regelungen sowie<br>• bei Fragen der Fort- und Weiterbildung. |
| §12 AGG | Der Arbeitgeber ist zudem verpflichtet einer Ungleichbehandlung proaktiv entgegenzuwirken und geeignete Maßnahmen zu ergreifen. |

**Hinweis:** Nicht jede Ungleichbehandlung ist eine Diskriminierung nach dem AGG. Es gibt Situationen, in denen eine Ungleichbehandlung gerechtfertigt werden kann (z.B. bei der Zahlung von Boni nach Arbeitsleistung).

**Übungsaufgabe 1:**

Welcher Satz in einer Stellenausschreibung verstößt gegen das AGG?

**1.** Wir such nach einer Rechtsanwaltsfachangestellten.
**2.** Sie passen zu uns, wenn Sie verantwortungsbewusst und gewissenhaft sind.
**3.** Sie sollten die Berufsausbildung erfolgreich abgeschlossen haben.
**4.** Sie verfügen bereits über Berufserfahrung in einer Verkehrsrechtkanzlei.
**5.** Wir freuen uns auf Ihre Bewerbung.

**Lösungsvorschlag:**

**1.**

**Übungsaufgabe 2:**

In welchem Fall liegt keine Ungleichbehandlung vor?

**1.** Brenda verdient als Frau weniger als ihre männlichen Kollegen in der gleichen Position.
**2.** Carlo wird nicht befördert, da er homosexuell ist.
**3.** Stina wird nicht eingestellt, da sie sehr schlechte Noten in der Abschlussprüfung hat.
**4.** Marius wird nicht eingestellt, da er schon 59 Jahre alt ist.
**5.** Fatima darf aufgrund ihrer Religion keine Weiterbildung besuchen.

**Lösungsvorschlag:**

**3.**

**Übungsaufgabe 3:**

Welcher dieser Punkte fällt nicht unter einen Benachteiligungsgrund nach dem AGG?

**1.** Religion
**2.** Weltanschauung
**3.** Behinderung
**4.** Geschlecht
**5.** Bildung

**Lösungsvorschlag:**

**5.**

**Übungsaufgabe 4:**

Welche Gefahr birgt eine Stellenausschreibung, die den Grundsätzen des AGG nicht entspricht?

**1.** Der Arbeitgeber muss alle Bewerber, die einen Grund haben sich diskriminiert zu fühlen, einstellen.
**2.** Bewerber können klagen und mehrere Monatsgehälter als Schadensersatz erhalten.
**3.** Der Arbeitgeber muss jedem Bewerber einen Schadensersatz von 150,00 € zahlen.
**4.** Der Bewerbungsprozess muss von Neuem beginnen.
**5.** Eine solche Stellenausschreibung birgt keine Gefahren.

**Lösungsvorschlag:**

**2.**

# 6. Kündigungen

## 6.1 Wege, ein Arbeitsverhältnis zu beenden

Ein Arbeitsverhältnis kann auf ganz verschiedenen Wegen beendet werden. Neben der Kündigung durch Arbeitnehmer oder Arbeitgeber ist z.B. auch die Schließung eines Aufhebungsvertrages denkbar. Daneben kann ein Arbeitsverhältnis auch enden, wenn ein befristeter Arbeitsvertrag abläuft oder der Arbeitnehmer in den Ruhestand eintritt. Auch durch den Tod des Arbeitnehmers endet ein Arbeitsverhältnis.

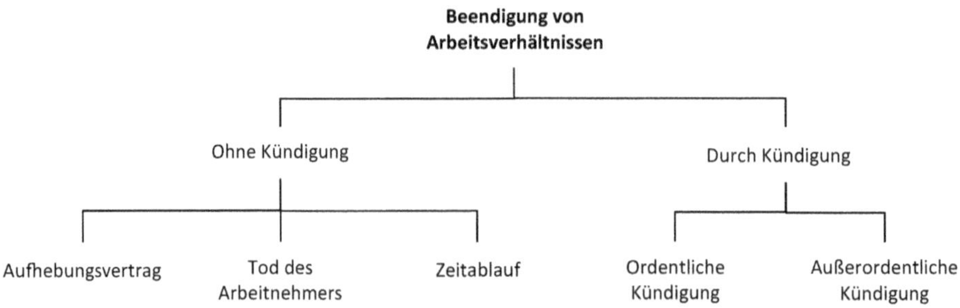


Eine Kündigung muss in **Schriftform** erfolgen und wird in die ordentliche (fristgerechte) und die außerordentliche (fristlose) Kündigung unterteilt. Beide Kündigungen können sowohl von dem Arbeitgeber als auch dem Arbeitnehmer ausgesprochen werden. Hier wird das Hauptaugenmerk auf die Kündigung durch den Arbeitgeber gelegt.

## 6.2 Die außerordentliche Kündigung

| Die außerordentliche Kündigung, § 626 BGB |
|---|
| • erfolgt fristlos<br>• Ein wichtiger Grund muss vorliegen, der die Weiterführung des Arbeitsverhältnisses unzumutbar macht.<br>• Beispiele für wichtige Gründe sind Diebstahl, Erpressung, Körperverletzung etc.<br>• Die außerordentliche Kündigung muss innerhalb von zwei Wochen ausgesprochen werden, nachdem der Grund für die Kündigung bekannt geworden ist. |

**Hinweis:** Die außerordentliche Kündigung beendet das Arbeitsverhältnis sofort mit Zugang der Kündigung. Dabei ist besonders wichtig, ob der angegebene Grund wirklich eine außerordentliche Kündigung rechtfertigt. Leichtes Fehlverhalten des Arbeitnehmers ist kein wichtiger Grund. Der wichtige Grund muss so schwerwiegend sein, dass die Fortsetzung des Arbeitsverhältnisses dem anderen Vertragspartner nicht zugemutet werden kann.

## 6.3 Die ordentliche Kündigung

Die ordentliche Kündigung erfolgt nach der gesetzlichen oder der vertraglichen Kündigungsfrist. Falls in einem Unternehmen das Kündigungsschutzgesetz gilt, müssen weitere Regelungen beachtet werden.

Das Kündigungsschutzgesetz gilt für Unternehmen mit mehr als **zehn Beschäftigten** (ohne Auszubildende) und für deren Beschäftigte, wenn das **Arbeitsverhältnis** länger als **sechs Monate** besteht.

| Ordentliche Kündigung nach dem Kündigungsschutzgesetz | | |
|---|---|---|
| **Voraussetzung für die Anwendung des Kündigungsschutzgesetz** | | |
| • Mehr als **zehn Beschäftigte** im Unternehmen (ohne Auszubildende)<br>• Das Arbeitsverhältnis des zu kündigen Arbeitnehmers muss seit mindestens **sechs Monaten** bestehen.<br>Eine ordentliche Kündigung nach dem Kündigungsschutzgesetz muss **sozial gerechtfertigt** sein. Dafür muss einer der folgenden Gründe vorliegen! | | |
| **Personenbedingte Kündigung** | **Verhaltensbedingte Kündigung** | **Betriebsbedingte Kündigung** |
| Der Kündigungsgrund liegt in der Person des Arbeitnehmers. | Der Kündigungsgrund wird durch das Verhalten des Arbeitnehmers gerechtfertigt. | Der Grund liegt nicht beim Arbeitnehmer, sondern beim Arbeitgeber/Betrieb. |
| Der Mitarbeiter kann seine arbeitsvertraglichen Pflichten dauerhaft nicht erfüllen. | Der Arbeitnehmer hat wiederholt ein inakzeptables Verhalten gezeigt. | Betriebliche Erfordernisse sprechen gegen die Weiterbeschäftigung des Arbeitnehmers. |

| Beispiele: | Beispiele: | Beispiele: |
|---|---|---|
| • Fehlende Eignung<br>• Erkrankungen, die die ordnungsgemäße Arbeit verhindern<br>• Alkoholabhängigkeit<br>• Verlust des Führerscheins (nur wenn der Führerschein für die Arbeit relevant ist)<br>• Ablauf Arbeits- oder Aufenthaltserlaubnis | • Beleidigung von Kollegen und Mandanten<br>• Häufige Verspätungen<br>• Unentschuldigtes Fehlen<br>• Verstoß gegen betriebsinterne Regeln<br>• Störung des Betriebsfriedens | • Auftragsrückgang<br>• Umsatzrückgang<br>• Umstrukturierung des Betriebs<br>• Stilllegung der Abteilung<br>• Rationalisierungsmaßnahmen |
| **Voraussetzung:**<br>Nachweis, z.B. negative Prognose vom Arzt. | **Voraussetzung:**<br>Der Mitarbeiter wurde wegen des Vergehens bereits abgemahnt. | **Voraussetzung:**<br>Durchführung einer **Sozialauswahl.** Die zu kündigenden Arbeitnehmer müssen nach sozialen Kriterien (Dauer der Betriebszugehörigkeit, Lebensalter, Unterhaltspflichten, Schwerbehinderung) ausgewählt werden.[4] |

| **Gesetzliche Kündigungsfristen** |
|---|
| ***„§ 622 BGB – Kündigungsfristen bei Arbeitsverhältnissen***<br>*(1) Das Arbeitsverhältnis eines Arbeiters oder eines Angestellten (Arbeitnehmers) kann mit einer Frist von vier Wochen zum Fünfzehnten oder zum Ende eines Kalendermonats gekündigt werden.*<br>*(2) Für eine Kündigung durch den Arbeitgeber beträgt die Kündigungsfrist, wenn das Arbeitsverhältnis in dem Betrieb oder Unternehmen*<br>*1. zwei Jahre bestanden hat, einen Monat zum Ende eines Kalendermonats,*<br>*2. fünf Jahre bestanden hat, zwei Monate zum Ende eines Kalendermonats,*<br>*3. acht Jahre bestanden hat, drei Monate zum Ende eines Kalendermonats,*<br>*4. zehn Jahre bestanden hat, vier Monate zum Ende eines Kalendermonats,*<br>*5. zwölf Jahre bestanden hat, fünf Monate zum Ende eines Kalendermonats,*<br>*6. 15 Jahre bestanden hat, sechs Monate zum Ende eines Kalendermonats,*<br>*7. 20 Jahre bestanden hat, sieben Monate zum Ende eines Kalendermonats …“* |

## 6.4 Personengruppen mit besonderem Kündigungsschutz

Verschiedene Personengruppen genießen einen besonderen Kündigungsschutz. Diese gelten als praktisch unkündbar und können in der Regel nur schwer oder gar nicht ordentlich gekündigt werden. Das bedeutet natürlich nicht, dass man auf gar keinen Fall gekündigt werden kann. Wenn der Arbeitnehmer ein grobes Fehlverhalten an den

4 Die Sozialauswahl darf nur anhand sozialer Kriterien stattfinden. Die Mitarbeiter dürfen z.B. nicht anhand ihrer Arbeitsleistung ausgewählt werden. Allerdings ist es möglich, Arbeitnehmer von der Sozialauswahl auszunehmen, wenn ihre Weiterbeschäftigung im betrieblichen Interesse liegt. Dies ist zum Beispiel bei Vorgesetzten oder Personen mit besonderen Funktionen der Fall.

Tag legt und z.B. regelmäßig in die Kasse greift, kann er trotz des besonderen Kündigungsschutzes gekündigt werden.

Personen, welche einen besonderen Kündigungsschutz genießen sind

- werdende Mütter bis vier Monate nach der Geburt,
- Arbeitnehmer in Elternzeit,
- Auszubildende,
- Schwerbehinderte,
- Betriebsratsmitglieder sowie Jugend- und Auszubildendenvertreter.

**Übungsaufgabe 1:**

Bernhard ist seit sechs Jahren in einer Kanzlei angestellt. Er soll zum 31.08.2021 ordentlich gekündigt werden. Wann ist die Kündigung nach der gesetzlichen Kündigung spätestens auszusprechen?

**1.** 01.08.2021
**2.** 31.07.2021
**3.** 30.06.2021
**4.** 31.05.2021
**5.** 30.04.2021

**Lösungsvorschlag:**

**3.**

**Übungsaufgabe 2:**

Welche dieser Personen genießt aktuell keinen besonderen Kündigungsschutz?

**1.** Anna ist 25 Jahre alt und alleinerziehend einer sechsjährigen Tochter.
**2.** Mark befindet sich aktuell in Elternzeit.
**3.** Sarah ist im 4. Monat schwanger.
**4.** Valentina befindet sich im dritten Ausbildungsjahr.
**5.** Adrian ist Mitglied in der Jugend- und Auszubildendenvertretung

**Lösungsvorschlag:**

**1.**

**Übungsaufgabe 3:**

Welcher dieser Gründe würde eine fristlose Kündigung ermöglichen?

**1.** Verspätung des Arbeitnehmers
**2.** Lange und entschuldigte Krankheit des Arbeitnehmers
**3.** Verrat von Betriebsgeheimnissen durch den Arbeitnehmer
**4.** Faulheit und mangelndes Engagement des Arbeitnehmers
**5.** Unpassender Kleidungsstil des Arbeitnehmers

**Lösungsvorschlag:**

**3.**

**Übungsaufgabe 4:**

Welcher Grund spricht nicht für eine verhaltensbedingte Kündigung?

1. Störung des Betriebsfriedens
2. Häufige Unpünktlichkeit
3. Verspätete Krankmeldungen
4. Langanhaltende und schwerwiegende Erkrankung
5. Beleidigung von Kollegen

**Lösungsvorschlag:**

**4.**

**Übungsaufgabe 5:**

Welche dieser Kündigungen ist unwirksam?

1. Während der Probezeit wird dem Auszubildenden ohne Angabe von Gründen gekündigt.
2. Rudi wird nach drei Abmahnungen wegen häufiger Verspätungen ordentlich gekündigt.
3. Dem LKW-Fahrer Dieter wird nach dem Führerscheinverlust ordentlich gekündigt.
4. Matthias erhält aufgrund eines schwerwiegenden Umsatzeinbruchs eine betriebsbedingte Kündigung.
5. Wegen der leichten Beleidigung eines Kollegen erhält Patrick die fristlose Kündigung.

**Lösungsvorschlag:**

**5.**

**Übungsaufgabe 6:**

Aufgrund einer Betriebsumstrukturierung muss zwei Arbeitnehmern der Abteilung gekündigt werden. Wer ist nicht mit in die Sozialauswahl einzubeziehen?

1. Karim (40), verheiratet, 2 Kinder, 10 Jahre im Betrieb, Vorgesetzter der Abteilung
2. Tanja (39), alleinerziehend, 2 Kinder, 5 Jahre im Betrieb
3. Luidmila (26), ledig, keine Kinder, 6 Jahre im Betrieb
4. Markus (45), verheiratet, ein Kind, 15 Jahre im Betrieb, vor neun Monaten aus dem Betriebsrat ausgeschieden
5. Heidi (63), verheiratet, keine Kinder, 30 Jahre im Betrieb

**Lösungsvorschlag:**

**1.** (Aufgrund der Position als Vorgesetzter)

| **Übungsaufgabe 7:** |
|---|
| Martin Schubert erhält nach 20-jähriger Betriebszugehörigkeit eine betriebsbedingte Kündigung. Er ist der Meinung, dass seine Kündigung gegen das Kündigungsschutzgesetz verstößt.<br>Wo kann er Klage einreichen?<br>**1.** Betriebsrat<br>**2.** Amtsgericht<br>**3.** Arbeitsgericht<br>**4.** Zuständige Kammer (Rechtsanwaltskammer)<br>**5.** Landesgericht<br>Welche Frist zur Klageeinreichung muss er beachten? |
| **Lösungsvorschlag:** |
| **3.** Drei Wochen ab Zugang der Kündigung |

# 7. Betriebsrat sowie Jugend- und Auszubildendenvertretung

Der Betriebsrat (BR) ist eine in vielen Unternehmen vorhandene Arbeitnehmervertretung. Er vertritt die Interessen der Mitarbeiter und genießt bei vielen Entscheidungen ein Mitspracherecht. Daneben gibt es auch das Organ der Jugend- und Auszubildendenvertretung, welches die Interessen der jugendlichen Arbeitnehmer und Auszubildenden vertritt. Die rechtliche Grundlage für den Betriebsrat und die Jugend- und Auszubildendenvertretung bildet das Betriebsverfassungsgesetz (BetrVG).

| **Der Betriebsrat (BR)** | |
|---|---|
| **Gründungsvoraussetzungen** | |
| aktives Wahlrecht | Alle Arbeitnehmer, die das 18. Lebensjahr vollendet haben, dürfen die Mitglieder des Betriebsrates wählen. |
| passives Wahlrecht | Wählbar sind alle wahlberechtigten Arbeitnehmer, welche seit mindestens sechs Monaten dem Betrieb angehören. |
| Gründung | Es müssen fünf Wahlberechtigte vorhanden sein, damit ein Betriebsrat gegründet werden kann. Drei der Wahlberechtigten müssen das passive Wahlrecht besitzen.<br>Der Betriebsrat wird für vier Jahre gewählt. |

| **Zusammensetzung** | | |
|---|---|---|
| § 9 BetrVG | Anzahl Wahlberechtigte | Anzahl der Betriebsratsmitglieder |
| | 5-20 Wahlberechtigte | 1 Mitglied |
| | 21-50 Wahlberechtigte | 3 Mitglieder |
| | 51 Wahlberechtigte bis 100 Arbeitnehmer | 5 Mitglieder |
| | 101-200 Arbeitnehmer | 7 Mitglieder |
| | 201-400 Arbeitnehmer | 9 Mitglieder |
| | ... | ... |
| **Aufgaben und Rechte des Betriebsrates** | | |
| | • Der Arbeitgeber muss den Betriebsrat umfassend **informieren**<br>• **Mitbestimmung** z.B. bei Arbeitszeit- und Urlaubsregelungen, bei Einstellungen, Versetzungen usw.<br>• **Anhörungs- und Widerspruchsrecht** bei (ordentlichen) Kündigungen | |
| **Betriebsratsmitglieder** | | |
| | • Gewählte Betriebsratsmitglieder genießen während ihrer Amtszeit bis ein Jahr nach Ende der Mitgliedschaft einen besonderen **Kündigungsschutz.**<br>• Betriebsratsmitglieder sind für ihre Tätigkeiten im Betriebsrat von der Arbeit **freizustellen.**<br>• Die Betriebsratsmitglieder dürfen wegen ihrer Mitgliedschaft **weder benachteiligt noch bevorzugt** werden. | |

| **Die Jugend- und Auszubildendenvertretung (JAV)** | | |
|---|---|---|
| **Gründungsvoraussetzungen** | | |
| aktives Wahlrecht | • Jugendliche Arbeitnehmer unter 18 Jahren<br>• Auszubildende unter 25 Jahren | |
| passives Wahlrecht | • Jeder Arbeitnehmer unter 25 Jahren<br>• Alle Auszubildenden unabhängig vom Alter<br>• Man darf nicht gleichzeitig Mitglied des BR sein | |
| Gründung | • BR muss im Unternehmen vorhanden sein<br>• Mindestens fünf Wahlberechtigte im Unternehmen<br>• Wahl auf zwei Jahre | |
| **Zusammensetzung** | | |
| § 62 BetrVG | Anzahl Wahlberechtigten | Anzahl der JAV-Mitglieder |
| | 5-20 Wahlberechtigte | 1 Mitglied |
| | 21-50 Wahlberechtigte | 3 Mitglieder |
| | 51-150 Wahlberechtigte | 5 Mitglieder |
| | 151-300 Wahlberechtigte | 7 Mitglieder |
| | 301-500 Wahlberechtigte | 9 Mitglieder |
| | ... | ... |

| **Aufgaben und Rechte der JAV** | |
|---|---|
| | Die JAV ist dem BR untergeordnet und wirkt nicht direkt auf den Arbeitgeber ein. Sie stellt Anträge beim BR, welcher die Anträge ggf. aufnimmt und an den Arbeitgeber weiterleitet. Der Betriebsrat informiert die JAV wiederum über das Betriebsgeschehen.<br>Das Hauptaugenmerk der JAV liegt auf der Vertretung der Interessen aller jugendlichen Arbeitnehmer sowie Auszubildenden. |

**Übungsaufgabe 1:**

Was bedeutet die Abkürzung JAV?

**1.** Justizvollzugsanstalt
**2.** Jugend- und Arbeitnehmervertretung
**3.** Jugendvertretung
**4.** Jugend- und Auszubildendenvertretung
**5.** Jugend- und Ausbildervertretung

**Lösungsvorschlag:**

**4.**

**Übungsaufgabe 2:**

Bei welchem der folgenden Vorgänge hat der Betriebsrat generell ein Widerspruchsrecht?

**1.** Einstellung von Angestellten
**2.** Bestellung von neuen Büromöbeln
**3.** Durchführung einer betriebsinternen Fortbildung
**4.** Ordentliche Kündigung
**5.** Außerordentliche Kündigung

**Lösungsvorschlag:**

**4.**

**Übungsaufgabe 3:**

Welche Aussage zur JAV stimmt?

**1.** Nur Auszubildende können gewählt werden.
**2.** Die JAV wird alle zwei Jahre gewählt.
**3.** Die JAV hat ein Mitspracherecht bei der Einstellung von Auszubildenden.
**4.** Jugendliche bis 25 Jahre können sich für die Wahl zur JAV aufstellen lassen.
**5.** Man kann gleichzeitig Mitglied der JAV und des Betriebsrats sein.

**Lösungsvorschlag:**

**2.**

| **Übungsaufgabe 4:**<br>Welche Aussage zum Betriebsrat stimmt?<br>**1.** Befristet Beschäftigte dürfen nicht für den Betriebsrat kandidieren.<br>**2.** Der Betriebsrat wird für 2 Jahre gewählt.<br>**3.** Alle Arbeitnehmer haben ein aktives Wahlrecht.<br>**4.** Der Betriebsrat sucht bei einer betriebsbedingten Kündigung die zu kündigende Mitarbeiter aus.<br>**5.** Betriebsratsmitglieder genießen einen besonderen Kündigungsschutz. |
|---|
| **Lösungsvorschlag:**<br>**5.** |

| **Übungsaufgabe 5:**<br>Wie viele wahlberechtigte Arbeitnehmer müssen dem Betrieb mindestens angehören, damit ein Betriebsrat gegründet werden kann?<br>**1.** 2 Wahlberechtigte<br>**2.** 5 Wahlberechtigte<br>**3.** 10 Wahlberechtigte<br>**4.** 20 Wahlberechtigte<br>**5.** 50 Wahlberechtigte |
|---|
| **Lösungsvorschlag:**<br>**2.** |

# 8.
# Tarifverträge

Arbeitsbedingungen können in Deutschland in eigener Verantwortung ausgehandelt werden, ohne, dass sich der Staat einmischt. Diesen Grundsatz nennt man auch **Tarifautonomie.** Die Arbeitsbedingungen können z.B. durch die einzelnen Beteiligten (Arbeitgeber & Arbeitnehmer) in einem Arbeitsvertrag oder durch Interessenverbände (Arbeitgeberverbände & Gewerkschaften) in einem Tarifvertrag ausgehandelt werden.

| **Tarifverträge (TV)** | |
|---|---|
| **Grundsätzliches** | |
| Inhalt | In Tarifverträgen finden sich Vereinbarungen über Rechte und Pflichten von Arbeitnehmern und Arbeitgebern, Bestimmungen über die Art der Tätigkeiten, Arbeitsbedingungen, die Höhe des Entgelts, die Arbeits- und Ruhezeiten, Kündigungsfristen oder die Dauer des Erholungsurlaubs. |

| | |
|---|---|
| Verbindlichkeit | Tarifverträge sind für alle Vertragsparteien und deren Mitglieder bindend (Mitglieder der Gewerkschaften sowie Mitglieder der Arbeitgeberverbände). Eine Ausnahme bilden **allgemeinverbindliche Tarifverträge**, die auch für Arbeitnehmer und Arbeitgeber gelten, ohne dass diese Tarifvertragspartner sind. |
| Günstigkeitsprinzip | Alle Abmachungen, die getroffen werden, müssen für den **Arbeitnehmer günstiger** sein. **Beispiel:** Eine Abmachung über 20 Werktage Urlaub im Jahr wäre schlechter als die geltende gesetzliche Bestimmung über 24 Werktage und somit ungültig. |
| **Funktionen** | |
| Ordnungsfunktion | Ein Tarifvertrag schafft klare Strukturen und liefert eine Übersicht über alle geltenden Regelungen. |
| Schutzfunktion | Der Tarifvertrag schützt die Mitarbeiter vor einer Schlechterstellung. Alle Regelungen des Tarifvertrages gelten auch als Mindestregelungen für geschlossene Arbeitsverträge. |
| Friedensfunktion | Solange ein Tarifvertrag gilt, herrscht „Frieden" und die Arbeitnehmer dürfen nicht streiken. |
| **Arten von Tarifverträgen** | |
| | Tarifverträge können für nur einzelne Unternehmen (Haustarifvertrag) oder ganze Wirtschaftszweige geschlossen werden (Branchentarifvertrag).<br>Üblicherweise werden dann „zwei" Tarifverträge geschlossen: |
| Mantel- oder Rahmentarifvertrag | • langfristig gültig<br>• enthält Regelungen zu allgemeinen Arbeitsbedingungen (Arbeitszeiten, Dauer des Urlaubs etc.) |
| Lohn- und Gehaltstarifvertrag | • kurzfristig über vereinbarte Laufzeit gültig (z.B. zwei Jahre)<br>• enthält Regelungen zur Entlohnung der Mitarbeiter |
| **Aushandlung eines neuen Tarifvertrages** | |
| Nach Ablauf der Laufzeit des Tarifvertrages wird dieser meistens durch die Gewerkschaft gekündigt. Es beginnen Verhandlungen und auch ein Streik kann die Folge sein. Sind sich die Tarifparteien einig, kann auch direkt ein neuer Tarifvertrag verabschiedet werden. Damit ein **Streik** durch die Arbeitnehmer stattfinden kann, müssen die Tarifverhandlungen scheitern und mindestens 75 % der Gewerkschaftsmitglieder für einen Streik stimmen. Während oder nach dem Streik kann es zu weiteren Verhandlungen und einem Schlichtungsverfahren kommen, wodurch ein neuer Tarifvertrag verabschiedet werden kann. Scheitern die Verhandlungen erneut, können sich verschiedene Maßnahmen wiederholen, bis ein neuer Tarifvertrag abgeschlossen wird. | |

**Übungsaufgabe 1:**

Was bedeutet der Begriff Tarifautonomie?

1. Tarifverträge können frei von gesetzlichen Regelungen ausgehandelt werden.
2. Tarifverträge sollen ohne das Eingreifen des Staates verabschiedet werden.
3. Es steht den Arbeitgebern frei sich nach den Regelungen eines geschlossenen Tarifvertrages zu richten.
4. Tarifverträge dürfen Arbeitnehmer gegenüber der gesetzlichen Regelung nur besserstellen.
5. Jeder kann selbst bestimmen, ob er sich dem Tarifvertrag unterwerfen will oder nicht.

**Lösungsvorschlag:**

**2.**

**Übungsaufgabe 2:**

Wo wird das Günstigkeitsprinzip erfüllt?

1. Helga erhält im Krankenfall eine Entgeltfortzahlung von vier Wochen.
2. Erkan darf bei einem Schichtdienst von acht Stunden 20 Minuten Pause machen.
3. Tina erhält 23 Werktage Erholungsurlaub im Jahr.
4. Pria vereinbart eine vertragliche Kündigungsfrist von fünf Tagen durch den Arbeitgeber.
5. Sebastian vereinbart mit seinem Arbeitgeber eine Ruhezeit von zwölf Stunden zwischen den Schichten.

**Lösungsvorschlag:**

**5.**

**Übungsaufgabe 3:**

Welcher der folgenden Punkte ist üblicherweise nicht Gegenstand eines Manteltarifvertrages?

1. Dauer des Erholungsurlaubs
2. Dauer der täglichen Arbeitszeit
3. Bestimmungen über Pausen und Ruhzeiten
4. Höhe des Entgelts
5. Kündigungsfristen

**Lösungsvorschlag:**

**4.**

**Übungsaufgabe 4:**

Wie viel Prozent der Gewerkschaftsmitglieder müssen bei der Urabstimmung für einen Streik stimmen, damit dieser durchgeführt wird?

1. 25%
2. 50%
3. 51%
4. 75%
5. Die Gewerkschaftsmitglieder haben keinen Einfluss auf die Durchführung des Streiks.

**Lösungsvorschlag:**

**4.**

| **Übungsaufgabe 5:** |
|---|
| Welche Aussage über den Streik stimmt?<br>**1.** Der Arbeitgeber kann streikenden Arbeitnehmern bei einem Streik fristlos kündigen.<br>**2.** Die streikenden Arbeitnehmer erhalten während des Streiks weiterhin ihr volles Gehalt durch den Arbeitgeber.<br>**3.** Gewerkschaftsmitglieder haben ein Anrecht auf Streikgeld durch die Gewerkschaft während des Streiks.<br>**4.** Alle Arbeitnehmer sind zum Streik verpflichtet.<br>**5.** Der Arbeitgeber kann bei finanziellen Einbußen durch den Streik von der Gewerkschaft einen Ausgleich verlangen. |
| **Lösungsvorschlag:** |
| **3.** |

# 9. Sozialversicherungen

Arbeitnehmer in Deutschland sind in verschiedenen Sozialversicherungen pflichtversichert. Dadurch sind sie finanziell vor verschiedenen Risiken wie Arbeitslosigkeit oder Krankheit abgesichert. Die Beiträge teilen sich Arbeitnehmer in der Regel mit ihren Arbeitgebern.

| **Sozialversicherungen** |
|---|
| **Welche Sozialversicherungen gibt es?** |
| Die folgenden Versicherungen gehören zu den gesetzlichen Sozialversicherungen. Die Beiträge berechnen sich nach dem sozialversicherungspflichtigen Bruttoentgelt:<br>• Rentenversicherung – 18,6 %<br>• Pflegeversicherung – 3,05 %<br>• Krankenversicherung – 14,6 %<br>• Arbeitslosenversicherung – 2,4 %<br>• Unfallversicherung – Höhe richtet sich nach den individuellen Gefahren im Betrieb |
| **Besonderheiten** |
| • Viele Krankenkassen erheben einen **Zusatzbeitrag** von circa einem Prozent. Den Zusatzbeitrag teilen sich Arbeitnehmer und Arbeitgeber gleichmäßig.<br>• Die **Unfallversicherung** ist die einzige Versicherung, welche der Arbeitgeber alleine trägt. Sie richtet sich nicht nach dem sozialversicherungspflichtigen Bruttoentgelt, sondern nach einer individuellen Risikobewertung des Arbeitsplatzes.<br>• Kinderlose Arbeitnehmer ab einem Alter von 23 Jahren zahlen einen **Aufschlag** von 0,25 % zur **Pflegeversicherung.** Den Aufschlag müssen die Arbeitnehmer allein zahlen und teilen ihn nicht mit dem Arbeitgeber. |

**Beitragsbemessungsgrenze & Versicherungspflicht**

Die **Beitragsbemessungsgrenze** ist ein festgesetzter Betrag in Höhe des Bruttoentgelts, bis zu welchem die Sozialversicherungsbeiträge berechnet werden. Die Beitragsbemessungsgrenze für die Krankenversicherung liegt 2021 bspw. bei einem monatlichen Bruttoentgelt von 4.837,50 €. Selbst wenn ein Arbeitnehmer 8.000,00 € brutto verdient, zahlt er den gleichen Beitrag wie jemand, der genau die Beitragsbemessungsgrenze erreicht hat.

Von der Beitragsbemessungsgrenze ist die **Versicherungspflichtgrenze (auch Jahresentgeltgrenze)** zu unterscheiden. Ab dem Erreichen dieser Grenze steht es einem Arbeitnehmer frei, sich weiterhin in der gesetzlichen Versicherung oder in einer privaten Versicherung zu versichern. Dies gilt nur für die Krankenversicherung. Im Jahr 2021 liegt die Versicherungspflichtgrenze bei einem monatlichen Bruttogehalt von 5.362,50 €.

Beide Grenzen werden jährlich zum 01. Januar angepasst und aktualisiert.

**Übungsaufgabe 1:**

Welche Sozialversicherung teilen sich Arbeitnehmer und Arbeitgeber nicht gleichmäßig?

**1.** Krankenversicherung (nur der Arbeitnehmer zahlt)
**2.** Pflegeversicherung (nur der Arbeitnehmer zahlt)
**3.** Rentenversicherung (nur der Arbeitnehmer zahlt)
**4.** Arbeitslosenversicherung (nur der Arbeitgeber zahlt)
**5.** Unfallversicherung (nur der Arbeitgeber zahlt)

**Lösungsvorschlag:**

**5.**

**Übungsaufgabe 2:**

Bei welcher Sozialversicherung ist der Beitrag am höchsten?

**1.** Krankenversicherung
**2.** Pflegeversicherung
**3.** Rentenversicherung
**4.** Arbeitslosenversicherung
**5.** Unfallversicherung

**Lösungsvorschlag:**

**3.**

**Übungsaufgabe 3:**

Welcher Aussage über die Sozialversicherungen in Deutschland stimmt?

1. Alle Arbeitnehmer können sich aussuchen, ob sie Mitglied des Sozialversicherungssystems werden wollen.
2. Auch die Privathaftpflichtversicherung gehört zu den verpflichtenden Sozialversicherungen.
3. Die Beiträge zu den Sozialversicherungen werden anhand des jeweiligen Nettoverdienstes berechnet.
4. Der Schutz der gesetzlichen Krankversicherung ist für alle gleich und unabhängig davon, wie hoch die Beiträge sind.
5. Der Arbeitnehmer muss den Zusatzbeitrag der gesetzlichen Krankenversicherung allein tragen.

**Lösungsvorschlag:**

**4.**

**Übungsaufgabe 4:**

Was bedeutet der Begriff Beitragsbemessungsgrenze?

1. Bei einem Bruttoverdienst von 1.000,00 € liegt man unter der Beitragsbemessungsgrenze und muss keine Beiträge zur Sozialversicherung leisten.
2. Wer mit seinem Bruttogehalt über dieser Grenze liegt, ist automatisch nicht mehr sozialversichert.
3. Wer mit seinem Bruttogehalt über der Beitragsbemessungsgrenze liegt, trägt den Arbeitnehmer- und Arbeitgeberanteil allein.
4. Die Beitragsbemessungsgrenze ist der maximal zu zahlende Beitrag zur Sozialversicherung.
5. Die Beitragsbemessungsgrenze ist der maximale Betrag, von welchem die Beiträge zur Sozialversicherung berechnet werden.

**Lösungsvorschlag:**

**5.**

**Übungsaufgabe 5:**

Welche Aussage über die Versicherungspflichtgrenze stimmt?

1. Ab Erreichen der Versicherungspflichtgrenze ist man nicht mehr Mitglied aller Sozialversicherungen.
2. Die Versicherungspflichtgrenze ist dasselbe wie die Beitragsbemessungsgrenze.
3. Die Versicherungspflichtgrenze ist für Selbstständige und Beamten uninteressant, da sich diese ohnehin privat versichern können.
4. Die Versicherungspflichtgrenze gibt die Anzahl der Personen eines Haushalts an, welche mindestens pflichtversichert sind.
5. Die Versicherungspflichtgrenze gibt die Anzahl an Arbeitnehmern an, die in einem Betrieb angestellt sein müssen, damit der Arbeitgeber Beiträge zur Sozialversicherung zahlen muss.

**Lösungsvorschlag:**

**3.**

# 10. Das Grundgesetz

Das Grundgesetz (GG) ist die **Verfassung** der Bundesrepublik Deutschland. In der Verfassung ist geregelt, welche **Rechte** den *Menschen* und *Bürgern* zustehen und welche **Aufgaben** und **Befugnisse** *Parlament* und *Regierung* haben.

**Wie ist das Grundgesetz aufgebaut?**

| | |
|---|---|
| I. Präambel | Vorspruch |
| II. Grundrechte | Artikel 1 bis 19 GG |
| III. Staatsrechte (Bund und Länder, Bundesorgane, Staatsfunktionen und Staatsaufgaben) | Artikel 20 bis 115 GG |
| IV. Übergangs- und Schlussbestimmungen | Artikel 116 bis 146 GG |

**Was sind Grundrechte?** Grundrechte sind die Menschenrechte und die Bürgerrechte, die in der Verfassung festgeschrieben sind.

- **Menschenrechte** sind die Rechte, die **jedem** Menschen in der Bundesrepublik zustehen, unabhängig davon, ob er deutscher Staatsbürger ist oder nicht. Sie werden daher auch als „Jedermannrechte" bezeichnet.
- **Bürgerrechte** sind die Rechte, die nur **Deutschen** zustehen.

**Übungsaufgabe 1:**

Bei welchem Beispiel handelt es sich nicht um ein Grundrecht?

**1.** Ehe und Familie unterliegen einem besonderen Schutz.
**2.** Ausbildungs- und Arbeitsplatz können frei gewählt werden.
**3.** Das Öffnen von Briefen und Postsendungen ist nur dem Empfänger erlaubt.
**4.** Der Mindestlohn darf nicht unterschritten werden.
**5.** Mann und Frau sind im Berufs- und Privatleben gleichberechtigt.

**Lösungsvorschlag:**

**4.**

**Übungsaufgabe 2:**

Geben Sie an, ob es sich in den folgenden Fällen um ein Menschenrecht oder ein Bürgerrecht handelt!

**1.** Aktives und passives Wahlrecht bedeuten politische Mitentscheidung.
**2.** Freie Wahl des Arbeitsplatzes.
**3.** Ein Angeklagter hat das Recht, vor Gericht gehört zu werden.
**4.** Die Würde des Menschen ist unantastbar.
**5.** Ausbürgerung und Auslieferung sind verboten.

**Lösungsvorschlag:**

**1.** Bürgerrecht, **2.** Bürgerrecht, **3.** Menschenrecht, **4.** Menschenrecht, **5.** Bürgerrecht

# 11. Gewaltenteilung

**Art. 20 GG:**

*„Die Bundesrepublik Deutschland ist ein demokratischer und sozialer Bundesstaat.*

*Alle Staatsgewalt geht vom Volke aus. Sie wird vom Volke in Wahlen und Abstimmungen und durch besondere Organe der Gesetzgebung, der vollziehenden Gewalt und der Rechtsprechung ausgeübt.*

*Die Gesetzgebung ist an die verfassungsmäßige Ordnung, die vollziehende Gewalt und die Rechtsprechung sind an Gesetze und Recht gebunden.*

*Gegen jeden, der es unternimmt, diese Ordnung zu beseitigen, haben alle Deutschen das Recht zum Widerstand, wenn andere Hilfe nicht möglich ist."*

**Grundlage der Gewaltenteilung:** Zum Schutze vor Machtmissbrauch ist in Art. 20 II GG geregelt, dass die Macht auf voneinander unabhängige Staatsorgane aufgeteilt wird:

- **horizontale Gewaltenteilung**: Exekutive (ausführende Gewalt) – Legislative (gesetzgebende Gewalt) – Judikative (rechtsprechende Gewalt),
- **vertikale Gewaltenteilung**: Bundesebene – Länderebene – Kreis-/Gemeindeebene.

| | **Horizontale** Gewaltenteilung | | |
|---|---|---|---|
| **Vertikale** Gewaltenteilung | **Exekutive** | **Legislative** | **Judikative** |
| | Bundesregierung<br>Bundesminister<br>Bundesbehörden | Bundesrat<br>Bundestag | Bundesverfassungsgericht<br>Oberste Bundesgerichte |
| | Länderregierungen<br>Länderministerien<br>Länderbehörden | Landtage | Oberlandesgerichte<br>Landgerichte<br>Amtsgerichte |
| | Kreisverwaltungen<br>Stadtverwaltungen<br>Gemeindeverwaltungen | Kreistag<br>Stadtrat<br>Gemeinderat | |

**Übungsaufgabe 1:**
Welches der folgenden Organe gehört zur Legislative?
**1.** Bundesminister für Finanzen
**2.** Bundeskanzler
**3.** OLG München I
**4.** Bayerischer Landtag
**5.** BGH

**Lösungsvorschlag:**
**4.**

**Übungsaufgabe 2:**
Welches der folgenden Organe zählt zur Exekutive?
**1.** Bundesrat
**2.** Bundestag
**3.** Bundespräsident
**4.** Gerichte
**5.** Bundesregierung

**Lösungsvorschlag:**
**5.**

**Übungsaufgabe 3:**
Die Exekutive auf Bundesebene ...
**1.** ... verabschiedet die Bundesgesetze.
**2.** ... ist für die Rechtsprechung auf Bundesebene zuständig.
**3.** ... teilt sich gemeinsam mit der Legislative die Macht.
**4.** ... ist der Judikative untergeordnet.
**5.** ... ist das ausführende Organ im Rahmen der Gewaltenteilung.

**Lösungsvorschlag:**
**5.**

**Übungsaufgabe 4:**
Gewaltenteilung in einer Demokratie bedeutet...
**1.** Verteilung der Aufgaben zwischen Bundestag und Bundesrat.
**2.** Verteilung der Aufgaben zwischen Bundesregierung und Bundesministern.
**3.** Trennung zwischen Legislative, Judikative und Exekutive.
**4.** Kontrolle der Bundesregierung durch die Opposition.
**5.** Bildung von Fraktionen im Bundestag.

**Lösungsvorschlag:**
**3.**

# 12.
# Verfassungsorgane

| | Aufgaben und Funktionen | Zusammensetzung | Sonstiges |
|---|---|---|---|
| **Bundesrat** | • Ländervertretung<br>• Bindeglied zwischen Bund und Ländern<br>• Kontrollfunktion<br>• Gesetzgebungsfunktion<br>• Mitwirkung in EU-Angelegenheiten | • Mitglieder der Länderregierungen (i.d.R. Ministerpräsident + weitere)<br>• 3 bis 6 Stimmen je Bundesland (abhängig von Einwohnerzahl)<br>• 16 Ausschüsse | • BR-Präsident wird jedes Jahr neu gewählt (turnusmäßiger Wechsel zwischen den Bundesländern) |
| **Bundestag** | • Wahlfunktion *(Bundeskanzler, Bundestagspräsident, Mitwirkung bei Wahl der obersten Richter sowie des Bundespräsidenten)*<br>• Gesetzgebungsfunktion<br>• Kontrollfunktion (Regierungskontrolle)<br>• Artikulationsfunktion | • Bundestagsabgeordnete (Parlamentarier)<br>• **Mindestzahl:** 598 zzgl. Überhangmandate | • Fraktionsbildung<br>• Wahl der Abgeordneten alle 4 Jahre |
| **Bundesregierung** | • erlässt Rechtsverordnungen und Verwaltungsvorschriften<br>• kontrolliert die Ausführung der Bundesgesetze durch die Bundesländer<br>• Arbeitsgrundsätze (regeln den Umgang und die Arbeitsteilung im Kabinett): Kanzlerprinzip, Kollegialprinzip, Ressortprinzip | • besteht aus dem Bundeskanzler und den Bundesministern | • Bundesminister werden vom Bundespräsidenten auf Vorschlag des Bundeskanzlers ernannt |

| | | | |
|---|---|---|---|
| **Bundesverfassungsgericht** | • prüft, ob sich Parlament, Regierung und Gerichte in ihrer Rechtsprechung an das Grundgesetz halten<br>• entscheidet über: Verfassungsbeschwerden, Streitigkeiten zwischen Bundesorganen/zwischen Bund und Ländern, Vereinbarkeit mit dem GG, Verfassungswidrigkeiten von Parteien | • besteht aus Bundesrichtern, die je zur Hälfte von Bundestag und Bundesrat gewählt werden<br>• zwei Senaten mit jeweils acht Richtern<br>• ein Präsident (Vorsitzender des einen Senats) und ein Vizepräsident (Vorsitzender des anderen Senats) | • Amtsdauer der Bundesrichter: 12 Jahre |

| | **Aufgaben, Funktionen & Sonstiges** |
|---|---|
| **Bundeskanzler** | • Bestimmt die Richtlinien der Politik und übernimmt hierfür die politische Verantwortung.<br>• Schlägt die Bundesminister dem Bundespräsidenten zur Ernennung bzw. Entlassung vor.<br>• Bundespräsident schlägt dem Bundestag in 1. Wahlphase Bundeskanzler vor; ggf. 2. + 3. Wahlphase, sofern keine absolute Mehrheit.<br>• Bundespräsident ernennt Bundeskanzler.<br>• Abwahl durch konstruktives Misstrauensvotum möglich. |
| **Bundespräsident** | • Vorschlagsrecht für die Wahl des Bundeskanzlers.<br>• Ernennung und Entlassung des Bundeskanzlers und der Bundesminister.<br>• Auflösung des Bundestags.<br>• Ausfertigung (Unterzeichnung) und Verkündung von Gesetzen.<br>• Ernennung und Entlassung der Bundesrichter, der Bundesbeamten, der Offiziere und Unteroffiziere.<br>• Begnadigungsrecht für den Bund.<br>• Wahl durch **Bundesversammlung:** *alle* Abgeordneten des BT sowie Vertreter des BR (*gleiche Anzahl* wie BT)<br>• Amtsdauer: 5 Jahre |

**Übungsaufgabe 1:**
Wer bestimmt die Richtlinien der Politik?
**1.** Bundesrat
**2.** Bundestag
**3.** Bundeskanzler
**4.** Bundesversammlung
**5.** Bundespräsident

**Lösungsvorschlag:**
**3.**

**Übungsaufgabe 2:**
Welche Aufgabe hat die Bundesversammlung?
**1.** Wahl des Bundeskanzlers.
**2.** Wahl des Bundestagspräsidenten.
**3.** Verabschiedung von Bundesgesetzen.
**4.** Wahl des Bundespräsidenten.
**5.** Kontrolle der Regierung.

**Lösungsvorschlag:**
**4.**

**Übungsaufgabe 3:**
Die Amtsdauer des Bundespräsidenten beträgt ...
**1.** ... fünf Jahre.
**2.** ... mindestens 1 Jahr.
**3.** ... vier Jahre.
**4.** ... sechs Jahre.
**5.** ... zwölf Jahre.

**Lösungsvorschlag:**
**1.**

**Übungsaufgabe 4:**
Wer ernennt den Bundeskanzler oder die Bundeskanzlerin?
**1.** Bundesrat
**2.** Bundespräsident
**3.** Bundestag
**4.** Bundesversammlung
**5.** Bundesregierung

**Lösungsvorschlag:**
**2.**

# 13. Gesetzgebungsverfahren

| Wie entsteht ein Bundesgesetz? |
|---|
| **1. Schritt: Gesetzesinitiative** |
| Erarbeitung eines Gesetzesvorschlags und Einbringung im Bundestag durch: |
| • Bundesrat (wird zunächst der Bundesregierung zugeleitet) |
| • Bundesregierung (wird zunächst dem Bundesrat zugeleitet) |
| • Bundestag selbst (mind. 5 % der Mitglieder müssen unterzeichnet haben) |
| ↓ |
| **2. Schritt: Das Verfahren im Bundestag** |
| Beratung über Gesetzesentwürfe in drei Lesungen: |
| • **1. Lesung:** Vorstellung des Gesetzentwurfs im gesamten Bundestag; Stellungnahme der Bundestagsfraktionen; Weiterleitung an die Ausschüsse |
| • **2. Lesung:** öffentliche Debatte über alle Paragrafen des Gesetzesentwurfs; Möglichkeit der Opposition, ihre Vorstellungen einzubringen; jeder Abgeordnete kann Änderungsanträge stellen |
| • **3. Lesung:** abschließende Lesung und Abstimmung |
| ↓ |
| **3. Schritt: Inkrafttreten des Gesetzes** |
| • Unterzeichnung des Gesetzes vom Bundeskanzler und dem zuständigen Minister<br>• Ausfertigung durch den Bundespräsidenten<br>• Anschließend: Veröffentlichung im Bundesgesetzblatt. |

**Und was macht der Vermittlungsausschuss?** Er hat die Aufgabe, zwischen Bundestag und Bundesrat zu vermitteln und Kompromisse zu finden; er besteht aus je 16 Mitgliedern des Bundesrates und des Bundestages.

**Zustimmungsgesetze versus Einspruchsgesetze:** *Zustimmungsgesetze* kann der Bundesrat verhindern, indem er nicht zustimmt. Das Gesetzesvorhaben wäre dann gescheitert, sofern nicht durch die Mitwirkung des Vermittlungsausschusses doch noch eine Zustimmung herbeigeführt wird. Die Zustimmung des Bundesrates ist z.B. immer dann erforderlich, wenn das Grundgesetz geändert werden soll, ein Gesetz das Finanzaufkommen der Länder betrifft oder in deren Verwaltungshoheit eingreift. Bei **Einspruchsgesetzen** hingegen kann der Einspruch des Bundesrates durch den Bundestag überstimmt werden, so dass das Gesetz trotzdem in Kraft tritt.

| **Übungsaufgabe 1:** |
|---|
| Welche Aussage über das Gesetzgebungsverfahren ist richtig?<br>**1.** Bundesrat, Bundestag und Bundespräsident können Gesetzesvorschläge in den Bundestag einbringen.<br>**2.** Die Beratung über Gesetzesentwürfe erfolgt in zwei Lesungen.<br>**3.** Neue Gesetze werden im Bundesgesetzblatt veröffentlicht.<br>**4.** Bundeskanzler und alle Bundesminister müssen das Gesetz unterzeichnen.<br>**5.** Es dürfen nur die Regierungsparteien an dem Gesetzgebungsverfahren teilnehmen. |
| **Lösungsvorschlag:**<br>3. |

| **Übungsaufgabe 2:** |
|---|
| Welche Aussage zu den Zustimmungsgesetzen ist richtig?<br>**1.** Zustimmungsgesetze müssen von allen Ministerpräsidenten unterzeichnet werden.<br>**2.** Zustimmungsgesetze können vom Bundesrat verhindert werden.<br>**3.** Zustimmungsgesetze können auch gegen den Willen des Bundesrates durchgebracht werden.<br>**4.** Zustimmungsgesetze können bereits nach einer Lesung verabschiedet werden.<br>**5.** Zustimmungsgesetze sind veraltet und kommen in der Praxis nicht mehr vor. |
| **Lösungsvorschlag:**<br>2. |

| **Übungsaufgabe 3:** |
|---|
| Welche Aussage zum Vermittlungsausschuss ist richtig? Er ...<br>**1.** ... setzt sich aus 16 Mitgliedern jeder Partei zusammen.<br>**2.** ... setzt sich paritätisch aus allen Fraktionen des Bundestages zusammen.<br>**3.** ... wird bei jedem Gesetzesentwurf zur Vermittlung hinzugezogen.<br>**4.** ... berät die Bundesregierung bei juristischen Fragen zu Gesetzesentwürfen.<br>**5.** ... besteht aus Mitgliedern des Bundesrates und Bundestages. |
| **Lösungsvorschlag:**<br>5. |

# 14. Bundestagswahlen

*„**Artikel 38 GG***

*(1) Die Abgeordneten des Deutschen Bundestages werden in allgemeiner, unmittelbarer, freier, gleicher und geheimer Wahl gewählt ...“*

| Die fünf Wahlgrundsätze – was steckt dahinter? | |
|---|---|
| **allgemein** | Jeder Deutsche ist wahlberechtigt, soweit er die allgemeinen Voraussetzungen dafür erfüllt. Niemand ist aus sozialen, politischen oder wirtschaftlichen Gründen von der Wahl ausgeschlossen. |
| **unmittelbar** | Die Wählerstimmen werden direkt für die Zuteilung der Abgeordnetensitze verwertet. Es gibt keine "Wahlmänner"/"Wahlfrauen" als Zwischeninstanz, auf die man seine Stimme überträgt. |
| **frei** | Jeder ist in seiner Wahl frei von staatlichem Zwang oder sonstiger unzulässiger Beeinflussung. Niemand wird wegen seiner Wahlentscheidung benachteiligt. |
| **gleich** | Alle Wahlberechtigten haben gleich viele Stimmen zu vergeben. Alle Stimmen zählen gleich viel. |
| **geheim** | Jeder hat das Recht, dass seine Wahl geheim bleibt. Es darf nicht feststellbar sein, wie jemand gewählt hat. |

**Nach welchem Wahlsystem wird der Deutsche Bundestag gewählt?** Die Wahl des Deutschen Bundestages findet nach der **personalisierten Verhältniswahl** statt – es ist eine Mischung aus dem reinen Mehrheitswahlrecht und dem reinen Verhältniswahlrecht, mit der versucht wird, die Nachteile der beiden Wahlsysteme auszugleichen.

| Mehrheitswahlrecht | Verhältniswahlrecht |
|---|---|
| Es gewinnt die Partei bzw. der Kandidat mit den meisten Stimmen.<br>• Vorteil: Bildung klarer Mehrheitsverhältnisse und starker Regierungen.<br>• Nachteil: Stimmen für die unterlegenen Kandidaten werden gar nicht berücksichtigt und fallen unter den Tisch . | Jede Partei wird entsprechend ihres relativen Stimmenanteiles berücksichtigt.<br>• Vorteil: gesamte Bandbreite der Wählermeinungen spiegelt sich im Parlament wider.<br>• Nachteil: Zersplitterung und erschwerte Bildung klarer Mehrheiten. |

| Personalisiertes Verhältniswahlrecht |
|---|
| Der Wähler verfügt über zwei Stimmen:<br>• Mit der **ersten Stimme** wird der **Wahlkreiskandidat** nach dem Mehrheitswahlsystem gewählt; sie dient der Personalisierung.<br>• Mit der **zweiten Stimme** wird eine **Parteiliste** nach dem Verhältniswahlsystem gewählt („Listenwahl").<br>• Das Stimmenverhältnis der Listenwahl (Zweitstimmenergebnis) entscheidet über die Verteilung der Bundestagsmandate: steht fest, mit wie vielen Mandaten eine Partei gemäß ihrem Zweitstimmenergebnis in den Bundestag einzieht, werden die Direktmandate ihrer Wahlkreiskandidaten (Erststimmenergebnis) darauf angerechnet und die dann noch zu vergebenden Mandate aus der Parteiliste „aufgefüllt".<br>• **Beispiel:** Hat eine Partei gemäß ihres Zweitstimmenergebnisses Anspruch auf 120 Mandate und hat sie durch die erste Stimme 50 Direktmandate gewonnen, so füllt sie die restlichen 70 Mandate auf Grundlage ihrer Parteiliste auf. |

| **Besonderheiten des Deutschen Wahlrechts:** | |
|---|---|
| **Fünf-Prozent-Sperrklausel** | **Grundsatz:** es ziehen nur diejenigen Parteien in den Bundestag ein, die mit ihrem Zweitstimmenergebnis mindestens fünf Prozent der Stimmen erhalten haben.<br>**Ausnahme:** Hat die Partei mindestens drei Direktmandate (Erststimmenergebnis) erhalten, so zieht sie gemäß ihres Zweitstimmenergebnissen in den Bundestag ein.<br>**Hinweis**: Direktmandate ziehen immer in den Bundestag ein! |
| **Überhangmandate** | Entstehen, wenn eine Partei mehr Erststimmenkandidaten (Direktmandate) hat, als ihr nach dem Zweitstimmenergebnis zustünden. Ohne Ausgleichsmandate wäre die Partei stärker im Bundestag vertreten, als ihr nach Zweitstimmenergebnis zustünde. |
| **Ausgleichsmandate** | Entstehen, wenn durch Überhangmandate die relativen Mehrheitsverhältnisse der anderen Parteien verzerrt würden; durch Ausgleichsmandate wird diese Verzerrung wieder kompensiert. |

| **Wichtige Fachbegriffe rund um den Bundestag:** | |
|---|---|
| **Fraktion** | Gruppe von Abgeordneten, die derselben Partei angehören. |
| **Koalition** | Befristeter Zusammenschluss (Bündnis) von zwei oder mehr Fraktionen in einem Parlament, um eine Regierung zu bilden. |
| **Opposition** | Alle Fraktionen in einem Parlament, die nicht in der Koalition und damit an der Regierung beteiligt sind. |
| **Legislaturperiode** | Wahlperiode; sie beginnt mit der konstituierenden Sitzung des neuen Bundestags und endet i.d.R. nach vier Jahren. |

**Übungsaufgabe 1:**

Welcher Wahlgrundsatz trifft nicht zu? Die Abgeordneten des Deutschen Bundestages werden in ... Wahl gewählt.

**1.** geheimer
**2.** unmittelbarer
**3.** mehrheitlicher
**4.** freier
**5.** allgemeiner

**Lösungsvorschlag:**

**3.**

**Übungsaufgabe 2:**

Erläutern Sie, was man unter „unmittelbarer" Wahl versteht!

**Lösungsvorschlag:**

Dies bedeutet, dass die Wähler den Kandidaten oder die Partei direkt wählen und nicht über Wahlmänner indirekt wählen lassen.

**Übungsaufgabe 3:**

Was versteht man unter einer „Fraktion"?

**1.** Alle Abgeordneten, die nicht in der Regierung sind.
**2.** Die gewählte Volksvertretung auf Bundesebene.
**3.** Befristete Zusammenschlüsse zwei oder mehrerer Parteien, um eine Regierung zu bilden.
**4.** Gruppe von Abgeordneten, die derselben Partei angehören.
**5.** Die Gewaltenteilung auf Bundesebene.

**Lösungsvorschlag:**

**4.**

**Übungsaufgabe 4:**

Wie nennt man den Zeitraum, für den der Bundestag gewählt wird?

**1.** Konjunkturperiode
**2.** Sitzungsperiode
**3.** Legislaturperiode
**4.** Legislativperiode
**5.** Vermittlungsperiode

**Lösungsvorschlag:**

**3.**

**Übungsaufgabe 5:**

Nach welchem Wahlsystem wird in der Bundesrepublik Deutschland gewählt?

**1.** Persönlichkeitswahlsystem
**2.** Mehrheitswahlsystem
**3.** Verhältniswahlsystem
**4.** Listenwahlsystem
**5.** Kombiniertes Mehrheits- und Verhältniswahlsystem

**Lösungsvorschlag:**

**4.**

# 15. Die Europäischen Institutionen

| Die wichtigsten Institutionen der EU | Die wesentlichen Aufgaben und Funktionen: |
|---|---|
| **Europäisches Parlament**<br>*(„Stimme der Bürger")* | • direkt gewählte EU-Institution<br>• Gesetzgebungsrecht in fast allen Politikbereichen: erlässt zusammen mit dem Rat der Europäischen Union EU-Rechtsvorschriften<br>• Haushaltsbefugnisse: entscheidet zusammen mit Rat der Europäischen Union über den EU-Haushalt; Haushaltskontrollausschuss<br>• parlamentarische Kontrolle<br>• repräsentiert mehr als 500 Mio. EU-Bürger<br>• Sitz: Straßburg und Brüssel |
| **Rat der Europäischen Union**<br>*(„Ministerrat")* | • setzt sich zusammen aus Ministern der Mitgliedsländer<br>• tagt in unterschiedlichen Ratsformationen je nach Ressort (z.B. Rat der Justizminister, Rat der Innenminister usw.)<br>• Gesetzgebungsrecht: gemeinsam mit Europäischem Parlament<br>• Haushaltsbefugnisse: gemeinsam mit Europäischem Parlament<br>• Sitz: Brüssel |
| **Europäische Kommission**<br>*(„Hüterin der Verträge")* | • ein Kommissar je Mitgliedsland, der im Interesse der EU – also nicht in nationalem Interesse – handelt<br>• Initiativrecht für neue Gesetze<br>• überwacht Einhaltung und Umsetzung von EU-Verträgen<br>• führt Verhandlungen mit internationalen Organisationen<br>• schließt Abkommen mit Drittstaaten<br>• Verwaltung und Ausführung des EU-Haushalts<br>• Sitzt: Brüssel |
| **Europäischer Rat**<br>*(„Die Chefs")* | • besteht aus den Staats- und Regierungschefs der EU<br>• seine Treffen sind als „EU-Gipfel" bekannt<br>• Impulsgeber: entscheidet über Eckpunkte der europäischen Politik<br>• Keine Gesetzgebungskompetenz<br>• Sitz: Brüssel |
| **Europäischer Gerichtshof**<br>(EuGH) | • zuständig für die Auslegung des EU-Rechts<br>• sorgt dafür, dass EU-Recht in allen Mitgliedsstaaten einheitlich angewendet wird<br>• kann in Rechtsstreitigkeiten zwischen den Regierungen der EU-Mitgliedsstaaten und den EU-Organen entscheiden<br>• Sitz: Luxemburg |

| | |
|---|---|
| **Europäische Zentralbank** (EZB) | • ist für die Festlegung und Durchführung der Geldpolitik für das Euro-Währungsgebiet zuständig<br>• achtet auf die Preisstabilität in Europa, indem sie die umlaufende Geldmenge reduziert oder erhöht<br>• unabhängiges Organ: darf von der Politik nicht beeinflusst werden<br>• Sitz: Frankfurt am Main |

| **Die 27 Mitgliedsstaaten (Stand: 02/2022)** (in alphabetischer Reihenfolge): |
|---|
| Belgien, Bulgarien, Dänemark, Deutschland, Estland, Finnland, Frankreich, Griechenland, Irland, Italien, Kroatien, Lettland, Litauen, Luxemburg, Malta, Niederlande, Österreich, Polen, Portugal, Rumänien, Schweden, Slowakei, Slowenien, Spanien, Tschechien, Ungarn, Zypern. |

**Übungsaufgabe 1:**

Welche der folgenden Institutionen hat ihren Sitz nicht in Brüssel?

**1.** Europäische Kommission
**2.** Europäisches Parlament
**3.** Europäischer Rat
**4.** Europäischer Gerichtshof
**5.** Rat der Europäischen Union

**Lösungsvorschlag:**

**4.**

**Übungsaufgabe 2:**

Die Außenminister aller EU-Mitgliedstaaten kommen in folgender Institution zusammen:

**1.** Rat der Europäischen Union
**2.** Europäischer Rat
**3.** Europäischer Gerichtshof
**4.** Europäisches Parlament
**5.** Europäische Kommission

**Lösungsvorschlag:**

**1.**

**Übungsaufgabe 3:**

Welche der europäischen Institutionen ist am ehesten mit dem Deutschen Bundestag vergleichbar?

**1.** Rat der Europäischen Union
**2.** Europäisches Parlament
**3.** Europäische Kommission
**4.** Europäischer Rat
**5.** Europäischer Gerichtshof

**Lösungsvorschlag:**

**2.**

**Übungsaufgabe 4:**
Welches europäische Land ist nicht Mitglied der EU?
**1.** Schweden
**2.** Spanien
**3.** Slowakei
**4.** Schweiz
**5.** Slowenien

**Lösungsvorschlag:**
4.

**Übungsaufgabe 5:**
Die Europäische Union besteht derzeit aus ... Mitgliedsstaaten:
**1.** 25
**2.** 26
**3.** 27
**4.** 28
**5.** 29

**Lösungsvorschlag:**
3.

**Übungsaufgabe 6:**
Welche der folgenden Institutionen wird als *„Hüter(in) der Verträge"* bezeichnet?
**1.** Europäisches Parlament
**2.** Rat der Europäischen Union
**3.** Europäischer Gerichtshof
**4.** Europäischer Rat
**5.** Europäische Kommission

**Lösungsvorschlag:**
4.

**Übungsaufgabe 7:**
Welche der folgenden Institutionen hat Gesetzgebungskompetenz?
**1.** Rat der Europäischen Union
**2.** Europäische Zentralbank
**3.** Europäische Kommission
**4.** Europäischer Gerichtshof
**5.** Europäischer Rat

1.

# 16. Wirtschaftsordnungen

Die in einer Volkswirtschaft herrschenden Regelungen und Gesetze kann man als Wirtschaftsordnung bezeichnen. Hierfür gibt es verschiedene Modelle, welche in verschiedenen Ländern zu beobachten sind.

## 16.1 Freie Marktwirtschaft und Zentralverwaltungswirtschaft

Die freie Marktwirtschaft und die Zentralverwaltungswirtschaft sind zwei sehr gegensätzliche Wirtschaftsordnungen. Bei der Zentralverwaltungswirtschaft ist die Regulierung durch den Staat ein zentraler Bestandteil der Wirtschaftsordnung. Bei der freien Marktwirtschaft hingegen wird gar kein Eingreifen durch den Staat gewünscht.

| Freie Marktwirtschaft | Merkmal | Zentralverwaltungswirtschaft |
|---|---|---|
| Durch die einzelnen Wirtschaftssubjekte | Steuerung der Wirtschaft | Zentral durch staatliche Behörden |
| Bildung durch Angebot und Nachfrage | Bildung des Preises | Zentrale Festlegung |
| Bildung durch Angebot und Nachfrage am Arbeitsmarkt | Höhe der Gehälter und Löhne | Zentrale Festlegung |
| Eigentum der einzelnen Subjekte | Eigentum der Produktionsmittel | Eigentum des Staates |
| Erzielung von Gewinn | Ziel der Wirtschaftssubjekte | Planerfüllung |
| USA | Beispiel | Kuba |

Zu den Beispielländern muss unbedingt betont werden, dass die Wirtschaftsordnungen nur annähernd verwirklicht wurden. Die USA z.B. gelten als klassisches Beispiel für eine freie Marktwirtschaft, haben aber in der Vergangenheit auch in das Geschehen am Markt eingegriffen.

## 16.2 Soziale Marktwirtschaft

Bei Betrachtung der freien Marktwirtschaft und der Zentralverwaltungswirtschaft fällt schnell auf, dass beide Wirtschaftsordnungen in Deutschland nicht gelten. Hier agieren die Wirtschaftssubjekte zwar frei, dennoch reguliert auch der Staat die Wirtschaft. Dieses Modell wird soziale Marktwirtschaft genannt und ist gewissermaßen eine Art Mischform aus den zuvor betrachteten Modellen.

| Soziale Marktwirtschaft |
|---|
| **Entstehung** |
| Die soziale Marktwirtschaft wurde nach dem zweiten Weltkrieg im Jahr 1948 im Gebiet der späteren Bundesrepublik Deutschland eingeführt. Als Begründer der sozialen Marktwirtschaft gilt der damalige Wirtschaftsminister und spätere Bundeskanzler Ludwig Erhard. |
| **Leitidee** |
| Die soziale Marktwirtschaft verfolgt zwei Prinzipien:<br>• **Freiheitliches** Prinzip (eine möglichst freie Marktwirtschaft)<br>• **Soziales** Prinzip (die wirtschaftlich Schwachen sollen geschützt werden)<br>Damit die zwei Prinzipien verwirklicht werden, gilt in der sozialen Marktwirtschaft die folgende Grundregel: „So viel Markt wie möglich, so viel Staat wie nötig". |
| **Staatliche Eingriffe in die Wirtschaft** |
| Der Staat kann demnach in die Wirtschaft eingreifen. Im Folgenden finden Sie Beispiele, auf welche Weise dies geschehen kann:<br>• Sozialpolitik – *Sozialversicherungen, Elterngeld, Kindergeld …*<br>• Konjunkturpolitik – *Erhöhung / Verringerung von Steuern, Vergabe von Staatsaufträgen …*<br>• Strukturpolitik – *Subventionen für einzelne Branchen, Unterstützung von schwachen Regionen …*<br>• Einkommenspolitik – *Besteuerung von Einkommen in unterschiedlicher Höhe …*<br>• Wettbewerbspolitik – *Verbot der Kartellbildung und von Preisabsprachen …*<br>• Öffentliche Unternehmen – *Betrieb von Stadtwerken, Verkehrsbetrieben, öffentlichen Krankenhäusern …* |

**Übungsaufgabe 1:**

Welche Wirtschaftsordnung gilt in Deutschland?

**1.** Freie Marktwirtschaft
**2.** Soziale Marktwirtschaft
**3.** Gemischte Marktwirtschaft
**4.** Zentralverwaltungswirtschaft
**5.** Planwirtschaft

**Lösungsvorschlag:**

**2.**

**Übungsaufgabe 2:**

In welcher Zeit wurde die soziale Marktwirtschaft in Deutschland eingeführt?

**1.** 15. Jahrhundert
**2.** 18. Jahrhundert
**3.** Nach dem ersten Weltkrieg
**4.** Nach dem zweiten Weltkrieg
**5.** Nach dem Mauerfall und der Wiedervereinigung

**Lösungsvorschlag:**

**4.**

**Übungsaufgabe 3:**

Welche Aussage passt nicht zur freien Marktwirtschaft?

**1.** Die Arbeitnehmer sind nicht sozial abgesichert.
**2.** Die Arbeitnehmer dürfen streiken.
**3.** Der Beruf kann nicht frei gewählt werden.
**4.** Die wirtschaftlich Schwachen können ausgebeutet werden.
**5.** In der freien Marktwirtschaft kann es zur Arbeitslosigkeit kommen.

**Lösungsvorschlag:**

**3.**

**Übungsaufgabe 4:**

Was ist nicht kennzeichnend für eine Zentralverwaltungswirtschaft?

**1.** Arbeitslosigkeit ist unbekannt.
**2.** Der Staat plant genau, was und wie viel produziert wird.
**3.** Der Staat legt die Höhe der Preise und Gehälter fest.
**4.** Der Markt richtet sich nach den Wünschen und Bedürfnissen der Verbraucher.
**5.** Die Arbeitnehmer sind sozial abgesichert.

**Lösungsvorschlag:**

**4.**

**Übungsaufgabe 5:**

Welche Maßnahme ist in Deutschland und der sozialen Marktwirtschaft nicht möglich?

**1.** Die Umsatzsteuer wird für das Jahr 2020 gesenkt.
**2.** Die Preise für Diesel und Benzin werden gesetzlich festgesetzt, um einen weiteren Preisanstieg zu vermeiden.
**3.** Das Arbeitslosengeld I wird erhöht.
**4.** Die Stadt Berlin beschließt den Bau und die Eröffnung eines neuen städtischen Krankenhauses.
**5.** Landwirte, die zu einer Bio-Produktion übergehen, erhalten einen finanziellen Zuschuss durch den Staat.

**Lösungsvorschlag:**

**2.**

# 17. Arbeitslosigkeit

Im September 2021 waren in Deutschland 2.465.000 Menschen ohne Arbeit. Dies entspricht einer **Arbeitslosenquote** von 5,4 %.[5] Für die Berechnung der Arbeitslosenquote wird die Anzahl der Personen ohne Erwerbstätigkeit zu den erwerbsfähigen Personen eines Landes in ein Verhältnis gesetzt.

Arbeitslos bedeutet nicht immer gleich arbeitslos. Es gibt unterschiedliche Gründe und Ursachen für die Arbeitslosigkeit. Außerdem ist nicht jede Form von Arbeitslosigkeit von langer Dauer.

| **Arbeitslosigkeit** | |
|---|---|
| **Formen von Arbeitslosigkeit** | |
| Friktionelle Arbeitslosigkeit | Von friktioneller Arbeitslosigkeit spricht man, wenn beim Wechsel zwischen zwei Arbeitsverhältnissen wenige Monate ohne Beschäftigung liegen. Diese Form der Arbeitslosigkeit hat individuelle Gründe (z.B. Wechsel des Arbeitgebers oder des Wohnortes). |
| Konjunkturelle Arbeitslosigkeit | Die konjunkturelle Arbeitslosigkeit spiegelt die gesamte wirtschaftliche Lage eines Landes wider. So ist während einer Depression üblicherweise die Arbeitslosigkeit sehr hoch.<br>Gerät z.B. die Nachfrage ins Stocken und wird insgesamt weniger konsumiert, so wird die Produktion von Gütern heruntergefahren und Arbeitnehmer werden entlassen. |
| Saisonale Arbeitslosigkeit | Über das Jahr gesehen gibt es bei den Arbeitslosenzahlen immer wieder Schwankungen, welche nicht auf die konjunkturelle Lage zurückzuführen sind. So ist die Beschäftigung im Sommer in der Landwirtschaft oder im Baugewerbe sehr hoch und fällt zum Winter ab. Im nächsten Sommer nehmen die Beschäftigungszahlen aufgrund der anfallenden Arbeit wieder zu. |
| Strukturelle Arbeitslosigkeit | Von struktureller Arbeitslosigkeit wird gesprochen, wenn Beschäftigte ganzer Branchen ihre Arbeit verlieren und die Aussichten auf eine neue Beschäftigung sehr gering sind. Dies liegt vor allem darin begründet, dass die komplette Produktion in andere Länder abwandert oder der Beruf schlicht und einfach überholt ist. |

5 Vgl. Entwicklung des Arbeitsmarkts 2021 in Deutschland, Bundesagentur für Arbeit in: https://www.arbeitsagentur.de/news/arbeitsmarkt-2021.

**Maßnahmen zur Bekämpfung von Arbeitslosigkeit**

Der Staat kann verschiedene Maßnahmen ergreifen, um auf die Arbeitslosigkeit in einem Land Einfluss zu nehmen. So waren z.B. die Hartz-Reformen, welche Anfang der 2000er in Kraft traten, u.a. zur Bekämpfung von Arbeitslosigkeit gedacht. Weitere Beispiele für solche Maßnahmen sind:

- Kurzarbeit unter erleichternden Bedingungen
- Stärkung der Arbeitsvermittlung durch die Bundesagentur für Arbeit und dritte Vermittler
- Vergabe von Staatsaufträgen, um die Konjunktur anzukurbeln
- Ermöglichung und Erleichterung von Umschulungen und Weiterbildungen etc.
- Subventionen und Zuschüsse für schwache Branchen
- ...

**Übungsaufgabe 1:**

Welche Form der Arbeitslosigkeit entsteht durch die Folge einer Weltwirtschaftskrise in einem Land?

**1.** Friktionelle Arbeitslosigkeit
**2.** Konjunkturelle Arbeitslosigkeit
**3.** Langzeit Arbeitslosigkeit
**4.** Saisonale Arbeitslosigkeit
**5.** Strukturelle Arbeitslosigkeit

**Lösungsvorschlag:**

**2.**

**Übungsaufgabe 2:**

Welche Form der Arbeitslosigkeit unterliegt während eines Jahres üblicherweise starken Schwankungen?

**1.** Friktionelle Arbeitslosigkeit
**2.** Konjunkturelle Arbeitslosigkeit
**3.** Langzeit Arbeitslosigkeit
**4.** Saisonale Arbeitslosigkeit
**5.** Strukturelle Arbeitslosigkeit

**Lösungsvorschlag:**

**4.**

**Übungsaufgabe 3:**

Welche Form der Arbeitslosigkeit hat ihre Ursache meist in individuellen Gründen?

**1.** Friktionelle Arbeitslosigkeit
**2.** Konjunkturelle Arbeitslosigkeit
**3.** Langzeit Arbeitslosigkeit
**4.** Saisonale Arbeitslosigkeit
**5.** Strukturelle Arbeitslosigkeit

**Lösungsvorschlag:**

**1.**

**Übungsaufgabe 4:**

Welche Formen von Arbeitslosigkeit sind üblicherweise nicht von langer Dauer?

**1.** Friktionelle Arbeitslosigkeit
**2.** Konjunkturelle Arbeitslosigkeit
**3.** Langzeit Arbeitslosigkeit
**4.** Saisonale Arbeitslosigkeit
**5.** Strukturelle Arbeitslosigkeit

**Lösungsvorschlag:**

**1., 4.**

**Übungsaufgabe 5:**

Ein Bergmann aus dem Ruhrgebiet verliert seine Arbeit, da seine Zeche, als letzte im Ruhrgebiet, geschlossen wurde. Was wäre eine geeignete Maßnahme, um seine Arbeitslosigkeit zu bekämpfen?

**1.** Umschulungen oder Fortbildungen anbieten.
**2.** Den Umzug in eine andere Region Deutschlands erleichtern.
**3.** Staatsaufträge, z.B. im Straßenbau, vergeben.
**4.** Regelungen für die Kurzarbeit aufweichen.
**5.** Die Mehrwertsteuer senken.

**Lösungsvorschlag:**

**1.**

# 18. Magisches Viereck

Um eine anhaltende wirtschaftlich stabile Lage eines Landes zu gewährleisten, wurde in den 1960er Jahren das Stabilitätsgesetz **(Gesetz zur Förderung der Stabilität und des Wachstums der Wirtschaft)** verabschiedet. Hierin werden Zielvorgaben definiert, welche die Stabilität der Wirtschaft gewährleisten sollen. Diese Ziele werden im sogenannten **magischen Viereck** zusammengefasst.

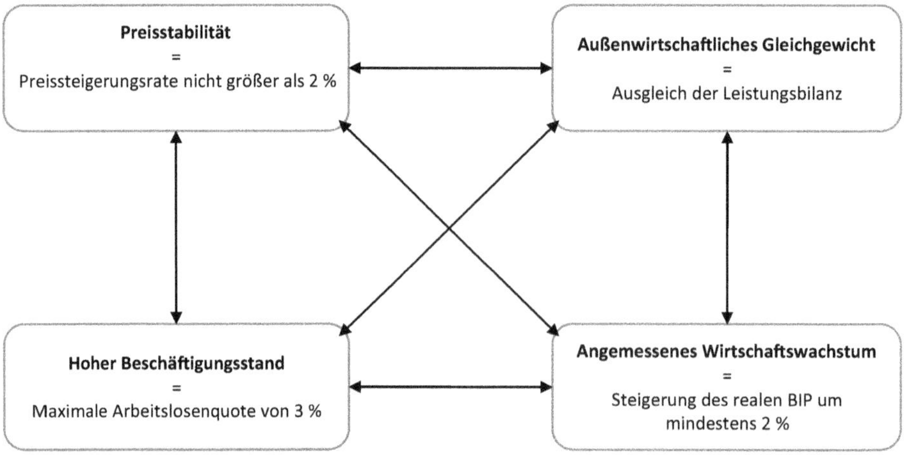


Die hier genannten Ziele sollen nach Möglichkeit alle erreicht werden. Dies erweist sich allerdings als problematisch, da die Verfolgung des einen Ziels die Verfolgung eines anderen Ziels erschweren kann. Aus diesem Grund wird das Viereck wird als **magisch** bezeichnet.

Wenn bspw. ein hoher Beschäftigungsstand durch die Vergabe von Staatsaufträgen erreicht wird, so kann es sein, dass die Wirtschaft weiterwächst. Insgesamt wird dann mehr Geld verdient und auch mehr Geld ausgegeben. Durch die erhöhte Nachfrage steigen die Preise an und die Erreichung einer Preisstabilität ist nicht mehr gewährleistet.

**Hinweis:** Aus heutiger Sicht ist es nicht mehr zeitgemäß, nur von einem Viereck zu sprechen. So findet man mittlerweile verschiedenste Versionen, wie das magische Fünfeck, Sechseck, Siebeneck, Achteck oder sogar Neuneck. Diese Modelle werden um verschiedene Ziele (z.B. Umweltschutz, Erhaltung von Ressourcen, gerechte Einkommensverteilung usw.) ergänzt.

**Übungsaufgabe 1:**

Welches Ziel wird beim magischen Viereck nicht verfolgt?

**1.** Umweltschutz
**2.** Hoher Beschäftigungsstand
**3.** Angemessenes Wirtschaftswachstum
**4.** Außenwirtschaftliches Gleichgewicht
**5.** Preisstabilität

**Lösungsvorschlag:**

**1.**

**Übungsaufgabe 2:**

Wann ist das Ziel der Preisstabilität nach dem magischen Viereck nicht erreicht?

**1.** Die Preise steigen um 1 %
**2.** Die Preise steigen um 5 %
**3.** Die Preise bleiben gleich
**4.** Die Preise steigen um 1,5 %
**5.** Die Preise steigen um 3 %

**Lösungsvorschlag:**

**2., 5.**

**Übungsaufgabe 3:**

Welches Hauptziel wird beim magischen Viereck verfolgt?

**1.** Außenwirtschaftliches Gleichgewicht
**2.** Schaffung von Arbeitsplätzen
**3.** Stabile wirtschaftliche Lage
**4.** Gerechte Verteilung von Einkommen
**5.** Erhöhung von sozialen Leistungen

**Lösungsvorschlag:**

**3.**

**Übungsaufgabe 4:**

Wo findet sich ein Zielkonflikt des magischen Vierecks wieder?

**1.** Die Wirtschaft wächst, weshalb mehr Personen eingestellt werden können.
**2.** Die Menschen verdienen mehr und geben mehr aus, wodurch die Wirtschaft weiterwächst.
**3.** Durch das gestiegene Wirtschaftswachstum steigt die Nachfrage und auch die Preise steigen.
**4.** Durch die Erhöhung von Importen kann die Währung stabilisiert werden.
**5.** Die Arbeitslosigkeit sinkt, weshalb die Nachfrage steigt.

**Lösungsvorschlag:**

**3.**

**Übungsaufgabe 5:**

Warum wird das magische Viereck als „magisch" bezeichnet?

**1.** Das magische Viereck ist die Lösung für alles.
**2.** Die Ziele des Vierecks können gleichzeitig kaum erreicht werden.
**3.** Erreicht man die Ziele, erlebt man eine ewig andauernde Hochkonjunktur.
**4.** Erreicht man ein Ziel, erreicht man auch alle anderen Ziele automatisch.
**5.** Das Viereck ist magisch, da es ganz einfach abgewandelt werden kann.

**Lösungsvorschlag:**

**2.**

# 19. Konjunktur

Eines der Ziele des magischen Vierecks ist ein angemessenes Wirtschaftswachstum, welches am realen Bruttoinlandsprodukt (BIP) gemessen wird. Das BIP gibt demnach eine Auskunft über die wirtschaftliche Entwicklung bzw. die **Konjunktur** eines Landes. Unter **Konjunkturschwankungen** versteht man die **zyklische** und **wellenförmige** Veränderung des realen BIP:

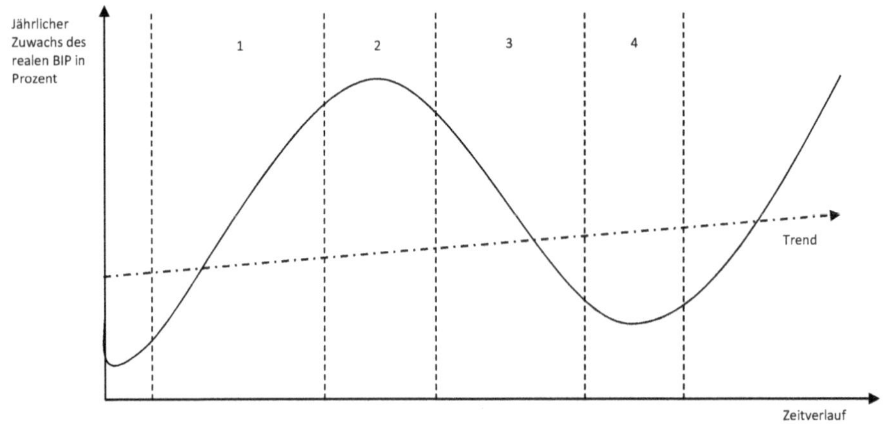


Bei Betrachtung des realen BIP über mehrere Jahre kann festgestellt werden, dass dieses in Wellen verläuft. Die wellenförmigen Veränderungen wiederholen sich durchschnittlich alle vier bis fünf Jahre und werden in die vier Konjunkturphasen eingeteilt:

1. Aufschwung/Expansion
2. Hochkonjunktur/Boom
3. Abschwung/Rezession
4. Tiefstand/Depression

In der Zeit der Hochkonjunktur (2.) läuft die Wirtschaft sehr gut und in der Zeit der Depression (4.) erreicht die Wirtschaft ihren Tiefstand. Die Zeit dazwischen wird als Aufschwung und Abschwung bezeichnet.

Der Staat hat ein Interesse, dass die Konjunktur in seinem Sinne verläuft. Dazu kann er Maßnahmen ergreifen, welche die Konjunktur ankurbeln oder dämpfen:

| Staatliche Maßnahmen zur Dämpfung der Konjunktur | Staatliche Maßnahmen zur Ankurbelung der Konjunktur |
|---|---|
| • Staatsaufträge vermindern<br>• Steuern erhöhen<br>• Subventionen und Zuschüsse kürzen<br>• Abschreibungsmöglichkeiten senken<br>• ... | • Staatsaufträge vergeben<br>• Steuern senken<br>• Subventionen und Zuschüsse gewähren<br>• Abschreibungsmöglichkeiten vermehren<br>• ... |

**Übungsaufgabe 1:**

Was ist ein Anzeichen einer gut laufenden Wirtschaft?

**1.** Der Staat erhält nur niedrige Steuereinnahmen.
**2.** Die Arbeitslosigkeit ist sehr gering.
**3.** Unternehmen verschreiben zunehmend Verluste.
**4.** Die Nachfrage ist auf einem Tiefstand.
**5.** Die Produktion wird zurückgefahren.

**Lösungsvorschlag:**

2.

**Übungsaufgabe 2:**

Wie nennt sich die Konjunkturphase, die auf einen Boom folgt?

**1.** Rezession
**2.** Expansion
**3.** Hochkonjunktur
**4.** Depression
**5.** Tiefstand

**Lösungsvorschlag:**

1.

**Übungsaufgabe 3:**

Welche Aussage trifft zu?

**1.** Während der Hochkonjunktur produzieren Unternehmen nur wenig.
**2.** Die geringste wirtschaftliche Tätigkeit findet sich in der Rezession.
**3.** Während der Expansion nehmen die Steuereinnahmen wieder zu.
**4.** In der Depression ist mit einer gesteigerten Nachfrage zu rechnen.
**5.** Während der Rezession nimmt der Beschäftigungsgrad zu.

**Lösungsvorschlag:**

3.

**Übungsaufgabe 4:**

Welche Aussage über die Vorhersage der Konjunkturzyklen stimmt?

**1.** Man kann ganz genau berechnen, wann man in welcher Konjunkturphase sein wird.
**2.** Im Sommer erlebt Deutschland üblicherweise einen Boom.
**3.** Die Konjunkturzyklen wiederholen sich durchschnittlich alle zehn Jahre.
**4.** Vorhersagen über die Konjunkturzyklen sind schwierig, da viele Einflussfaktoren nicht vorherbestimmt werden können.
**5.** Naturkatastrophen, Kriege oder Pandemien beeinflussen den Verlauf der Konjunkturphasen nicht.

**Lösungsvorschlag:**

4.

| **Übungsaufgabe 5:** |
|---|
| Welche Maßnahme dämpft den Konjunkturverlauf?<br>**1.** Die Senkung der Mehrwertsteuer.<br>**2.** Umweltfreundliche Start-Ups erhalten Zuschüsse.<br>**3.** In Deutschland soll die Zahl der Windräder um 30 % steigen. Hierfür werden viele Aufträge an verschiedene Anbieter vergeben.<br>**4.** Die Einkommenssteuer wird gesenkt.<br>**5.** Abschreibungsmöglichkeiten werden eingeschränkt. |
| **Lösungsvorschlag:**<br>**5.** |

# 20. Wert des Geldes

Immer wieder hört man, dass alles teurer wird und unser Geld viel weniger Wert sei als früher. Doch stimmt das wirklich? Bei der Betrachtung des Geldwertes kann man zwischen dem Innenwert und dem Außenwert unterscheiden. Beim Innenwert des Geldes wird die Preisentwicklung eines Landes über einen Zeitraum betrachtet. Beim Außenwert des Geldes wird die Währung einer Volkswirtschaft mit dem Wert anderer Währungen über einen Zeitraum verglichen.

| **Innenwert des Geldes** | |
|---|---|
| **Kaufkraft** | |
| Die Kaufkraft ist ein Maßstab für den Wert des Geldes. Sie gibt an, welche Gütermenge mit einer Geldeinheit gekauft werden kann.<br>**Beispiel:** Mit 100,00 € kann eine bestimmte Menge an Lebensmitteln in einem Supermarkt eingekauft werden. Einige Jahre später kann es passieren, dass man mit 100,00 € weniger Lebensmittel erhält als zuvor. Die Preise sind demnach gestiegen und die Kaufkraft hat sich verringert, da weniger mit den 100,00 € gekauft werden kann. | |
| **Veränderungen des Geldwertes** | |
| Inflation | Die Kaufkraft sinkt hier, da mit der gleichen Geldmenge weniger gekauft werden kann. Somit ist auch der Wert des Geldes gesunken. Die Geldmenge ist hier größer als die Gütermenge, weshalb die Preise steigen. Man spricht von einer **Inflation.** |
| Deflation | Wenn mit einer Geldeinheit mehr Waren gekauft werden können als zuvor, dann steigt die Kaufkraft. Mit der Kaufkraft steigt auch der Wert des Geldes. Die Gütermenge ist damit größer als die Geldmenge. Daher sinken die Preise. Diesen Vorgang bezeichnet man als **Deflation.** |

| | |
|---|---|
| Was ist besser? | Extreme Formen der Geldwertveränderung wirken sich immer ungünstig auf die wirtschaftliche Lage aus. In der Tat tritt eine Deflation oft im Zusammenhang mit einer Depression auf. Daher ist es ein wirtschaftliches Ziel, die Inflationsrate bei unter 2 % zu halten und die Deflation zu vermeiden. |

| Auswirkung der Inflation | Auswirkung der Deflation |
|---|---|
| • Steigende Preise<br>• Geringere Kaufkraft – Verbraucher können sich weniger leisten<br>• Sparguthaben verlieren an Wert<br>• Schulden sinken im Wert<br>• Lohn-Preis-Spirale kann entstehen<br>• Gespartes Geld wird in Sachwerten angelegt | • Sinkende Preise<br>• Geringere Gewinnerwartungen der Unternehmen<br>• Rückgang der Produktion<br>• Zunehmende Arbeitslosigkeit & Kurzarbeit<br>• Sinkende Löhne<br>• Geringere Steuereinnahmen<br>• Höhere Sozialausgaben |

| **Inflationsarten** | |
|---|---|
| Nachfrageinflation | Die Nachfrage ist höher als das Angebot. Daher steigern Anbieter ihre Preise.<br>**Beispiel**: Knapper Wohnraum in Großstädten wird immer teurer. |
| Kosteninflation | Steigende Kosten (z.B. bei Rohöl) werden an den Verbraucher weitergegeben. |
| Importierte Inflation | Im Ausland steigen die Preise. Da Waren aus dem Ausland importiert werden, steigen auch im Inland die Preise. |

| **Nominal- und Reallohn** |
|---|
| Der Reallohn gibt den Wert des Lohnes an, wenn dieser um die Preissteigerungsrate bereinigt wurde. Der Nominallohn ist nicht um die Preissteigerungsrate bereinigt.<br>**Beispiel**: Die Nominallöhne steigen um 2 % und die Preise steigen um 1 %. Dann ist der Reallohn nur um ein Prozent gestiegen. |

| **Außenwert des Geldes** |
|---|
| **Freie Wechselkurse** |
| Es werden ganze Währungen an Devisenbörsen gehandelt. Dort kann man z.B. den Euro in US-Dollar tauschen. Der Tausch wird immer zum tagesaktuellen Wechselkurs vorgenommen, welcher den Außenwert einer Währung bestimmt.<br>Der jeweilige Wechselkurs wird durch Angebot und Nachfrage bestimmt. Steigt zum Beispiel die Nachfrage nach einer Währung bei einem gleichbleibenden Angebot, so steigt auch der Kurs. |

| Die Abwertung des Euros | |
|---|---|
| Was? | Bei einer Abwertung des Euros wird der Euro im Vergleich zu anderen Währungen **weniger wert**. |
| Auswirkungen | • Importe werden teurer und gehen zurück.<br>• Exporte nehmen zu, da sie für den Abnehmer günstiger werden.<br>• Das Preisniveau steigt, da weniger und teurere Importwaren angeboten werden.<br>• Exportabhängige Unternehmen profitieren und können mehr Arbeitsplätze anbieten. |
| **Die Aufwertung des Euros** | |
| Was? | Bei einer Aufwertung des Euros wird der Euro im Vergleich zu anderen Währungen **mehr wert**. |
| Auswirkungen | • Importe werden günstiger und nehmen zu.<br>• Exporte nehmen ab, da sie für den Abnehmer teurer werden.<br>• Das Preisniveau sinkt, da mehr und günstigere Exportware auf dem Markt verfügbar ist.<br>• Exportabhängige Unternehmen drosseln ihre Produktion und können weniger Arbeitsplätze anbieten. |

**Hinweis:** Die EZB hat verschiedene Möglichkeiten, die Veränderung des Geldwertes zu beeinflussen. Weitere Informationen hierzu finden Sie im nächsten Kapitel.

**Übungsaufgabe 1:**

Welche Auswirkungen hat eine Inflation?

**1.** Geldguthaben werden mehr Wert.
**2.** Die Kaufkraft steigt.
**3.** Die Geldmenge ist kleiner als die Gütermenge.
**4.** Die Inflation ist ungünstig für Schuldner.
**5.** Bei gleichbleibenden Gehältern können sich die Bürger weniger leisten und der Reallohn sinkt.

**Lösungsvorschlag:**

**5.**

**Übungsaufgabe 2:**

Der Nominallohn steigt um 2 %, während die Preise um 1 % sinken. Was passiert mit dem Reallohn?

**1.** Der Reallohn steigt um 3 %.
**2.** Der Reallohn steigt um 1 %.
**3.** Der Reallohn bleibt gleich.
**4.** Der Reallohn sinkt um 1 %.
**5.** Der Reallohn sinkt um 3 %.

**Lösungsvorschlag:**

**1.**

**Übungsaufgabe 3:**

Wann liegt eine Deflation vor?

**1.** Die Kaufkraft der Haushalte sinkt.
**2.** Die Preise sinken.
**3.** Insgesamt können Unternehmen höhere Gewinne verbuchen.
**4.** Die Steuereinnahmen des Staates steigen.
**5.** Der Staat hat geringere Sozialausgaben.

**Lösungsvorschlag:**

**2.**

**Übungsaufgabe 4:**

Welche Auswirkungen hat eine Aufwertung des Euros im Vergleich zu anderen Währungen?

**1.** Importe nehmen zu.
**2.** Exporte nehmen zu.
**3.** Das Preisniveau steigt.
**4.** Das Arbeitsplatzangebot steigt insgesamt.
**5.** Der Staat muss an die anderen Staaten eine Strafe zahlen.

**Lösungsvorschlag:**

**1.**

**Übungsaufgabe 5:**

Welche Aussage über freie Wechselkurse stimmt?

**1.** Werden jeden Tag durch die Zentralbanken bestimmt.
**2.** Mit Erhöhung des Angebots und bei gleichbleibender Nachfrage steigt der Wechselkurs.
**3.** Freie Wechselkurse verhindern eine sichere Kalkulation im Voraus.
**4.** Wechselkurse werden jeweils für mehrere Monate festgelegt.
**5.** Die Veränderung der Wechselkurse hat keinen Einfluss auf das wirtschaftliche Geschehen.

**Lösungsvorschlag:**

**3.**

# 21.
# Die EZB und der Euro

| Die EZB und der Euro | |
|---|---|
| **Voraussetzungen für den Beitritt zur Währungsunion** | |
| | In dem Vertrag von Maastricht wurde 1992 die europäische Wirtschafts- und Währungsunion beschlossen. Damit ein Staat den Euro einführen kann, muss er zunächst die **Konvergenzkriterien** erfüllen: |
| Preisstabilität | Die Inflationsrate des Kandidaten darf langfristig maximal 1,5 % über der Inflationsrate der preisstabilsten Euroländer liegen. |
| Zinsstabilität | Die Zinsen dürfen langfristig nicht die Zinsen der preisstabilsten Euroländer um 2 % übersteigen. |
| Staatsschulden | Die Schulden eines Landes dürfen maximal bei 60 % des eigenen Bruttoinlandsproduktes liegen. |
| Neuverschuldung | Die Neuverschuldung soll jährlich nicht mehr als 3 % des Bruttoinlandsproduktes betragen. |
| **Die EZB** | |
| Wer? | Die europäische Zentralbank (EZB) ist für die Geldpolitik in der Eurozone zuständig. Die EZB ist von den einzelnen Staaten der EU unabhängig und muss keinen Weisungen nachkommen. Der Sitz der EZB befindet sich in Frankfurt am Main. |
| Aufgaben | • **Hauptaufgabe:** Sicherung der Preisstabilität und Steuerung der Geldmenge<br>• Unterstützung der Wirtschaftspolitik<br>• Verwaltung der Währungsreserven<br>• Devisengeschäfte<br>• Ausgabe der Banknoten & Münzen<br>• Überwachung des Kreditwesens<br>• Förderung eines reibungslosen Zahlungsverkehrs |
| **Instrumente zur Bestimmung der Geldmenge und der Geldwertstabilität** | |
| Leitzinspolitik | Durch die Senkung oder Erhöhung der Leitzinsen kann die EZB die Geldmenge am stärksten beeinflussen. Bei Senkung der Leitzinsen können sich Banken Geld zu besseren Bedingungen bei der EZB besorgen, und die verfügbare Geldmenge steigt an. |
| Offenmarktpolitik | Durch den An- und Verkauf von Wertpapieren wird die Geldmenge verändert. Verkauft die EZB bspw. vermehrt Wertpapiere, so nimmt sie Geld ein und begrenzt die verfügbare Geldmenge. |
| Mindestreservepolitik | Die Geschäftsbanken müssen bei der EZB eine Mindesteinlage leisten. Wenn die Mindesteinlage z.B. erhöht wird, begrenzt die EZB die Geldmenge. Wenn sie die Mindesteinlage senkt, so wird die verfügbare Geldmenge vermehrt. |

| | |
|---|---|
| Fazilitäten-/Zinspolitik | Die Geschäftsbanken können, ähnlich wie Verbraucher bei ihrer Bank, Konten mit Guthaben bilden oder diese überziehen. Die EZB kann dieses Geschehen lenken und den Banken z.B. höhere Zinsen auf ihr Guthaben zahlen. Hierdurch wird die Geldmenge beschränkt, da sich vermehrt Guthaben bilden. Andersherum kann die EZB die Überziehung des Kontos erleichtern, wodurch die Geldmenge erhöht wird. |

| Mitglieder der europäischen Union (Stand 10/2021) | |
|---|---|
| **Mitglieder, die den Euro eingeführt haben:** | **Mitglieder, die den Euro noch nicht eingeführt haben:** |
| • Belgien<br>• Deutschland<br>• Estland<br>• Finnland<br>• Frankreich<br>• Griechenland<br>• Irland<br>• Italien<br>• Lettland<br>• Litauen<br>• Luxemburg<br>• Malta<br>• Niederlande<br>• Österreich<br>• Portugal<br>• Slowakei<br>• Slowenien<br>• Spanien<br>• Zypern | • Bulgarien<br>• Dänemark<br>• Kroatien<br>• Polen<br>• Rumänien<br>• Schweden<br>• Tschechien<br>• Ungarn |

**Übungsaufgabe 1:**

Wer hat die Aufgabe, den Euro als Währung stabil zu halten?

**1.** Privatbanken
**2.** Europäische Zentralbank
**3.** Jeder Bürger
**4.** Bundesregierung
**5.** Wirtschafts- und Finanzministerium

**Lösungsvorschlag:**

**2.**

**Übungsaufgabe 2:**

Was versteht man unter Konvergenzkriterien?

**1.** Voraussetzungen für den Eintritt in die EU.
**2.** Voraussetzungen für die Einführung des Euros.
**3.** Voraussetzungen für den Rauswurf aus der EU.
**4.** Voraussetzungen für das freiwillige Verlassen der EU.
**5.** Voraussetzungen, unter welchen der Euro als stabil zu betrachten sind.

**Lösungsvorschlag:**

**2.**

**Übungsaufgabe 3:**

Ein Land möchte Mitglied des europäischen Währungsraum werden. Welche der folgenden Voraussetzungen gilt für den Beitritt?

**1.** Die Inflationsrate darf nicht über der Inflationsrate der preisstabilsten Länder liegen.
**2.** Die Zinssätze sollen die Zinssätze der Euro-Länder um mindestens um 5 % übersteigen.
**3.** Die Neuverschuldung darf bei maximal 0,5 % des Bruttoinlandsproduktes liegen.
**4.** Es darf keine Neuverschuldung auftreten.
**5.** Die Staatsschulden dürfen maximal 60 % des Bruttoinlandsproduktes betragen.

**Lösungsvorschlag:**

5.

**Übungsaufgabe 4:**

Welche Maßnahme vermehrt die Geldmenge?

**1.** Erhöhung des Leitzinses
**2.** Verkauf von Wertpapieren
**3.** Senkung der Mindestreserven
**4.** Geschäftsbanken können zu verbesserten Bedingungen Guthaben bilden.
**5.** Keine der genannten Maßnahmen.

**Lösungsvorschlag:**

3.

**Übungsaufgabe 5:**

Welches dieser Länder hat den Euro nicht eingeführt?

**1.** Lettland
**2.** Litauen
**3.** Slowenien
**4.** Slowakei
**5.** Tschechien

**Lösungsvorschlag:**

5.

# Stichwortverzeichnis